강수돌 교수의
**더불어
교육혁명**

강수돌 교수의 더불어 교육혁명

2015년 7월 30일 초판 1쇄 펴냄
2019년 1월 15일 초판 2쇄 펴냄

펴낸곳 (주)도서출판 **삼인**

지은이 강수돌
펴낸이 신길순
기획·글 모음 김관호

등록 1996.9.16 제25100-2012-000046호
주소 03716 서울시 서대문구 연희로 5길 82(연희동, 2층)
전화 (02) 322-1845
팩스 (02) 322-1846
전자우편 saminbooks@naver.com

제판 문형사
인쇄 수이북스
제책 은정제책

ISBN 978-89-6436-100-9 03370

값 16,000원

강수돌 교수의

더불어
교육혁명

강수돌 지음

두려움과 불안을 넘어 행복한 연대로

삼인

차례

제2부

인생의 내비게이션
— 어떻게 살아야 행복할까

제3부

교육 혁신, 우리도 할 수 있다

제4부

사회 혁신 없이 교육 혁신 없다

제5부

'나부터' 실천과
'더불어' 실천이 희망이다

'세월호' 사건과 개념 혁명

2014년 4월 16일, 무려 295명의 생명을 앗아가고 9명의 실종자를 낸 '세월호' 사태는 한국 사회에 돌이킬 수 없는 충격을 주었다. 아마도 이 충격과 그로 인한 상처(트라우마)는 오랫동안 우리를 괴롭힐 것이다. 그 무엇보다 이 사태에서 잊히지 않는 것은, "움직이지 말고 가만히 있으라"는 말일 것이다. 배가 옆으로 기울어지고 아래로 침몰하는 그 절박한 순간에 누구도 "구명조끼를 입고서 빨리 탈출하라"고 하지 않았다. 그렇게만 말했어도 그렇게 많은 아이들과 어른들이 죽지는 않았을 것이다.

한편, 일각에서는 세월호 이전의 한국과 이후의 한국은 달라질 것이고 달라져야 한다고 했다. 하지만, 과연 무엇이 어떻게 달라져야 하는지에 대해선 사회적 토론이 별로 없다. 그래서 불안하다. 사건 직후에만 떠들썩하다가 조금만 시간이 지나면 '사회적 망각'이 작동하는 것처럼 이것 또한 그렇게 될까 봐 몹시도 두렵다.

누군가 그랬다. 선생님 말을 잘 듣지 않는 '날라리'들은 많이 살았고, 선생님 말을 잘 듣는 '범생이'들은 다 죽었다고. 물론, 이 말은 정확하지는 않을 것이다. 하지만 일말의 진실은 있다. 그렇다. 나름대로 상황을 판단하여 주체적으로 행동하는 능력, 바로 이것을 우리의 잘못된 교육이 체계적으로 박탈해왔다. 지금까지 교육은 책을 암기하여 시험을 치는 데는 선수들을 만들어냈는지는 모르지만, 예리하게 상황을 판단하고 능동적으로 행위하는 능력은 별로 발달시키지 못했다. 그래서 '개념 혁명'이 필요하다. 모범생이 무엇인지, 문제아가 무엇인지, 개념 규정을 달리해야 하고, 참된 교육이 무엇인지 개념을 제대로 잡아야 한다.

물론, 그 참사의 와중에도 아이들을 구하려고 노력했던 선생님, 또 옆의 친구들을 구해주었던 학생들, 카톡이나 페이스북 등을 활용해 상황을 인지하고 널리 알리려고 했던 아이들, 서로 손잡고 같이 살아보려고 발버둥 쳤던 이들의 모습은 모두 숭고하고도 아름다웠다. 그러나 300명 이상의 죽음, 배 안에 있던 이가 단 한 명도 구출되지 못했다는 사실, 이것은 지금까지 대한민국 교육이 과연 무엇을 위해 바삐 달려왔는지 성찰하게 한다. 그렇다. 더 이상 아이들을 죽이지 않기 위해서, 아이들을 살려내기 위해서라도 대한민국 교육은 철저히 반성하고 철저히 혁신되어야 한다. 개념과 실천, 그 모두를 바꾸어야 한다. 바로 이것이 '세월호' 참사로 목숨을 잃은 300여 영혼이 우리 모두에게 간절히 호소하는 말이다.

강수돌 교수의
더불어 교육혁명

교육에 관한 책들이 하루에도 여러 권 쏟아지는 판국에, 여기 또 하나의 책을 낸다. 2003년 봄, 『나부터 교육혁명』이 나온 지 벌써 10년 이상 세월이 흘렀다. 상당히 많은 부모와 교사들이 그 책을 읽고 "좋은 책을 써주어서 감사하다"고 했다. 참 고마운 일이다. 실은, 내가 "부족한 책을 잘 읽어주셔서 감사하다"고 해야 한다. 그 책은 한편으로, 노동력을 길러내는 학교가 결국은 자본주의 기업의 부속품으로 전락하고 만 현실을 냉정하게 꼬집어내기 위한 작업이었으면서도, 다른 편으로는 나와 아내가 아이 셋을 키우는 과정에서 겪는 고민과 갈등을 '줏대 있게' 극복하려는 몸부림의 흔적이기도 했다. 어설프지만 그런 뜻을 알아주니 고마운 것이다. 게다가 그 책에서 나온 10퍼센트의 인세는 거의 모두 대안학교 후원금으로 갔으니, 내 책의 독자들은 나를 매개로 해서 대안학교를 후원한 셈이지 않던가. 그러니 고마울 수밖에. 특히, 지난 10여 년 동안 학부모 강좌나 인문학 강의, 교사 연수 모임 등에 특강 강사로 초청되어 갔을 때, 많은 분들이 종종 『나부터 교육혁명』을 읽고 정신이 확 깨는 기분을 느꼈다거나 세상을 보는 새로운 눈을 기르는 데 도움이 되었다고 했다. 가슴에서 우러나오는 그런 소감이나 격려의 한마디야말로 저자로서 느낄 수 있는 최고의 보람이 아닐까 싶다. 모두 고마운 일이다.

이제 10년 이상의 세월이 흘렀고 그사이 산천도 변하고 세 아이도 몰라보게 커버렸다. 10여 년 전에 초등학교와 중학교를 다니던 아이들 셋이 모두 중등과정을 마쳤다. 정확히 말하면 큰 아이(아들)는 학력 인정 대안 고등학교를 졸업한 뒤, 재즈 아카데미를 거쳐 음악 대학에서 재즈피아노를 전공한다. 둘째(딸)는 비인가 대안학교를

6년 동안 다니면서 검정고시로 중학교와 고교를 마무리한 뒤, '빵 학교'(전문학교)에 가서 빵과 관련된 이론과 기술을 배우고 있다. 막 내(아들)도 누나랑 같이 비인가 대안학교를 6년이나 다녔지만 중학 검정고시만 합격한 뒤 지금은 '언니네 텃밭'의 아줌마 아저씨들을 선생님 삼아 유기농 농사를 배워왔다. 결국, 세 명의 아이들 모두가 각자 자기 하고 싶은 것을 자유롭게 하고 있는 셈이다.

이렇게 30년 가까이 세 아이를 키우면서 내린 나름의 결론은 이 렇다. 척박한 현실에서 좌절하거나 포기하면 희망이 없다. 현실이 절망적일수록 다른 개념이 필요하다. 왜냐하면 기존의 개념, 우리 가 내면화한 개념들은 대부분 지배체제 또는 기득권 세력들이 심어 놓은 것들이기 때문이다. 진정 우리 것이 아니란 말이다. 이제 새로 운 눈, 새로운 개념으로 현실을 다시 보기 시작하자. 정말 내가 살 고 싶은 인생의 그림은 무엇인가, 그런 인생을 위해 진정 무엇이 필 요한가를 생각해보자. 그래서 말한다. 개념이 바뀌면 실천이 바뀌 고 실천이 바뀌면 세상도 바뀐다. 그래서 '개념 혁명'이 필요하고 '실천 혁명'이 절실하다.

일례로, 내가 강조하는 '유기농 교육'이란 개념을 보자. 지난 10 년 이상 나는, 농사에 유기농과 화학농이 있듯이 교육에도 유기농 교육과 화학농 교육이 있다고 말해왔다. 화학농 교육은 무엇인가? 아이들을 하루 종일 비닐하우스 같은 교실에 붙잡아두고 농약과 제 초제를 치듯이 '기타' 과목은 제치고 오로지 국·영·수만 열심히 하 라고 하며 그것도 무조건 암기하게 만드는 방식, 그리고 학원이나 과외를 통해 (해답을 찾아가는 고뇌의 과정과 생각이 무르익는 시간을 생략

한 채) 주어진 문제에 맞는 정답만 재빨리 족집게로 쏙 빼내는 공부 방식, 농작물에 화학비료 주듯이 성장 호르몬 가득한 고기 같은 걸 아이들에게 많이 먹여 덩치를 키웠으되, 가벼운 바람에도 금방 쓰러지는 외형 지상주의적 방식 등이 화학농 교육이다. 반면, 유기농 교육이란 마치 농작물이 땅심과 퇴비, 비와 햇살의 힘, 그리고 농민의 발자국 소리를 듣고 자라듯, 아이들 교육도 스스로 깨치고 스스로 일어나 더불어 살 수 있도록 사랑과 자발성, 공동체 등의 가치로 밑거름과 웃거름을 듬뿍 주는 교육 방식이다.

사실, 유기농 농사가 힘들 듯이 유기농 교육도 힘들다. 하루아침에 화학농을 유기농으로 바꿀 수 없듯이, 교육 또한 하루아침에 유기농 교육으로 바꾸기는 어렵다. 하지만 진심으로 아이들을 위하고 교육을 바로 세우고자 한다면, 우선 큰 방향을 유기농 교육으로 잡은 상태에서 매일 조금씩 그 방향으로 걸어가면 언젠가 유기농 교육이 구현된다. 그렇게 자란 아이들은 내면이 충실하고 스스로 설 수 있다. 설사 난관에 부딪쳐도, 마치 태풍이 지난 뒤 쓰러졌던 농작물이나 들풀이 제 힘으로 다시 서는 것처럼. 아이들은 힘겹게 극복하고 일어난다. 아마도 이들은 같이 자라는 친구들과 살갑게 우정을 나누면서 함께 어깨동무할 것이다. 그래서 유기농 농사에서 농민들이 '진인사대천명'하듯, 유기농 교육에서도 부모는 아이에게 부모로서의 지원만 하되 성장 과정 자체는 아이가 스스로 살아내도록 무던히 기다려주고 사랑으로 지켜본다. 이런 것이 유기농 교육이다. 그렇게 아이 셋을 키우려 애썼고, 이제 큰 아이가 27살, 둘째가 21살, 막내가 20살인 지금, 우리 부부는 '유기농 교육, 성공!'이라고 조심스레 말한다. 아이들이 밝게 자라며 자기 하고픈 것을 좇아 신나게 살고 있으니, 이만하면 된 것이다. 고마운 일이다.

시민 강좌나 학부모 특강에 가면 많은 이들이 묻는다. "대학 교수가 어떻게 자기 아이들은 별로 공부를 시키지 않는가?" 그리고 은밀히 덧붙인다. "혹시 재산이 많아서 공부를 안 해도 된다고 생각한 건가?"

아빠가 대학교수라 해서 아이들이 교수가 되어야 하는 건 아니며, 엄마가 교사라 해서 아이들이 교사가 되어야 하는 건 아니다. 부모는 부모이고 아이는 아이다. 부모 인생은 부모의 것이며, 아이 인생은 아이의 것이다. 사실, 이것만 잘 지켜도 대한민국 교육 문제는 상당 정도 풀린다. 대학 교수가 자기 아이에게 공부를 안 시켜 이상한 게 아니라, 공부를 할지 안 할지, 무슨 공부를 할지를 아이가 자유로이 결정하지 못하는 것이 이상한 일이다.

부모는 부모대로 자기 삶을 사는 것이고, 아이는 아이대로 자기 인생을 살아가는 것이다. 내 인생이 소중하듯 아이 인생도 소중하다. 내가 온갖 역경을 하나씩 극복하고 나름의 뜻을 이루며 살아가면서 삶의 기쁨과 보람을 누리듯이, 아이들도 온갖 역경을 이겨내며 나름대로 자기만의 뜻을 이루며 존재와 관계의 기쁨을 누릴 권리가 있다. 아이들이 부모의 삶을 간섭하고 방해하지 말아야 하듯, 부모도 아이들의 삶을 방해하거나 간섭해서는 안 된다.

그래서 나와 아내는 아이들에게 직접적으로건 간접적으로건 공부를 강요하지 않았다. 부모가 아이에게 필요한 정보나 경험은 일러주되, 대신 살아줄 순 없다. 솔직히, 내 인생이 바빠 그럴 시간도

강수돌 교수의
더불어 교육혁명

없다. 자기가 필요를 느껴 하겠다고 하면 부모는 힘닿는 만큼 지원을 해주면 된다. 그렇다. 부모가 자녀에게 해주어야 할 지지나 지원은 크게 두 가지다. 경제적 지지와 정서적 지지다. 물론 정서적으로는 무한 지지를 하는 게 좋다. 경제적 지지와 달리, 정서적 지지는 돈도 들지 않고 노동을 더 하지 않아도 된다. 정서적 지지, 아이가 가고 싶어 하는 길에 대한 진심 어린 믿음과 간접적인 동참, 이것이야말로 아이가 필요로 하는 것이다.

여기서 중요한 것이 아이를 보는 시각이다. 아이에 대한 새로운 개념이 절실하다. 부모가 아이를 낳았다고 해서 부모의 소유물로 착각해서는 안 된다. 무위당 장일순 선생의 말씀처럼 '나락 한 알' 속에도 우주가 있듯이, 아이들도 그 자체로 '우주'이자 '우주가 준 선물'이다. 아이를 부모의 소유물로 보면, 부모는 아이의 인생을 마음대로 통제하여 아이의 뜻이 아니라 부모의 뜻을 실현하는 도구로 삼으려 한다. 일반적으로는 부모가 못다 이룬 꿈을 자식을 통해 대신 이루려 하거나, 최소한 부모보다 더 '높은 사람'으로 출세하기를 강요하게 된다. 그래서 부모와 자녀는 갈등을 겪는다. 서로 원수가 된다. 혹시 아무 갈등 없이 부모가 원하는 대로 이뤄진들, 아이는 결국 자기 갈 길을 가게 된다. 상호 배신감을 주고받으며, 각자 자기 배신도 하게 된다. 절대 두 번 오지 않는 인생, 길다면 길고 짧다면 짧은 인생, 왜 이렇게 살아야 하는가?

반면, 아이를 그 자체로 '작은 우주'로 보거나 '우주의 선물'로 본다면 우리는 아이를 절대 '함부로' 대할 수 없다. 동학사상의 '인내천'이란 말이 사람이 곧 하늘임을 뜻하듯, 우리의 아이들도 곧 하늘이다. 하늘을 우러러 부끄럼 없이 살아야 하듯, 부모들도 아이 얼굴을 보며 부끄럽지 않은 삶을 살아야 한다. 물론 아이는 순진하고 어리다. 그러나 이 순진하고 어린 껍질조차 스스로의 힘으로 깨고 나와야 지혜롭고 주체적인 인격체로 성장할 수 있다. 부모의 역할은 바로 그 과정에서 무한한 신뢰와 무한한 사랑으로 기다리고 지켜보면서 필요한 때에 필요한 방식으로 지원만 하면 된다. 경제적 지지는 형편이 닿는 만큼, 정서적 지지는 무한정해야 좋다. 물론, 경제적 지지에 따라 아이의 성적이 달라지는 차별적 현실도 바꾸어야 한다. 곧, 경제적 형편이 좋지 않아도 아이들이 원하는 공부를 실컷 할 수 있는 사회적 여건을 만들어야 한다. 그래서 핀란드나 독일, 쿠바처럼 돈 없어도 공부할 수 있도록 돕는 사회적 지지도 필요하다.

그런데 지금 한국의 부모들은 대부분 거꾸로 한다. 경제적으로는 잔업, 철야, 특근을 해서라도, 나아가 빚을 내서라도 무한 지원하려 하지만, 정서적으로는 아이의 꿈이나 뜻에 대해 거의 지지하지 않는다. 오히려 아이가 꾸는 꿈에 대해, "빌어먹을 짓"이라거나 "쓸데없는 생각"이라는 막말까지 하기 일쑤다. 지금부터라도 이를 뒤집으면 의외로 쉽게 풀린다. 아이의 인생은 아이의 것이니, 이제 부모가 아이의 인생을 모두 다 살아줄 듯 그렇게 접근하지 말자. 내려놓자. 그리고 돌려주자. 아이 인생을 아이에게, 내 인생을 내게로 돌려주자. 그러면 나 자신의 인생도 훨씬 홀가분해지고 살갑게 느껴진다. 그래, 나는 나대로, 아이는 아이대로 즐겁게 살면 된다. 그렇다. 밥상에 같이 앉아서 서로 얼굴 보며 웃자. "네가 우리 가정에 태어나서 얼마나 좋은지 몰라. 이렇게 같이 밥 먹으며 이야기 나누는 것이 참 좋구나. 같이 살아서 참 고맙구나." 이런 이야기를 나누며 삶의 기쁨, 살아 있음의 환희를 누리는 것이 우리가 사랑하고 결혼하고 굳이 가정을 꾸려 아이 낳고 기르는 이유가 아닐까?

　부모 인생과 아이 인생은 이렇게 '따로' 가면서도 '같이' 가는 것이고, '같이' 가면서도 또 '따로' 가는 것이라고 보기 시작하면 뭔가 가닥이 잡히고 중심이 잡힌다. 같이 또 따로, 따로 또 같이! 각자의 삶을 존중하되, 함께 가는 삶, 이것이 최선이다. 한 가정에서도 그러하고 학교나 일터, 온 사회에서도 이런 모델이 바람직하다. 그러고 보니, 1년 가까이 세월호 유가족의 목소리를 기록한 『금요일엔 돌아오렴』(창비, 2015)에서 창현이 어머니의, "부모가 그 인생을 대신 살아줄 수 없잖아요."라는 말이 가슴에 저민다. 그래서, 대개 어른들이 아이를 기른다고 하지만, 아이를 제대로 기르려면 어른이 먼저 배워야 한다. 지금까지 아무도 가르쳐주지 않았다면 지금부터라도 제대로 배우면 된다. 실제로, 아이를 자유롭게 키우려면 어른들이(부모나 교사가) 먼저 자유로워져야 한다. 여기서 말하는 자유란 글자 그대로 '스스로 말미암는' 것이다. 자유로운 사람은 타인의 눈치나 상벌, 강요에 의해 움직이지 않는다. 오히려, 자신의 판단과 관심, 흥미, 재미, 필요와 욕구, 의미와 소망 등에 따라 스스로 움직인다. 물론, 그 행위가 미칠 영향이나 결과까지 폭넓게 생각할 것이다. 부모와 자녀는 각자 자유로운 존재이면서 서로 존중하는 관계를 맺는 것이 바람직하다. 물론, 이런 식의 관계 맺기가 말처럼 쉽지는 않지만, 그런 방향성을 갖고 노력하면 한결 발걸음이 가벼워지고 인생도 즐거워진다.

　잠깐, 여기서 한 가지 더 짚고 넘어갈 점이 있다. 부모가 자녀를 소유물로 보게 되면 자녀는 일종의 자산이 된다. 그것도 투자 가치가 있는 자산 말이다. 그래서 부모가 과로하거나 일중독에 빠지는 한이 있더라도 돈을 많이 벌어 아이에게 투자하면, 곧 아이가 공부를 많이 하도록 뒷받침하면 나중엔 아이가 큰 부자가 되거나 높은 사람이 되어 그 본전과 이자를 푸짐하게 갚아줄 것이라고 기대하게 된다. 마치 기업 경영에서 자본의 투자수익률을 따지듯이, 가정이나 교육 경영에서도 부모들은 자식들을 상대로 투자수익률을 따지게 된다. 만일 부모가 고생해서 자녀의 교육을 위해 막대한 투자를 했음에도 자녀가 좋은 성적을 내지 못하거나 일류대학에 진학을 하지 못하면 부모는 투자 실패라 느끼며 좌절한다. 속에서는 분노와 증오, 회한과 허탈이 가득 찬다. 그 자녀들은 어떤가? 평생 죄책감과 부채의식에 시달린다. 모두 비인간화한다. 스스로의 삶에서 소외된다.

　이제 분명해진다. 부모는 자녀를 투자 대상으로 바라봐선 안 된다. 함께 삶의 기쁨을 누리며 사는 동반자요, 힘껏 서로 돕고 사는 협력자로 보는 것이 옳다. 단언컨대, 자녀를 소유물로 보거나 투자 대상으로 보는 시각은 단순한 부모의 관점이 아니라 사실은 자본의 관점이다. 자본의 관점이 부모를 매개로 가정과 학교에서 관철되는 우회로에 불과하다. 부모 자신이 일터에서 자본의 논리에 복속되어 살아가는 것처럼, 동일한 논리와 방식을 부모가 자녀들에게 적용하고 있는 게 솔직한 우리 현실이다.

사태가 이러하다면, 희망의 돌파구는 어디에 있을까? 그것은 우선 '나부터' 바로 서는 것이다. 내 삶의 현실이 진정으로 행복하지 않다면, '느낌'이 이상하다면, 도대체 왜 그런지 따지고 따져 물어야 한다. 원인의 원인을 캐내어 사태의 뿌리를 파헤쳐야 한다.

다음으로 필요한 것은, 바로 그러한 질문과 의문을 품은 이웃들과 '더불어' 토론하고 대화하며 행동하는 일이다. 책을 읽을 수도 있고 영화를 볼 수도 있다. 둥그렇게 둘러앉아 각자 자기 삶의 이야기를 솔직히 털어놓아도 좋고, 좀 먼저 깨치고 먼저 실천하는 이를 불러 얘기를 나눌 수도 있다.

그다음 단계는 국내외 대안학교나 혁신학교의 선구적 경험들을 널리 공유하면서 가까운 현장에 창의적으로 적용하고 도입할 필요가 있다. 물론 교육감이 문제라면 보다 혁신적이고 보다 열린 마인드를 가진 사람으로 뽑아야 한다. 좋은 사람을 뽑는 것, 그것은 우리의 권리요 의무다.

그리고 그다음은? 그렇다. 아이들이 최소한의 교육을 받고 사회에 나갔을 때, 자부심을 갖고 협동심으로 살아갈 수 있는 사회적 여건을 조성하는 일이다. 이것이 경제적 지지나 정서적 지지를 넘어서는 차원, 곧 '사회적 지지'의 핵심이다. 사회적 지지가 잘 되면 경제적 지지나 정서적 지지도 훨씬 쉬워진다. 교육 혁신을 넘어 사회 혁신이 필요한 이유다. 이 모든 적극적 과정이 주체적 행위요, 정치가 아닌가. 그래서 우리는 사회적 동물임과 동시에 정치적 동물이다. 더불어 살고 더불어 행동해야 한다. 더불어 행복한 삶을 위해서다.

요컨대, 아이 한 명 한 명이 곧 '우주'다. 혹시 아이 한 명이라도 성적 때문에, 대학 진학에 좌절해서, 부모와 꿈이 달라서…… 등의 이유로 세상에 둘도 없는 생명을 스스로 끊는 일이 생긴다면 그것은 곧 우주의 죽음이다. 그런 죽음이 한 해 평균 300번 일어나는 곳이 대한민국이다. 이제 그만하자, 어른들이 아이들을 죽이는 행위를. 가정에서 학교에서 아이를 더 이상 죽이지 말자. 물리적 죽음만 죽음이 아니다. 아이들이 핏기 없이 목표 없이 식물인간처럼 가정, 학교, 학원만 왕래하는 것도 사실상 죽음이다. 옳고 그른 것을 분간할 줄 알고, 안 것을 일관되게 실천할 줄 아는 생명력과 패기, 활기가 넘쳐야 진정 살아 있는 존재다. 이런 의미에서 부모들, 어른들은 일터와 사회 전체에서 죽임을 당하고 있다. 이제 우리 사회 전반에 깔린 죽음과 죽임의 행렬을 멈추어 세우자. 그리고 매순간 살아 있음의 기쁨을 누리며 살자. 더불어 살아감의 행복을 진심으로 느껴보자. 이렇게 살고 싶은 사람들이 의외로 많다. 아니, 모든 사람이 그렇게 살길 바라면서도 감히 그럴 엄두조차 내지 못한다. '다르게' 살기가 두렵기 때문이다.

이 책은 그런 두려움을 직시하면서 두려움을 넘어가는 데 꼭 필요한 디딤돌이 되고자 한다. 스스로 줏대를 세우고 더불어 어깨 걸고 나아가면 두려울 게 없다. 세상을 망치거나 나만 잘살려고 하는 게 아니다. 진정 아이도 살고 어른도 살기 위해, 진정으로 살아 있음의 기쁨을 누리고 배우며 성장하는 즐거움을 만끽하기 위해 '다르게' 살아야 한다. 많이 다르게…….

부족한 원고를 멋진 책으로 만드는 데는 김관호 주간과 김종진

강수돌 교수의
더불어 교육혁명

편집장이 큰 수고를 했다. 특히 김 주간은 25년 지기 친구이자 동지로, 『나부터 교육혁명』 이후 10년 이상 같이 친밀한 대화를 나누며 『더불어 교육혁명』을 함께 꿈꾸어왔다. 마치 우리 아이들에게 공동 유산이라도 물려주려는 듯이⋯⋯. 만일 그런 유산이 있다면 그것은, 단 하루만이라도 사람답게 사는 세상이리라.

　모쪼록 이 책이 『나부터 교육혁명』을 읽고 '신선한 충격'을 받았던 독자들에게, 아니면 지금 이 순간 나를 처음 만나는 독자들에게, 척박한 현실을 줏대 있게 살아내면서도 더불어 교육혁명을 이루어가는 길에 작은 힘이 되길 바란다. 그리하여 이 책을 읽는 모든 형제자매들과 '더불어 삶의 혁명'을 이뤄내 진정 행복해지기를 꿈꾼다.

2015. 6. 29.

고려대 세종 연구실에서

강수돌

교육 현실, 무엇이 문제인가?

🌿 행복은 성적순이 아니다, 그러나 현실은?

"난 1등 같은 것은 싫은데 앉아서 공부만 하는 그런 학생은 싫은데 난 꿈이 따로 있는데, 난 친구가 필요한데…… 난 인간인데, 난 친구를 좋아할 수도 있고 헤어짐에 울 수도 있는 사람인데……. 모순, 모순, 모순이다. 경쟁! 경쟁! 공부, 공부……. 순수한 공부를 위해서 하는 공부가 아닌 멋들어진 사각모를 위해 잘나지도 않은 졸업장이라는 쪽지 하나 타서 고개 들고 다니려고 하는 공부. 공부만 해서 행복한 건 아니잖아! 공부만 한다고 잘난 것도 아니잖아!

무엇이든지 최선을 다해 이 사회에 봉사하고 가난하고 불쌍한 사람들을 위해 조금이라도 도움을 주면 그것이 보람 있고 행복한 거잖아, 꼭 돈 벌고 명예가 많은 것이 행복한 게 아니잖아. 나만 그렇게 살면 뭘 해…….

난 로봇도 아니고 인형도 아니고 돌멩이처럼 감정이 없는 물건도 아니다. 밟히다 밟히다, 내 소중한 삶의 인생관이나 가치관까지

밟혀 버릴 땐 난 그 이상 참지 못하고 이렇게 쓴다. 행복은 성적
순이 아니잖아! 행복은 성적순이 아니잖아!"

1986년 1월, 15살의 한 여고생이 세상을 버리면서 남긴 유서다.
그렇다. 세상을 '버린' 것이다. 이 학생은 자신을 온전한 한 인간으
로 받아주지 않는 가정, 학교, 사회에 온몸으로 저항한 것이다. 심
리학자의 말에 따르면, 자살이란 한편으로 좌절의 표현이지만, 다
른 편으로는 저항의 표현이기도 하다. 대단히 역설적이게도 자살을
통해 자기 삶에 대한 자유로운 결정권을 행사한 셈이다.

이 비극을 어떻게 막을 것인가? 자기 삶에 대한 자유로운 결정
권을 자살이 아니라 멋진 인생으로 승화시키는 방법은 무엇인가?
그것은 모든 아이들을 있는 그대로, 온전한 인격체로 수용하는 것
이다. 성적이나 외모 따위로 차별하지 않는 것이다. 사람을 사람으
로 보면 된다.

그러나 이 쉬운 해법이 통하지 않는 건 왜 그런가? 그것은 대학
입시라는 관문, 나아가 대학 서열화라는 사다리 질서, 그리고 직업
차별과 사회 차별이라는 구속이 있기 때문이다. 결국, 대학을 가지
않아도, 또는 어떤 대학을 나와도, 사회경제적으로 차별 받지 않고
자부심을 누리며 더불어 살 수 있는 조건을 만들어야 한다. 이것이
우리 모두에게 절실한 '사회적 꿈'이다. 잘못된 현실을 솔직히 '인
정'한 위에서, 이런 '사회적 꿈'을 함께 꾸지 않으면 비극은 반복될
것이다.

아니나 다를까, 새로운 '밀레니엄'이 왔다고 왁자지껄 떠들어댔

지만, 우리의 사회경제적 현실, 우리의 교육적 현실은 전혀 변하지 않았다. 그리고 또 초등 5학년 아이가 자살했다. 2002년의 일이다. 그 아이가 남긴 마지막 일기는 이랬다.

"내가 왜 학교와 학원을 오가며 어른보다 더 공부를 해야 하는지 이해할 수 없다. 죽고 싶을 때가 많다. 어른인 아빠는 이틀 동안 20시간 일하고 28시간 쉬는데 어린이인 나는 27시간 30분 공부하고 20시간 30분을 쉰다. 왜 어린이가 어른보다 자유시간이 적은지 이해할 수 없다. 숙제가 태산 같다. 11장의 주말 과제, 14장의 수학 숙제, 난 그만 다니고 싶다……. 물고기처럼 자유로워지고 싶다."

그렇다. 아이들이 갈구하는 것은 "물고기처럼 자유롭게" 사는 것이다. 이렇게 말하는 나 자신도 30~40년 전 중고교 시절엔 "제발 잠 좀 실컷 자고 싶다"고 말했다. 아이들이 자연 속에서 친구들과 실컷 뛰놀다 보면 자기 하고 싶은 것도 자유롭게 찾아간다. 아주 단순한 진리다. 내 자신의 경험도 그러하고 내 아이들도 그러하며, 서머힐도 그러하며 한국의 대안학교나 혁신학교의 경험도 그러하다.

그런데 이런 진리를 믿지 않는 것은 한국의 학교와 교육 당국이다. 그리고 그에 소속되어 밥벌이를 하는 대부분의 직원이나 교사들도 이러한 불신을 내면화하고 있다. 그러고선 속으로 "왜 마음대로 잘 안 되지?"라며 의문을 품는다. 그 의문에 대한 해법도 "시험을 더 많이 쳐야 하고 통제를 더 확실히 해야 한다"는 것이다. 통제 중독이다. 『오마이뉴스』의 김행수 씨는 이렇게 말한다. "이 학생이 세상에 절규하면서 남긴 메시지를 당시엔 가슴 아파했지만, 이내 잊었다. 그러면서 일제고사라는 괴물까지 만들어 초등학생끼리도 경쟁을 시키고 부정을 일삼게 했던 것이 우리 어른들이다."■ 일제고사, 그리고 무한 경쟁, 이 모두는 성과 중독, 점수 중독, 노동 중독에 빠진 사람들이 좋아하는 것들이다. 그러나 이런 중독적 해법으로는 답이 안 나온다. 지금 아이들이 겪고 있는 고통은 인정하지 않는다. 질병에 눈을 감고 부정할수록 질병은 더욱 악화한다. 이것이 또 다른 진실이다.

이런 식으로, 아이들의 꿈을 키워주지 못하는 교육 현실이 아이들을 죽음으로 내몰고 또 그 현실에 대한 잘못된 대응이 또다시 아이들을 죽음으로 내몬다. 그리하여 오늘날 대한민국은 어른들은 물론 청소년들에게도 '자살 공화국'이 되고 말았다. 최근 한국 전체의 자살자가 해마다 1만 5000여 명을 기록하는 가운데, 10대 청소년 자살자 수가 2009년엔 446명, 2010년엔 353명, 2011년엔 370명, 2012년 336명, 2013년 308명으로 나타났다. 세계 최고 수준이다.

나아가 대학생도 자살의 유혹에 시달린다. 가장 대표적인 것이, 과학 영재들이 모인 카이스트에서 2011년 1월부터 4월까지 4명의 학생과 1명의 교수가 잇달아 자살한 사건이다. 그 이전에 카이스트는 학생들의 '군기'를 잡기 위해 학점에 따른 징벌적 성격의 수업료 차등 징수제를 만들고, 전 과목을 영어 강의로 하는 등 경쟁 위주의 교육을 강화한 바 있다. 경쟁과 성과 압박이 아이들과 청년들을 죽음으로 내모는 셈이다. 아니나 다를까, 2012년 4월에도 카이스트 4

■ 「오마이뉴스」, 2013. 4. 3.

강수돌 교수의
더불어 교육혁명

학년 학생이 "열정이 사라졌다. 정체된 느낌이다"라는 내용의 유서를 남기고 세상을 버렸다. 그 학생은 지방에서 과학고를 나와 2007년 카이스트에 입학한 영재였지만 성적에 대한 압박, 장래에 대한 고민과 삶의 의미 상실로 인해 자살을 선택했다. 대학 당국도 나름 대응책을 내놓았지만, 학생과 교수들은 그 실효성에 의문을 던지기도 한다.

그리고 2013년에 또 한 명의 고교생이 자살한다. "제 머리가 심장을 갉아먹는데 이제 더 이상 못 버티겠어요. 안녕히 계세요. 죄송해요……." 경북의 한 자율형 사립고에서 전교 1등을 했다는 고1 학생이 마지막으로 엄마에게 보낸 카톡 메시지다. 사실, 여기서 인용한 몇몇 사례는 상징적인 사건들일 뿐, 실제로는 하루에도 한 건 이상 자살 사고가 터진다. 현실의 삶이 불행하니 당연한 결과이다.

실제로도, 대한민국의 어린이와 청소년의 '주관적 행복' 지수는 경제협력개발기구(OECD) 회원국 가운데 '일관되게' 꼴찌로 나타난다.■ 한국방정환재단이 대학 교수팀에 의뢰해 조사한 행복지수 결과에서 한국은 2009년 조사를 시작한 이래 어린이·청소년의 주관적 행복지수가 6년 연속 최하위에 머물렀다. 2014년 '한국 어린이·청소년 행복지수'에서 주관적 행복지수는 74점으로 OECD 회원국 중 해당 지표가 있는 23개국 가운데 가장 낮다. 물론, 2009년의 64.3점에서 꾸준히 오르긴 하지만 OECD 평균에도 턱없이 못 미친다.

■ 「한겨레」, 2014. 6. 1.

한편, 초중고생들은 '좋아하는 일을 실컷 할 수 있을 때' 평소 행복을 느낀다고 공통적으로 대답했다. 평소 행복하지 않다고 느낄 때는 '성적 압박이 심할 때'와 '학습 부담이 너무 클 때'로 나타났다. 그중 초등학생은 '부모와 관계가 좋지 않을 때' 행복하지 않다고 느낀다는 비율이 학습 부담이나 성적 압박보다 약간 높게 나타났다. "몽골 같은 유목사회에서는 아이들이 만 5세 이전부터 놀이와 일이 구분되지 않는 방식으로 자라나고 있어요. 그런 나라는 절대 망하지 않아요."▪ 그렇다. 물질에 중독되지 않고, 즐겁게 놀고 일하며 사는 사회는 건강하게 지속될 것이다. 결국, 학업 부담이나 성적 압박으로부터 자유롭고 부모와 친밀한 관계를 느끼며 자기 하고 싶은 일을 할 수 있을 때 아이들은 행복하게 성장할 수 있음을 알 수 있다.

따라서, 청소년 자살을 예방하기 위해선 단순히 몇 시간 정신 교육을 더 하고 생활기록부에 뭔가 흔적을 남겨 공포나 상처를 주는 식으로 접근해서는 안 된다. 개별 치유를 돕는 심리상담도 필요하지만, 사태의 뿌리가 사회적인 것이기 때문에 한계가 크다. 상처투성이의 청소년들에게 정작 필요한 것은 공포가 아니라 사랑이며, 약물이 아니라 지지이고, 경쟁이 아니라 우정이다.

이것이 가능하려면 학교 분위기도 바뀌어야 하지만, 실은 사회 경제 시스템이 근본적으로 바뀌어야 한다. 그것은, 아이들이 어떤

▪ 2014년 7월 4일, '부산 온배움터(cafe.daum.net/busanecoschool)'에서 행한 내 특강에 참여하신 채현국 선생의 보충 발언. 채현국 선생은 우리 시대에 보기 드문 '사회적 어른'이다. (채현국, 「한겨레」 인터뷰, 2014. 1. 4. 참조.)

꿈을 꾸더라도 그것이 사회적으로 의미 있는 꿈으로 승화할 수 있도록 지원하고, 또 그 꿈에 걸맞게 실력 증진을 돕는 것이어야 한다. 나아가 아이들이 자신의 꿈에 맞게 공부를 하고 실력을 키워 사회에 나오면 큰 차별 없이 비슷한 대우를 해주는 그런 시스템이어야 한다. 압축하자면, 개성 있는 고교평등화, 대학평등화, 직업평등화가 삼위일체로 구현되어야 한다. 그래야 공포가 아닌 사랑의 교육이, 경쟁이 아닌 우애의 교육이 가능하다.

그러나 무엇보다 당장 시급한 것은, 지금 청소년이 마음속에 경험하는 그 모든 고민과 고통에 대해 어른들이 진심으로 귀를 기울이고 마음을 여는 일이다. 경청과 공감, 그리고 연대와 지원, 바로 이것이 아이들의 소중한 생명력을 지켜내는 열쇠다. 사태 해결의 실마리, 그 출발점은 아이들을 대하는 어른들의 태도에 있다. 지금 바로 옆의 아이들을 진심으로 포용하는 것에서부터 다시 시작해보자. 그리고 이렇게 말하자.

"얘들아, 많이 힘들지? 사랑해!"

"세상 모든 사람에겐 하나 이상의 재주가 있다고 하니, 너무 걱정 마. 지금부터 천천히 찾아볼까?"

자, 이제 정리해보자. 과연 우리는 무엇을 위해 공부를 하고 무엇을 위해 일을 하는가? 도대체 왜 사는가? 우리 인생의 목적은 무엇인가? 과연 우리는 이 계속되는 자살 행렬에 대해 무엇을 느끼는가? 제대로 느끼고 제대로 반성하고 있는가? 이 어리석음을 되풀이하지 않기 위해 나는 무엇을 하고 있나? 혹시라도 "행복은 성적순이 아니다"라는 말에 고개를 끄덕이면서도 동시에 "그러나 현실은……"이라며 또다시 중독의 덫으로 빠지고 있지나 않은가?

🌿어린이 · 청소년 스트레스, 방법이 없나?

"교수님께서 아까 강연에서 아이들은 자유롭게 자라는 것이 중요하다고 했는데요, 저도 그렇게 생각해요. 그래서 아이에게 자유를 주면, 정말 자율적으로 시간을 잘 쓰면 좋겠는데 그게 아니라 하루 종일 컴퓨터하고만 놀려고 해요. 거의 중독 수준이지요. 자유도 좋지만, 이건 아니라고 생각하는데, 어떻게 하면 좋을까요?"

인문학 강좌나 학부모 강의에 갔을 때 흔히 듣는 질문 중 하나이다. 어떻게 해야 좋을까? 사실 나도 정답은 없다. 하지만, 보다 근본적으로 생각해보면, 아이들이 더 어릴 적부터 진정 자유롭게 자라왔는지, 그동안 자율성을 키울 기회가 많았는지 스스로 질문을 던질 필요가 있다. 그다음에는 과연 부모가 아이들과 함께 재미있게 놀았는지, 특히 컴퓨터나 스마트폰보다 더 재미있는 프로그램을 같이 즐겼는지 자문할 필요가 있다. 흔히 아이들과 '놀아주어야' 한다고 말하지만, 놀아주는 게 아니라 그냥 함께 '놀아야' 한다. 즐길 줄 알아야 한다. 그래야 아이가 놀이의 즐거움을 만끽하고 균형 잡힌 인성을 기르게 된다. 실컷 놀아본 아이는 노는 것과 배우는 것의 경계가 거의 없거나 혹 있더라도 균형을 잘 잡는다. 자기가 무엇을 해야 하는지, 무엇을 필요로 하는지를 잘 알기 때문이다. 그리고 가끔 아이가 골방에서 혼자 웅크리고 있거나 어른 눈에 '쓸데없이' 시간을 허비하는 듯 보이는 경우라 할지라도, 그 시간은 아이에게 숙성의 시간일 수 있다. 부모가 일거수일투족을 감시, 통제하려 하기보다는 큰 줄기에서 '가족회의' 등을 통해 수평적인 대화를 나누고 부모의 생각을 말해주는 정도에서 그치는 것이 좋다. 그렇게 '여백의 시간' 또는 '자유의 공간'이 있어야 아이가 스스로 채울 틈이 생긴다. 그 과정들이 오래 쌓이면 자율적인 사람, 자유로운 사람으로 성장하게 된다. 그 결과 아이는 컴퓨터나 스마트폰 등과도 중독적인 관계를 맺기보다 훨씬 균형 잡힌 관계를 맺게 될 것이다.

흔히들 어린이를 '꿈나무'라 한다. 꿈을 키우며 건강하게 쑥쑥 자라야 사회의 미래가 밝다는 뜻이다. 그런데 한국 어린이들은 꿈을 키우며 행복하게 자라기는커녕 날마다 스트레스에 둘러싸여 힘들다. 전국교직원노동조합 참교육연구소가 2011년에 초등 5~6학년생 1450명을 대상으로 설문조사 한 결과, 응답자의 32퍼센트가 '학원 다니기'가 가장 큰 스트레스며, 다음으로 '학업·성적 걱정'이 29퍼센트를 차지, 스트레스 원인 2위였다. 그다음으로 '따돌림'(10퍼센트), '건강'(8퍼센트), '외모'(6퍼센트) 등이 문제였다. 요컨대, 초등학생 10명 가운데 6명이 '공부' 스트레스를 받는다. 오죽하면 2015년 5월 초에, '잔혹동시' 논란(이 책 47쪽 참조)이 일었겠는가.

한편, 아이들은 학교 수업 다음으로 학원 수업에 가장 많은 시간(34.8퍼센트)을 썼다. '텔레비전 시청'(18.5퍼센트)이 뒤를 이었다. '친구와 놀거나 운동'에 시간을 가장 많이 쓴다는 어린이는 13.6퍼센트에 그쳤고, '컴퓨터'에 가장 많은 시간을 쓴다는 어린이도 12.8퍼센트였다. 결국, 한국 어린이들은 학교를 두 군데 다니는 셈이며, 이런 학업 스트레스를 푸는 가장 중요한 방식이 '친구와 놀이'가 아니라 '텔레비전 시청'이었다.

이 공부 스트레스 비율은 중고생이 될수록 높아진다. 통계청과 여성가족부가 발표한 '2014 청소년 통계'에 따르면 여자 청소년 10명 중 7명(69.6퍼센트)은 '학교생활'에 스트레스를 받고 있으며, 남자 청소년(55.2퍼센트)에 비해 14.4퍼센트나 높았다.■ 또, 청소년이 고민하는 문제는 '공부'(32.9퍼센트), '직업'(25.7퍼센트), '외모·건강' (16.9퍼센트) 순으로 나타났다. 청소년이 선호하는 직장은 '국가기관'(28.6퍼센트)과 '대기업'(22.1퍼센트) 순으로 나타났다. 청소년들은 안정적인 '공무원'을 선호했다. 청소년의 10명 중 1명(11.2퍼센트)은 지난 1년 동안 한 번이라도 자살을 하고 싶다는 생각을 해본 적이 있는 것으로 나타났다. 자살 충동을 느낀 이유는 성적 및 진학 문제 (28.0퍼센트), 경제적 어려움(20.5퍼센트), 외로움·고독(14.1퍼센트), 가정불화(13.6퍼센트) 등이었다.

이런 식으로 10대 청소년들이 학업 스트레스나 내면적 불안감 등을 해소하는 방편으로 인터넷(게임 또는 영화·동영상)이나 스마트폰(카톡 등 메신저·SNS)에 매달리는 경향이 있다. 실제로, 미래창조

■「시사포커스」, 2014. 7. 10.

과학부와 한국정보화진흥원의 '2013년 인터넷 중독 실태조사'에 따르면, 청소년 계층(10~19세)의 '인터넷 위험중독군'은 11.7퍼센트로 다른 계층에 비해 높았다.■ 이 수치는 2011년 10.4퍼센트, 2012년 10.7퍼센트에 이어 2년 연속 증가한 결과다. 인터넷 중독위험군이란 유·무선 인터넷을 과다 사용해 인터넷 이용에 대한 금단, 내성, 일상생활 장애 중 한 가지 이상 증상을 보이는 상태다. 또, 청소년은 스마트폰 중독 위험군에서도 가장 많았다. 정부가 앞의 조사와 별도로 만10세 이상 54세 이하 스마트폰 이용자 1만 5564명을 대상으로 조사한 결과, 청소년 계층의 스마트폰 중독위험군은 25.5퍼센트로 2012년의 18.4퍼센트, 2011년의 11.4퍼센트보다 무려 7.1퍼센트 증가했다. 시간 사용의 측면에서 보면, 2012년 청소년들은 스마트폰을 하루 평균 23번을 사용하고 매번 평균 19분씩 하루에 총 7.3시간을 쓰는 것으로 나타났다. 타 연령대의 하루 평균 사용시간 4시간에 비해 거의 두 배 수준이었다. 아이들이 학업 스트레스나 내면적 불안감을 크게 느낄수록 그것을 회피하거나 도망갈 곳을 찾게 되고, 그 결과 게임 중독, 인터넷 중독, 컴퓨터 중독에 빠질 확률도 높아진다.

한편, 놀라운 사실은 학교나 가정에서 체벌, 폭력, 학대가 아직도 없어지지 않았다는 사실이다. 일례로, 앞의 2011년 참교육연구소 조사에서 어린이들은 '지난 1년 동안 선생님에게 직·간접적인

■ 「노컷뉴스」, 2014. 3. 24.

강수돌 교수의
더불어 교육혁명

체벌을 당한 경험이 있느냐'는 물음에 42.1퍼센트가 '있다'고 했고, 체벌 뒤 '억울한 생각이 들었다'고 답한 학생이 49.3퍼센트나 됐다. 한 중학교 교사가 '집합 시간을 어긴' 학생을 폭행하는 장면이 인터넷에 올라 큰 파문이 일기도 했다. 한편, 검찰 자료에 따르면, 2012년의 가정폭력은 3159건이었는데 2013년엔 1만 7069건으로 급증했다.■ 또, 남윤인순 의원 자료실에 따르면, 아동학대가 2001년에 4133건이었으나 2009년 9309건, 2013년엔 1만 3706건으로 급증했다.■■ 한편, 중앙아동보호기관에 따르면 2012년 6400건의 아동학대 중 친부모에 의한 것 79.7퍼센트(5103건), 계부모에 의한 것 3.5퍼센트(225건)로, 83퍼센트가 같이 사는 부모에 의해 일어났다.●

일례로, 2013년 8월, 경북 칠곡에서는 새엄마 밑에서 자라던 어린 자매가 수년간 고통 속에 신음하다가 동생이 새엄마의 폭행으로 부러진 갈비뼈가 폐를 찌르는 바람에 사망한 일이 발생했다. 언니는 이 사실이 세상에 알려지면서 학대로부터 구출됐다. 놀랍게도 석 달 뒤엔 경북 울주에서 비슷한 사망사고가 또 났다. 2013년에만도 이런 아동학대로 인한 사망 아동이 무려 22명이나 된다. 요컨대, 부모나 교사가 아이들에게 폭력을 행사하는 일이 예외적이라기보다는 일상적으로 일어나는 셈이다.

생각건대, 아이들이 폭력을 많이 경험할수록 아이들은 '생존'에

■ 「파이낸셜뉴스」, 2014. 7. 15.
■■ 「머니투데이」, 2014. 7. 16.
● 「중앙일보」, 2014. 4. 9; 「이데일리」, 2014. 4. 15.

의 두려움에 젖어 본인의 솔직한 느낌이나 하고 싶은 말을 진술하게 표현하지 못한다. 그 대신 힘이 센 어른의 '눈치'를 보기 시작한다. 한마디로, 자율적인 사람이 아니라 타율적인 사람으로, 자기 삶에 대한 주인이 아니라 노예로 길러진다. 이런 상황에서 경험하는 '공부' 스트레스는 한국의 아동이나 청소년의 불행지수를 세계 최고로 드높인다.

그렇다면 이런 문제에 대한 올바른 해결책은 무엇인가? 우선, 우리는 앞의 조사 결과들을 진지하게 받아들여야 한다. "우리 집은 그렇지 않은데?", "공부 못하는 아이들이니까 그렇지 뭐!", "시간이 지나면 좀 나아지겠지." 따위로 반응하면 곤란하다. 그러는 사이, 아이들은 학교나 집을 뛰쳐나오며, 설사 학교와 학원을 다니더라도 마음속에 분노와 짜증, 스트레스와 고뇌가 치민다. 이런 분위기 속에서 창의력과 상상력, 꿈과 희망을 키운다는 것은 한마디로 어불성설이다. 그러니 이제부터라도 좀 진지하게 접근하자. 이 나라의 아이들이 '학업 스트레스'나 어른에 의한 폭력, 심지어 힘센 아이들에 의한 폭력 때문에 병이 든다는 것을.

돌파구는 있다. 자유와 놀이다. 어린이들은 일단 공부는 최소한으로만 하고 자유롭게 뛰어놀아야 한다. 친구들과 어울려 놀면서 생활 속 스트레스도 풀어야 한다. 놀이를 통해 게임 규칙도 배우고 협상이나 양보, 규칙이나 신뢰와 같은 사회성도 키우게 된다. 수많은 스승이 말하듯, 어린이에겐 '놀이가 곧 학습'이다. 특히 자연 속에서 친구들과 어울려 노는 것이야말로 아이들의 몸과 마음을 튼튼하

강수돌 교수의
더불어 교육혁명

게 한다. 상상력도 커지고 융통성도 생긴다. 그렇게 실컷 신나게 놀아야 나중에 허비하며 놀고 싶은 마음이 별로 생기지 않는다. 이를 성공회대 고병헌 교수는 '지랄총량불변의 법칙'이라 부른다. 어릴 적에 놀지 못한 사람들은 나중에 어른이 되어 '지랄'을 부리는 경향이 있다. 성장 과정에서 원 없이 놀아본 경험, 상처 받지 않고 행복하게 자란 경험이야말로, 어른이 되어 주체적이고 책임성 있는 모습으로 인생을 영위할 밑거름이 된다.

주위를 둘러보라. 많은 경우, 무엇을 어찌할 줄 몰라 헛되이 시간 낭비만 하는 경우가 많지 않던가. 신나게 노는 것은 생산적이지만, 헛되이 노는 건 파괴적이다. 어릴 때 행복하게 마음껏 뛰어놀아야 어느새 꿈과 목표가 꿈틀거리는 것을 느낄 수 있고 방향을 잡을 수 있다. 그렇게 서서히 꿈의 싹이 생길 때, 부모와 자녀 사이에 자상하고 친밀한 대화를 통해 자기가 하고 싶은 공부를 선택하게 하면 된다. 물론 그런 꿈이 자기만의 행복이 아니라 사회적 행복에도 도움이 되는 방향으로 갈 수 있게 다각적으로 생각해볼 필요는 있다. 나중에 직업도 스스로 하고 싶은 일을 선택하고 최선을 다하는 것이 행복의 지름길이다. 지나치게 돈이나 권력을 추구하는 것보다 소박하게 살면서 진정으로 자기 내면이 원하는 일을 하며 사는 것이 가장 행복하다.

내가 만난 캐나다의 어느 부모는 이렇게 말한다: "학교를 파한 아이들은 특별활동을 한다. 보통은 음악이나 스포츠다. 필요할 때 학원이나 교습소에 간다. 스포츠는 여름엔 넓은 잔디밭에서 하는 야구나 축구, 겨울엔 하키나 스케이트 등을 한다. 수영은 사계절 다 좋다. 아이들 운동 경기는 주당 두세 번 있는데, 부모가 가능한 한 참석하여 지켜본다. 이렇게 부모들은 어린이들과 대부분의 시간을 같이 나누려 한다."

그러니 어른들이여, 부디 아이들을 믿고 뛰어놀게 하시라. 그리고 절대 체벌이나 폭력을 쓰지 마시라. 폭력은 가해자나 피해자 모두에게 심한 상처를 남긴다. 이 상처는 두고두고 우리를 괴롭힌다. 자신감 있게 살지도 못하고 다른 사람과 원만한 관계도 맺지 못한다. 그러니 사회생활에도 큰 지장이 생긴다. 잘못하면 우울증이 생기거나 각종 중독에 빠진다. 최근 우리 주변에 온갖 사회적, 정신적 질병들이 많이 생기는 것도 결국 그 뿌리엔 참된 사랑의 결핍, 온갖 폭력의 경험이 숨어 있다. 바로 이런 깊은 맥락을 잘 알고 지혜롭게 대처해야 비로소 아이들은 물론 어른들도 스트레스보다는 해피니스에 가까운 삶을 살 수 있다. 아이들에게 꿈꿀 시간을 주자. 놀이와 자유의 시공간이야말로 대한민국 모든 아이들에게 절실히 필요하다.

여기서 잠깐 아이들의 놀이 공간을 구체적인 예를 들어 살펴보자. 보통 말하는 선진국들이 우리나라와 다른 점 가운데 하나는 '공원'이다. 유럽은 물론 미국이나 캐나다도 걸어서 10분 이내면 공원에 갈 수 있다. 그러니 마구 뛰어놀고 싶은 아이들에게 참 좋은 환경이다. 우리나라도 말로는 '어린이는 미래의 주인공'이라고 이야기하지만, 그 미래의 주인공들이 제대로 주인공 노릇을 하기 위해 어릴 적부터 잘 뛰어 놀아야 한다는 점은 잘 모른다. 아이들을 하루 종일 학교에 가두었다가 다시금 학원에 가두고 더 심하게는 독서실

강수돌 교수의
더불어 교육혁명

이나 과외로 또 가두는 일을 하지 않아야 한다.

캐나다 토론토의 공원들에는 해마다 대략 6월에서 9월 중순까지 어린아이들이 물을 튀기거나 공놀이와 함께 장난을 치면서 실컷 놀 수 있는 '물 놀이터'(wading pool)가 있다. 그 모양은 지름이 약 15미터 정도 되는 크기의 원형이며 가운데로 갈수록 낮아진다. 물이 나오는 중심은 마치 우리나라 전통 우물처럼 둥근 기둥 모양으로 되어 있다. 지하수를 뽑아 올려 물 놀이터를 가득 채웠다가 저녁이면 모두 흘려보내고 다시 다음 날 깨끗한 물로 채운다. 가장자리로 갈수록 얕고 중심으로 갈수록 깊어지지만 한가운데로 가도 별로 깊지는 않다. 그래서 갓난아기 티를 막 벗은 귀여운 꼬마조차 안전하게 놀 수 있다. 대학생 정도 나이의 남녀 청년들 두 명 이상이 안전요원으로 배치된다. 집집마다 아이들을 데리고 나온 부모들은 물가에 자리를 펴고 앉아 책을 보기도 하고 아이가 노는 모습을 물끄러미 지켜보며 흐뭇한 표정을 짓기도 한다. 좀 더 흥이 난 부모는 신발을 벗고 바지를 둥둥 걷은 다음 아이가 노는 물속에 같이 들어가 장난을 치기도 한다. 이렇게 어른과 아이들이 모두 즐길 수 있는 '물 놀이터'를 보고 있으면, 아, 천국이 이런 모습이 아닐까 싶기도 하다. 사실, 물도 많이 들고 관리비도 많이 드는 일반 풀장에 비해 이런 야트막한 물 놀이터는 큰 돈 들이지 않고 만들 수 있는 일인데도, 왜 우리나라는 이런 것조차 없을까 싶어 안타깝기도 하다.

물론 마을마다 '커뮤니티 센터'가 일반 풀장까지 운영하면서 시민들이 저렴하게 이용할 수 있도록 한다. 한국 같으면 지나치게 사람들이 많아 발 디딜 틈이 없을 터인데 이곳은 기껏해야 10명 내외가 놀고 있고 심할 때는 2~3명밖에 없을 때도 있다. 그만큼 전체 인구에 비해 청소년이나 어린이들이 물놀이를 할 수 있는 곳이 많기 때문일 것이다.

그런데 토론토의 유명한 건축가 존 하워드 부부가 오래전에 만든 '하이 파크'라는 제법 큰 공원 안에는 흥미로운 어린이 놀이터가 하나 있다. '제미 벨 모험 공원'(The Jamie Bell Adventure Park)이 바로 그것이다. 이 놀이터가 흥미로운 까닭은 어린이들이 자기가 꿈에 그리던 놀이터를 제안(디자인)하고 그것을 어른들이 만들어준 데 있다. 어린이 놀이터를 처음 만들 때 어른들이 이런 식으로 말했다고 한다.

"메리야, 네가 꿈꾸는 놀이터를 만드는 데 도와줄 수 있겠니?"
(Mary, could you help me create your dream playground?)

와우, 어린이 놀이터를 어른들이 알아서 해주는 것이 아니라 어린이가 원하는 것을 그림이나 글로 표현하게 하고 그것을 보고 어른들이 만들어주었다니 놀라지 않을 수 없다. 뿐만 아니라 그렇게 만드는 과정에도 바로 그 어린이들이 참여하여 함께 만들었다. 그래서 이 놀이터에는 아이들이 좋아하는 성곽 모양의 구조물, 밧줄타기 놀이, 그네, 사다리 타기, 미끄럼틀, 미술 작품 전시 등 아이들 눈에 흥미로운 것들이 가득하다. 물론 대부분 중요한 것은 어른들이 했겠지만, 아무리 작은 것이라도 어린이가 제안하고 또 그 어린이들이 직접 참여해서 만들었다는 체험은 얼마나 소중하고 아름다운가?

'제미 벨'은 당시 하이 파크 총괄 조정 책임자로서 '지역사회와 함께하는 어린이 놀이터'라는 아이디어를 냈다. 사람들은 그 이름을 영원히 기억하기 위해 아예 '제미 벨 모험 공원'이라 부른다. 그래서 이 공원은 어린이 놀이터 중에서도 상상력과 창의력을 가장 잘 북돋워준 놀이터로 유명하다. 아무리 어린아이라도 그 주체성을 존중하고 의견을 물어서 진행하는 어른들의 모습, 돈이나 자원이 있다고 일방적으로 밀어붙이는 식이 아니라 지역사회와 함께하는 겸허하고 민주적인 모습, 바로 이런 것을 우리가 잘 배워야 하지 않을까?

당시에 그 공원을 만드는 데 참여한 어른이나 아이들은 아마도 그 가슴 뛰던 시간을 영원히 잊지 못할 것이다. 그리고 그 아이들이 커서 다시 자기 아이를 낳게 되면 또 그 아이들을 데리고 그 공원에 가서 자랑스럽게 놀이터에 얽힌 옛날이야기를 들려주며 함께 놀 것이다. 물론 그사이에도 여러 번 수리와 보완은 하겠지만. 이렇게 어릴 적부터 어른들로부터 존중받으며 자라나는 아이들, 자기 생각을 말하고 표현할 줄 아는 아이들, 자기 생각이 어른들의 계획에 반영되어 실제로 행해질 때 함께 참여하는 신나는 경험을 하며 자라나는 아이들, 동네마다 학원이 아니라 공원에 가서 맘껏 뛰놀며 자라는 아이들, 놀이터나 공원에서 상상력과 창의력을 발휘하며 신바람 나는 체험을 한 아이들, 바로 이런 아이들이야말로 '미래의 주인공'이 될 자질을 제대로 갖추고 있지 않을까? 생각만 해도 흐뭇한 일이다. 바로 이런 것이 좋은 삶이고 선진국다운 모습이다. 비록 하루아침에는 안 된다 할지라도, 개념이 바뀌면 우리도 얼마든지 해낼 수 있다.

🌿 쉽고도 어려운 부모 - 자녀 관계, 그 해법은?

2014년 봄, 경북 칠곡에서 발생한 '의붓딸 학대 사망 사건'과 같이 어른들에 의한 아동의 폭력 피해(살인 포함)는 우리 사회에 큰 충격을 준다. 보건복지부에 따르면 2001년부터 2012년까지 12년간 총 97명의 아동이 학대로 숨졌다 한다. 하지만 누구나 짐작하듯 이는 어디까지나 공식 통계일 뿐, 실제로 학대를 당해 사망한 아동은 이보다 훨씬 많을 것이다.

아동에 대한 폭력 또는 학대의 형태는 다양할 수 있다. 일례로, 친부모나 의붓부모에 의한 직접적인 폭행만이 아니라 무관심이나 방임조차 아이에게는 학대가 되기도 한다. 사랑의 결핍이 문제다. 부모가 모두 있는 경우에 비해 한 부모 가정에서 일어나는 사건들이 갈수록 늘고 있다. 이혼, 취업 등 다양한 이유로 '나 홀로' 가정이 많아진다. 사랑이 부족하다.

이런 소식을 들으면 우선 마음이 쓰리다. '어째서 이런 일이 일어날까, 그것도 갈수록 많이?' 그러면서 속에서 화가 치밀어 오른다. '도대체 왜 비슷한 일이 계속 또 일어날까?'

물론, 사회 전체적으로 보면 학대받는 아동보다 행복하게 자라는 아이들이 훨씬 많다. 그러나 아무리 극소수라 할지라도 아이들이 학대를 경험하거나 그로 인해 사망한다면 절대 예사로 보아 넘길 일이 아니다. '내 아이는 괜찮으니 별 것 아니다'라고 생각해선 안 된다는 말이다. 학대받은 아이는 자존감이나 자율성 대신 증오심과 공격성을 발달시켜, 주변에 해악을 끼치기 쉽다. 개별적 문제가 아니라 사회적 문제라는 말이다.

사랑의 관계를 강조하는 책들에서 자주 인용되는 실험이 있다. 아기 원숭이 둘에게 바나나를 준다. 한 원숭이에게는 아무 말 없이 먹이만 주고, 다른 원숭이에게는 먹이를 주면서 머리도 쓰다듬어 주고 살가운 인사말을 건넸다. 그렇게 몇 달 지났다. 아무 말 없이 먹이만 준 원숭이는 갈수록 시무룩해지고 힘이 빠지더니 마침내 죽었다. 반면, 먹이와 함께 사랑을 듬뿍 받은 원숭이는 행복하고 활기차게 자라났다.

이 실험의 메시지는, 생명체는 밥으로만 살 수 없다는 것이다. 켄로치 감독의 영화 제목 〈빵과 장미〉처럼, 밥과 함께 사랑이 필요하다. 개도 새끼를 낳으면 지극정성으로 보살핀다. 새도 갓 깨어난 새끼를 사랑으로 키운다. 심지어 논밭의 작물조차 따뜻한 말을 해주고 음악을 들려주면 더 잘 자란다.

이제 핵심은 분명하다. 친밀한 사랑의 관계, 바로 이것이 모든 사태의 핵심이다. 그렇다면 우리는 왜 아이들과 친밀한 사랑의 관계를 맺지 못할까?

크게 세 가지 측면이 있다. 첫째는 사회 시스템이 경쟁과 이윤, 권력의 원리로 움직이기 때문에 대부분의 어른들이 '생존'에 목숨을 걸어야 한다. 마음의 여유가 없다. 그래서 아이들과 친밀한 관계를 맺기 어렵다. 둘째는 부모 자체가 어릴 적부터 어른들로부터 친밀한 사랑의 관계를 배우지 못했다. 부모나 교사, 친지 등 가까운 어른들이 살갑고 진정성 있는 사랑이 어떤 것인지 가르쳐주지 못한 경우가 대부분이다. 셋째는 대부분의 부모들이 아이들을 '하늘이 준 선물'로 보기보다 자신의 소유물로 취급하기 때문이다. 아이가 착하고 공부도 잘해서 '쓸 만한' 것 같으면 소중한 소유물로, 그저 '시원찮게' 보이면 귀찮은 소유물로 취급한다.

당장 지금부터 주변의 모든 아이를 '우주의 선물'로 보기 시작하자. 그리고 '나부터' 아이를 존재 그 자체로 사랑하자. 그러면서 사회구조의 문제들도 '더불어' 토론해나가자. 이런 노력이 쌓이면서 아이와의 관계도 변하고 사회도 변하며 나 자신도 변할 것이다. 보다 행복한 방향으로 말이다. 모두가 행복해진다는데 뭘 또 주저할 것인가?

🌿 동심의 세계, 어른의 세계

"학원에 가고 싶지 않을 땐/ 이렇게/ 엄마를 씹어 먹어/ 삶아 먹고 구워 먹어/ 눈깔을 파먹어/ …… / 심장은 맨 마지막에 먹어/ 가장 고통스럽게"■

열한 살짜리 초등학생 여자아이가 썼다고 보기엔 '섬뜩한' 느낌이 드는 시다. 이 시는 2015년 5월 어린이날을 앞두고 나온 『솔로 강아지』라는 동시집에 나온다. 시의 제목은 「학원 가기 싫은 날」이다. 이 시와 함께 그보다 더 섬뜩한 느낌이 드는 삽화(한 아이가 쓰러진 어머니 옆에서 입에 피를 묻히고 심장을 먹고 있는 그림)가 같이 언론에 소개되면서 작은 파문이 일었다.

그 기사를 본 시민들이나 아이들은 대체로, 동심이 담긴 시와 그림이라고 보기엔 내용이 너무 자극적이고 소름이 돋는다고 했다. 출판사는 어린 작가의 의도를 생각해 가감 없이 실었다고 설명했다.

■ 이하 「프레시안」, 2015. 5. 12. 기고문

표현의 자유 내지 예술성 등 출판사의 해명에도 불구하고 언론 등 시민 사회의 반응은 시와 그림에 대한 혐오감, 그리고 출판사의 도덕성 내지 신중성에 대한 비판이 많았다. 심지어 10살 어린이를 '패륜아' 또는 '사이코패스'로 취급하기도 했다. 또 그 어린 작가의 부모에게도 "어떻게 이런 책을 출판하게 내버려두냐"는 비난이 쏟아졌다.

원래 "이것을 보고 시대의 슬픈 자화상을 발견하고 어른들의 잘못된 교육에 대해 반성할 수 있는 계기가 될 수 있기"를 바랐던 출판사도, 오히려 모진 역풍이 거세게 일자 3일 만에 '유통 중인 시집 전량을 회수하고 재고 도서도 전량 폐기'하기로 결정했다. 이미 출간된 책을 전량 폐기한다는 결정은 참 쉽지 않았을 텐데도 출판사 측이 발 빠른 반응을 보인 셈이다.

그런데 이를 들은 동시 작가의 어머니(시인)가 발끈하고 나섰다. 그는 한 언론 인터뷰에서 "딸의 시가 사회적으로 잔혹성 논란을 일으켜 송구스럽다"고 전제한 뒤, "책을 회수하는 것은 맞지만 전량 폐기는 반대한다"고 했다. 그러나 출판사가 실제로 전량 회수 폐기라는 특단의 결정을 내리자 이에 반발, 서울중앙지방법원에 그 책의 '회수 및 폐기 금지 가처분 신청'을 했다. 하지만 곧 학부모 측은 "더 이상 논란이 확산되길 원치 않는다"며 이 신청을 취소하고 책 폐기라는 출판사의 결정을 따르기로 함으로써 이 일은 일단락되었다.

사실, 이 일은 여러 가지 측면에서 우리에게 생각할 점을 던진다. 특히 시의 내용이나 삽화가 전해주는 끔찍함과 동시집이라는 매체 사이의 관계 문제, 나아가 출판을 추진한 아이 어머니와 출판사의

강수돌 교수의
더불어 교육혁명

의도나 책임성 문제, 또, 이 문제에 대한 시민 사회의 반응들과 아이에 대한 낙인이 가진 문제, 표현의 자유, 예술성이나 문학성 등의 문제 등등이 모두 화제가 될 수 있다.

그러나 내가 보기에 가장 중요한 것은 동심의 세계와 어른의 세계 사이의 충돌이다. 이번 논란을 생각하는 데 가장 중요한 것은 「학원 가기 싫은 날」이란 시에 드러난 동심, 즉 아이의 마음이다. 눈만 뜨면 공부하라고 하는 엄마, 매일같이 학원을 반강제로 가라고 하는 엄마가 정말 지긋지긋하게 느껴진 모양이다. 그 아이는 자신의 눈을 열고 가슴을 연 채 엄마에게 속마음을 털어 놓는다. 설사 그 속마음을 털어 놓았을 때 혹시라도 엄마에게 혼이 나지 않을까, 하는 우려가 없지는 않았겠지만, 솔직하게 보여주고 싶은 순수함이 더 컸을 것이다.

그런데, 그 시를 본 엄마의 태도도 정말 남달랐다. "처음에는 그 시를 보고 화가 났지만 미안함도 생겼다. 아이가 학원에 가기를 이렇게까지 싫어하는 줄 전혀 몰랐다. 그래서 그 자리에서 아이가 다니기 싫어하는 학원을 그만두게 했다"고 말했다. 아이의 정직한 표현에 엄마도 정직하고 성숙되게 반응했다. 그렇지 않았다면, 많은 가정에서 그러는 것처럼 엄마는 "엄마 아빠가 네 장래를 위해 얼마나 고생하면서 학원을 보내주는 건데, 무슨 배은망덕한 소리만 하느냐?"며 혼을 냈을지 모른다. 그런 면에서 이 아이와 엄마는 정말 건강한 소통을 하고 있었던 것이다. 특히 2011년에 등단한 시인이기도 한 엄마는 문인답게 "아이의 시가 표현이 거칠기는 하지만 발상이 재밌어서 웃음이 나왔다"고까지 말했다. 나아가 그는 자신의 미안함이나 부끄러움을 넘어 온 사회가 성찰을 하기를 원했다. "아이들을 숨 쉴 틈 없이 학원으로 내모는 한국 사회에 대한 비판적 우화로 작품성과 시적 예술성이 있다"고 판단한 끝에 그 동시집의 출판을 추진하게 되었다고 한다.

그렇게 해서 『솔로 강아지』라는 멋진 동시집이 나왔다. 이제 많은 사람들이 이 책을 보고 한국 사회가 특히 5월 가정의 달과 어린이날을 맞아 아이의 눈으로 세상과 삶을 다시 성찰하게 되었다면, 모든 일이 순조롭게 잘 돌아갔을 터이다. 그러나 세상은 아직 그런 방향으로 갈 준비가 되어 있지 않았다. 아이와 엄마의 마음이 동심의 세계를 강하게 드러내고 있었다면, 사회나 언론은 잘못된 어른의 세계를 고집스럽게 드러냈던 것이다. 즉, 사회나 언론은 시나 그림이 가진 '끔찍함'을 넘어 자신과 사회를 차분히 성찰하는 보다 성숙한 어른의 세계를 제대로 드러내지 못했다.

그렇다면 (잘못된) 어른의 세계란 무엇인가? 그것은 한편으로, 동심의 순수함이나 솔직함과 달리 출세나 세속적 성공의 욕망, 즉 이름을 드러내고자 하거나 돈을 벌고 싶은 마음, 그리고 다른 한편으로, 시 속에서 '학원' 문제로 드러난, 잘못된 교육 현실이나 사회 현실의 문제점을 알면서도, 이를 애써 숨기고 싶은 마음 같은 것일 것이다. 물론 사람마다 정도의 차이는 있다. 하지만, 동심의 세계와 다른 비뚤어진 어른의 세계가 이런 측면을 갖고 있음을 부정하긴 어렵다. 물론, 우리는 얼마든지 보다 성숙하고 바람직한 어른의 세계를 만들 수 있다. 그러나 아직은 잘못된 어른의 세계에 빠져 있다.

우리가 보다 정직하게 이런 잘못된 어른의 세계를 솔직히 인정한다면 이런 질문을 추가로 던질 수 있을 것이다. '왜 우리는 동심의 순수함을 있는 그대로 유지하지 못할까?' 그리고 '왜 우리는 잘못된 교육 현실이나 사회 현실의 문제점을 제대로 고치려 하기보다 계속 고수하려고만 할까?'

그것은 한마디로, '먹고사는 문제' 때문이 아닐까 한다. 그렇다. 먹고사는 문제가 인생 문제에서 가장 중요한 비중을 차지한다. 하지만 우리는 여기서 한 번 더 물어보아야 한다. '지금 우리 사회가 돌아가는 방식으로 먹고사는 문제를 해결하는 것이 정답인가?' 이런 질문이다. 먹고사는 문제가 중요하다는 것이야 두말할 나위가 없지만, 이런 식으로 먹고살아야 하는지에 대해선 넓은 사회적 토론이 필요하다는 것이 내 생각이다.

예컨대, 왜 우리는 자신이 하고 싶은 공부를 하고, 또 하고 싶은 일을 하면서도 '이웃사촌'과 더불어 행복한 마을을 이루며 살지 못하는 걸까? 왜 우리는 억지로 학원에 가서 국·영·수에 매진하고 오로지 일류대학만 바라보고 재미없는 공부를 한 뒤 또 '스펙' 쌓느라 대학의 낭만이나 비판적 지성도 즐기지 못한 채, 취업 뒤엔 '팔꿈치'로 옆 사람을 밀치는 경쟁을 하며 재미도 없고 의미도 없는 일을 계속하며 살아야 하는가? 바로 이런 근본적 질문이 필요하다.

솔직히 말하자면, 우리는 우리 자신의 소망이나 의견과는 달리, 아래는 없고 위는 좁은 '사다리 질서' 내지 '피라미드 질서' 안에 살고 있다. 팔꿈치로 옆 사람을 제치고 무조건 위로 올라만 가면 우리는 돈과 권력을 한꺼번에 쥘 수 있다. 다른 사람들이 얼마나 고통을 받건 오로지 내 앞만 바라보고 오로지 내 가족만 챙기면 행복해질 것이라 믿고 있으면서 '경쟁력' 키우기에만 골몰한다. 하지만 사태의 진실은, 바로 그런 치열한 경쟁에서 극소수만 승자 그룹에 들어가고 대다수는 평생 허덕거리며 살아야 한다는 점, 나아가 누가 승리하는가 하고는 무관하게 경쟁이라는 게임에 들어간 모든 사람들은 자본과 권력의 지배를 받게 된다는 점이다. 그래서 자본과 권력은 사람들이 분열되어 경쟁하지 않고 연대하고 협동하는 것을 달가워하지 않는다. 동심의 세계가 연대와 협동에 가깝다면, 어른의 세계는 경쟁과 분열에 가깝다. 참된 인생의 원리는 연대와 협동, 사랑과 우정에 있다. 하지만 '사다리 질서' 내지 '피라미드 구조'는 우리는 부단히 경쟁과 분열로, 위계와 차별로 몰아넣는다. 사랑과 우정, 연대와 협동의 원리로써 이것을 극복해내지 못한다면 우리 삶의 비극은 계속된다는 것이 우리 삶의 진실이다.

그러나 아직 우리 사회는 이런 문제의식이 턱없이 부족하다. 그러다 보니, 「학원 가기 싫은 날」과 같은 동시가 나올 수밖에 없는 것이다. 그 시에서 아이의 마음은 정직했다. 그리고 아이는 어른스러운 수준의 시를 수시로 많이 쓸 정도로 재주가 뛰어나다. 바로 그런 아이가 시를 통해 동심의 세계를 잘 대변했고 이로써 어른의 세계와 정면충돌한 셈이다.

비록 이번 논란에서 이런 문제의식이나 사회적 성찰이 부각되지 않았지만, 이 문제는 시나 그림의 '끔찍함' 문제보다 훨씬 본질적이다. 사실, 이번엔 아이가 쓴 시가 문제가 되었지만, 어른의 세계에 저항하는 동심의 세계는 '자살'이라는, 훨씬 더 끔찍한 결과를 초래하지도 않던가? 한둘도 아니고 일 년에 무려 300명 내외의 10대 청

강수돌 교수의
더불어 교육혁명

소년이 자살을 하는 사회가 바로 우리가 사는 대한민국이다. 한 아이가 죽어도 온 사회가 고통스러워하며 근본 해결책을 찾아 나서야 할 판국에, 수백 명이 자살로 호소해도 우리는 '집단 불감증'에 빠져 냉담하거나 무관심, 심하면, 낙인찍는 일에 골몰한다. 바로 이러한 우리의 태도나 사회적 분위기가 아이들을 죽음으로 내몰고 '끔찍한' 작품을 쓸 수밖에 없도록 만들고 있는 것이다.

그러니 해답은 어른의 세계 속에 있다. 오로지 극소수의 특권층에 들고자 하는 욕망에 젖어 자신의 인간성이나 사회성을 잃어버린 어른의 세계를 보다 건강하게 고쳐내야 한다. 정치, 경제, 사회, 문화, 교육, 언론 예술, 종교 등 모든 영역에서 사력을 다해 잘못된 구조와 분위기를 쇄신해야 한다. 이런 운동이 범사회적으로 벌어질 때 비로소 더 이상 '어머니의 심장을 파먹고 싶은' 왜곡된 동심의 세계가 생기지 않을 것이다.

잘못된 어른의 세계를 정직한 동심의 세계로 성찰하도록 만들어준 『솔로 강아지』의 시에 대해 '잔혹동시'니 '패륜아'니 하는 낙인을 찍어대며 진정 본질적인 문제를 외면하는 것은, 인간다운 세상을 만들겠다며 몸부림치는 온갖 사회적 저항에 대해 '종북'이니 '빨갱이'니 하며 낙인을 찍는 행위와 마찬가지로 그 자체가 대단히 잔혹하며 지극히 패륜적이다. 그리고 이것은 우리가 온 사회의 잘못된 구조나 풍토 자체를 고치려 하기보다 무관심과 냉담함으로 대하는, '집단 불감증'을 하루빨리 극복하지 않는 한, 계속될 비극이라는 불길한 예감이 든다.

🌿 학교에서 가르치는 '노동'

2011년 12월이었다. 기아자동차 광주공장에서 현장실습 중이던 전남 영광실고 김민재 학생이 주당 52시간이 넘는 노동과 10시간 맞교대라는 살인적인 노동에 시달리다 뇌출혈로 쓰러졌다. 그의 의식은 아직도 돌아오지 않고 있다.

그 뒤 또 1년이 지났다. 2012년 12월, 울산 신항만 공사 현장에서 작업선 전복 사고로 전남 순천 효산고 현장실습생 홍성대 군이 실종되어 살아 돌아오지 못하고 결국 사망했다.

노동인권 교육과 노동현장 실습이 병행되는 독일의 실업학교와 천양지차다. 한국의 경우, 만 15세에서 18세 사이의 연소근로자들에게는 근로기준법상 하루 7시간, 주 40시간을 초과해서 노동하지 못하게 한다. 물론, 당사자 동의가 있다면 하루 1시간, 주 6시간 한도로 연장 근로도 가능은 하다. 김민재 군의 경우, 명백한 불법노동임에도 학교나 회사, 관청은 전혀 개의치 않았다. 더 심각한 것은 이러한 일이 예외적인 경우가 아니라 일상적으로 당연하게 여겨진다는 점이다. 이제 고교생 실습은 대학생 알바나 이주노동자, 비정규직, 여성들에 이어 새로운 '온순하고 값싼 노동력' 취급을 받는다.

그러니 실업계 학생의 75퍼센트가 대학 진학을 희망한다. 그렇다면 인문계 학교의 경우는 어떤가?

노동현장과 밀접하게 연결된 실업계 학교가 이 정도니 무슨 말이 필요할까? 인문계 학교는 대학 진학을 위해 존재하며, 그것도 대학 졸업 후엔 각종 고시나 공무원 시험을 쳐 '고위층'이나 '공무원'이 되도록, 또 회사에 취업을 하더라도 '노동자'보다는 '관리자'나 '경영인'으로서의 정체성을 갖도록 지도한다.(물론 실제 현실에선 대부분 대졸자가 실업자나 비정규직이다.) 당국이나 학교, 또 관련 교과서도 학생들을 그렇게 지도한다. 이러한 지향성은 이미 그 속에 '노동자'에 대한 사회적 시선을 담고 있는데, 그것은 '가급적 노동자보다 경영자(관리자)로 사는 것이 낫다'거나 '노동자 의식은 별로 좋지 못하다'는 생각을 학생들이 내면화하게 한다. 그러니 공부를 많이 했다는 판·검사조차 노동자를 경시하고 노동권에 대해 무지하다.

한국의 초·중·고교에서, 또 대학에서조차 '노동'에 관한 내용이 체계적으로 교육되지 않을 뿐 아니라 노동을 보는 기본 시각이 '자본'을 위한 톱니바퀴 정도에 불과하다는 점은, 우리가 그토록 높은 '교육열'이라며 자랑하는 교육이란 게 과연 '무엇을 위한 것인가' 하는 근본적인 의문을 갖게 한다. 특히, 지난 10년 가까이 이른바 '경제 교육'이 중요하다며 아이들에게 경제 교육을 시키고 있는데, 그 내용을 보면 절로 한숨이 나온다. 한 예로, 초등 아이들에게 주식 투자의 비결을 가르친다든지, 워렌 버핏이나 조지 소로스와 같은 주식 투자의 귀재(?)들을 어릴 적부터 숭상하게 만드는 것은 한마디로, 아이들의 영혼을 파괴하는 행위다. 예전에는 국내외의 각종 위인들, 특히 타인을 위해 또는 사회를 위해 헌신한 이들의 삶을 가르쳤다. 아니면 지극히 어려운 여건 속에서도 꿈과 희망을 잃지 않고 뭔가 뜻 깊은 사회적 성취를 이룬 이들을 배우게 했다. 아, 그런데 이제는 어린 아이들마저 어떻게 하면 작은 돈을 잘 굴려 큰돈으로 만들 것인지, 어떻게 하면 남보다 더 빨리 부자가 되게 할 것인지 하는 천박하고 속물적인 가치관을 갖게 '사육'한다.

따지고 보면, 대부분의 노동자 부모들은 '자식은 나처럼 살지 않기를 바란다'는 마음을 갖는다. 그것은 구체적으로 '나처럼 노동자 또는 하위층으로 살지 말라'는 말이다. 우리 사회의 지배적 정서다. 이미 우리 사회가 노동자에 대한 멸시를 당연시하고 있는 구조 위에서 누구나 계층 상승 욕망을 갖고 있다. 달리 말해, 우리는 불평등하고 차별적인 사회구조 속에서 힘겹게 살면서도 '강자의 욕망'을 내면화한다. 그 과정에서 우리 본연의 정서나 느낌, 감정과 생각, 태도나 행동은 내면 깊은 곳으로 억제, 억압, 은폐, 추방된다. 그리하여 그 빈 공간을 사회적 강자의 시각이나 욕망으로 채운다. 이것이 내가 말하는 '정서적 프롤레타리아화' 현상이다. 이 개념은 기존의 '경제적 프롤레타리아'들(무산자 계급)이 왜 자신들의 객관적 처지에 걸맞게 느끼거나 생각지 않고('혁명 세력'이 되기는커녕) 오히려 자신을 지배하는 계급의 느낌이나 생각, 태도나 가치를 갖게 되었는지를 설명하는 데 유용하다.

만일 우리가 본연의 인간성이나 주체성을 조금이라도 견지하고 있다면 다음처럼 느끼고 생각하는 것이 옳다. '내가 노동자로 살아 보니, 이 사회는 정말 차별이 심한 사회임을 실감한다. 앞으로는 이 차별적인 사회를 좀 더 평등하고 우애로운 사회로 바꾸어야 한다.' 또는 '나는 여태껏 생계에 연연하여 코앞의 이익만 바라고 살아왔는데, 너희들은 제발 코앞의 생존보다는 인간다운 삶을 위해 좀 더 넓은 안목을 갖고 사회적 연대를 실천하며 살기 바란다.' 최소한 자식들과 이런 태도나 의식을 공유할 때 우리 사회는 희망적일 수 있다.

그렇다면 우리는 앞으로 독일이나 프랑스의 학생들이 그러하듯 사회나 경제 교과서의 3분의 1이나 2분의 1 정도는 노동에 관한 내용을 담아 체계적인 학습을 하게 해야 하지 않을까? 게다가 노동 문제를 바라보는 기본 시각이, 지금까지처럼 마냥 자본을 위해 충성해야 한다든지 아니면 국가 경제 발전을 위해 희생해야 한다든지 하는 것이 아니라, '경제와 사회의 균형'이라는 관점에서 노동자로서의 삶이나 권리, 사회적 차별의 문제나 불평등의 문제 등을 사회적으로 건강하게 해결하는 것이 바람직하다는 식으로 가야 한다. 그저 취업 시험이나 고시 같은 것을 잘 쳐서 기존의 사다리 질서 위에 남보다 더 높이 올라가는 것을 인생의 최고 목표로 삼는 일은 이제 그만두자. 노동을 멸시하거나 차별해서도 안 되지만, 반대로 노동을 신성시하거나 중독에 빠져서도 안 된다. 중심과 균형이 필요하다. 그리하여 앞으로 사다리 질서가 아니라 '원탁형 질서'를 만들어, 누구나 자신의 꿈에 걸맞게 공부하고 나중엔 그런 방향으로 취업을 하더라도 별 차별 없이 자부심을 갖고 살 수 있어야 한다.

바로 이런 사회적 가치관의 바탕 위에 건강하고 즐거운 노동을 위해 각 개인과 학교, 직장과 사회가 어떤 식으로 노력해야 하는지 하는 내용이 아이들의 교과서에 자연스레 실리고 교실에서도 자연스레 학습되어야 한다. 나아가 학교 교실이나 실습 현장은 물론 노동 현장에서도 이러한 가치관이나 노동 기본권이 충실히 구현되도록 토론하고 실천해야 한다. 노동에 대한 건전한 시각을 가진 전문적인 '노동법원'도 필요할 것이다. 우리가 진정 아이들에게 물려주어야 할 것은 결코 더 많은 돈이나 더 큰 집이 아니라 더 살기 좋은 사회, 돈이 별로 없더라도 누구나 행복하게 살 수 있는 사회임을 명심할 일이다.

🌿 차별에 찬성하는 '스펙' 경쟁의 신세대

"지금 이십대들이 보여주는 삶의 지향이나 행태는 획일화된 외곬으로만 치달은 나머지 살벌한 경쟁 자체가 '모범적인 삶'으로 바뀌어 있다. 사회가 어쩔 수 없으니 그렇게 살아가는 존재가 아니라, 그렇게 사는 것을 바람직한 사회생활로 이해한다. …… 이를 문제 삼기보다는 오히려 학력 차별(학력위계주의)을 확대재생산하는 데 더 열심이고, 자기계발서를 인생 최고의 경전인 듯 떠받들며 안으로는 극단적 자기관리의 고통에 피가 마르면서도 밖으로는 사소한 경쟁우위를 위해 어떤 차별도 서슴지 않는 걸 '공정'하다고까지 여긴다."■

지금의 이십대는 대체로 1990년대 이후 출생한 젊은이들이다. 중고교 시절을 대체로 새로운 밀레니엄이라는 2000년대 초 10년 동안에 보냈다. 이 시기는 한국 사회에서 어떤 의미를 지니는가? 이

■ 오찬호, 「우리는 차별에 찬성합니다」(개마고원, 2013), 5~6쪽.

시기를 살아온 현재의 20대 대학생들은 요컨대, 풍요의 시기와 절
망의 시대를 연이어 경험했다. 어째서 그런가?

1990년대는 한국 사회가 본격적으로 '생산의 시대'로부터 '소비
의 시대'로 진입한 시기라 할 수 있다. 그것은 1987년 6월의 시민항
쟁과 7~9월의 노동자대투쟁 이후로, 일정 정도 정치경제 민주화가
진전되고 민주노조운동이 활성화하면서 노동자의 임금 수준이 대폭
상승한 시기이다. 물론 그 배경엔 이른바 '3저 호황'■에 따른 수출
대기업들의 호황과 고이윤, 그리고 조직된 노동자와 노동조합을 체
제 안으로 통합하는 데 필요한 물질적 토대의 구축이 놓여 있었다.
곧, 이 시기는 노동자들의 임금이 대폭 인상됨으로써 구매력이 증
가하고 대량 소비의 시대가 열린 때였다. 그래서 소비의 시대 또는
풍요의 시대라고 규정할 수 있다.

한편, 1997년은 'IMF 경제위기'라는 말로 상징되듯, 섣부른 '국
제화' 내지 '세계화'의 필연적 귀결로, 외환위기가 터진 해이다. 대
한민국은 IMF 등으로부터 350억 달러에 이르는 구제금융을 빌려오
는 대신 IMF가 요구하는 바의 '구조조정'을 강행해야 했다. 그중 하
나가 정리해고제, 탄력근로제, 파견근로제, 기간제 노동 등 '노동시
장 유연화'였다. 그 외에도 자본시장 개방화와 자유화, 정부나 노조
의 기업에 대한 개입을 줄이려는 탈규제화, 공공부문 개혁 및 민영
화, 금융 및 재벌 개혁 등이 구조조정 프로그램으로 강제되었다. 이

■ '3저 호황'이란, 1986~1988년에 걸쳐 나타난 저달러, 저유가, 저금리 등 '3저 현상'에 의해 한국 경제가
매년 10퍼센트대의 유례없는 성장과 호황을 누렸던 것을 일컫는 말이다.

강수돌 교수의
더불어 교육혁명

과정에서 많은 사업체들이 쓰러졌고 많은 중산층이 몰락했다. 지금의 20대들이 많은 경우 'IMF 트라우마'를 갖고 있는 것은 이런 배경에서이다. 곧, 아버지의 사업이 하루아침에 망하거나 직장에서 쫓겨나는 걸 직접 보았고, 그로 인해 삶이 얼마나 급작스럽게 황폐화하는지를 몸소 체험했다. '생존' 자체에 대한 두려움이 온몸과 정신을 휘감는 시기였다. 한마디로, '충격과 공포'의 시대요, 절망의 시대였다.

한편, 이러한 두려움이 얼마나 충격적이고 막강했던지, 1990년대 내내 경험한 소비의 시대나 풍요의 시대에 대한 좋은 추억은 깡그리 사라졌다. 물론 좋은 기억이나 추억은 사라졌지만 소비와 풍요를 구가하는 삶의 패턴은 하방경직성을 가진다. 곧, 비록 현재 상황은 바닥으로 추락한 상태이지만 마음으로는 이것이 곧 끝날 것이라 믿고 마음속에서는 여전히 소비와 풍요의 생활 패턴이 그대로 살아 있었다. 바로 이런 상황 속, 곧 충격과 공포, 또는 배제와 탈락의 두려움 앞에서 가장 현명하게 여겨진 생존 전략은 저항보다는 적응이며, 대안 모색보다는 조직 충성이었다.

부모의 조직 충성심과 그에 토대한 몸 사림(언행 조심)의 행동 양태는 아이들에게도 부정적 영향을 미친다. 이제 아이들은 예전보다 더욱 위축된 모습으로 자라야 했다. 살벌한 세계 경쟁 시대, 격화하는 '팔꿈치사회' 시대에 잘 살아남기 위해서는 아주 어린 시절부터 철저히 '스펙'을 쌓아야 했다. 놀이나 친구를 잊어야 했다. 학원과 학원을 전전해야 했다. 선행학습을 기꺼이 해내고 기꺼이 점수기계가 되어야 했다. 부모들은 (아빠는 '돈벌이 기계'로서, 대체로 엄마들은 '진로 디자이너'로서) 아이들의 삶을 일찍부터 디자인하고 정해진 학교와 정해진 전공을 거쳐 정해진 직장에 골인시키는 걸 목표로 아이를 '푸시'한다. 바로 이런 과정 속에서 나온 새로운 유형의 인간, '신인류'가 곧 오늘날의 20대 대학생이다. 20대가 스스로 잘못해서 '괴물'이 된 것이 아니라 전 사회적 과정이 오늘의 20대를 그렇게 만들어왔다는 말이다.

"외국인 특별전형은 운 좋게 잘 태어나 해외에서 살다 온 애들이 쉽게 대학 가는 거잖아요. 서류만으로 합격하는데 제가 걔네들보다 수학 점수는 훨씬 높을 걸요."▪

이 말을 한 학생은 서울대 학생이긴 하나, 정시 모집으로 입학한 경우가 아니라 농어촌 전형으로 입학한 경우다. 그는 서울대 학생들의 내부 커뮤니티인 '스누라이프'에서 일부 이용자들에 의해 '기균충' 또는 '지균충'으로 불린다. 기균충이란 기회균등선발전형과 벌레충의 합성어이며, 지균충도 지역균형선발전형과 벌레충의 합성어다. 흥미롭게도 이 학생은 스스로 벌레 취급을 당하는 것을 매우 불쾌하게 여기면서도, 또 스스로는 외국인 특별전형 입학생보다 자신이 우월함을 강조한다. 사회, 노동시장, 교육 시스템 전반이 분열적 '우–열 메커니즘'에 의해 짜여 있기 때문에 생존하고 간택당하기 위해서는 스스로 우월함을 증명해야 하는 것이다. 그래서 20대들은 스스로 열등해서가 아니라 열등한 존재로 취급받는 것이 매

▪ 「한겨레 21」, 2014. 7. 16.

강수돌 교수의
더불어 교육혁명

우 두렵게 느껴진다.

이러한 두려움에 기초한 차별의 자기 재생산은 연세대나 고려대에서도 나타나고 중앙대나 한국외대 등에서도 나타난다. 곧, 한국 전체적으로는 서울과 지방, 그리고 SKY와 비SKY 등, 대학 서열화 또는 학력 위계화라는 차별 구조가 문제로 지적된 지 오래되었으나, 앞서 나온 바와 같이 동일한 대학 안에서조차 '내부 서열화'가 노골적으로 강조되기 시작한 것은 비교적 최근의 일이다. 연세대나 고려대, 중대나 외대의 경우, 내부 서열화는 본교 정시 입학자, 본교 수시 입학자, 본교 지역균형선발자, 분교 정시 입학자, 분교 수시 입학자, 분교 지역균형선발자 등의 순서로 정해진다. 같은 학교 대학생이라도 결코 다 같지는 않다.

이 모든 사태는 지금의 20대 청년들이 많은 경우 '차별의 내면화'를 보여주고 있음을 뜻한다. 이제 이들에게 사회적 차별은 거부하거나 지양해야 할 사회적 악이 아니라 재빨리 적응해서 한 단계라도 위로 올라야 할 자연스러운 구조, 지당한 프레임으로 비친다.

"교수님, 질문이 있어요. 교수님은 어떻게 해서 저희가 사회적 사다리 질서의 높은 곳으로 올라가 아랫사람들보다 더 우위에 서서 아랫사람을 차별하는 것이 바람직하지 않다고 생각하시는지요?"

나는 2014년 5월에 대학 강의 및 토론 도중 어느 고학년 여학생으로부터 이 질문을 받고 적잖이 당황했다. 질문 직후 한참 동안 얼떨떨했다. 내 귀가 의심스러웠다. 이 땅에서 54년째 살아오면서 이런 식의 질문, 아니 이런 질문을 하게 되는 '생각의 구조'를 난생 처음 접했기 때문이다. 설사 마음속으로는 타자에 대한 우월감을 느

| 제1부 |
교육 현실, 무엇이 문제인가

63

긴다 할지라도 이렇게 노골적으로 타자에 대한 차별 의식을 당연시하는 것은 적어도 나에게는 '사람의 도리'가 아니라 여겨졌기 때문이다. 속으로 숨을 크게 들이쉬고 나는 속으로 떨리는 목소리로 말했다.

"와우, 대단히 도발적이면서도 흥미로운 질문이네요. 우선, 말하기 어려운 질문을 이렇게 솔직하게 해주어서 고맙기도 하고요. 그런데 우리 ○○○ 학생은 어떤 생각에서 그런 질문을 하게 되었을까요?"

나로서는 대단히 절제되고 우회적인 역공을 가한 셈이었다.

"존 롤스의 정의론에 따르면 …… (중략) …… 말하자면, 제가 열심히 노력한 결과에 대해 정당한 대우를 받고자 하는 것이 왜 잘못된 것일까, 이런 의문이 드는 거예요."

솔직히 나는 존 롤스의 정의론이나 마이클 샌델의 정의론에 대해 별로 아는 바가 없었다. 그러나 이런 말은 해주고 싶었다.

"사람은 누구나 평등하다는 생각은 동양이나 서양이나 공유하는 공통분모라고 생각해요. 적어도 1789년의 프랑스 대혁명 도중에 나온 '인권선언'이나 1860년 동학사상의 '인내천'은 만인 평등을 이야기하지요. 왜냐하면, 그게 곧 '사람의 도리'이니까요. 내가 존중받고 싶으면 당연히 나도 타인을 존중해야지요. 누구나 존중받는 것, 이것이야말로 평등의 기초이자 결과가 아닐까요?"

이런 관점에서 보면, 차별 또는 차별을 구조화한 위계 서열화, 곧 사다리 질서는 자연의 질서나 사람의 질서가 아니라 인위의 질서이고 자본의 질서다. 생각건대, 자본은 차별과 경쟁을 통해 사람과 사

강수돌 교수의
더불어 교육혁명

람, 사람과 자연을 분열시키고 효과적으로 지배한다. 그리고 이러한 분열과 지배를 통해서 사람과 자연의 생명력을 효율적으로 짜낸다. 이것이 자본의 본질이고, 그 자본을 보호하면서 그에 기생하는 권력의 본질이기도 하다. 사태의 진실이 이러함에도 우리는 대체로 '차별을 내면화'하고 '경쟁을 내면화'한 위에서 사다리 질서의 더 높은 곳으로 올라가 자본이 주는 더 많은 떡고물에 만족해하며 차별과 착취를 당연시한다. 그런데 적어도 피가 끓는 20대라면 이런 것을 당연시할 것이 아니라 의문시하고 사회 정의나 민주주의 차원에서 문제제기를 왕성하게 해야 할 것 아닌가? 오히려 나이 든 선생은 차별이 옳지 않다고 말하고, 새파랗게 젊은 학생이 차별이 정당하다고 말하니 정말 당황스럽지 않은가?

이런 식의 당황스러움은 앞서 인용한 오찬호 선생의,『우리는 차별에 찬성합니다』라는 책의 문제의식과도 동일하다. 청춘의 열정과 낭만, 그리고 사회 정의감에 불타는 패기를 보여주어야 할 20대가 그야말로 '괴물'이 되고만 것이다.

적어도 나의 20대, 1980년대 전반의 분위기는 이랬다. 전두환 군사 독재 정권 아래 극소수의 운동권만이 공유한 정서가 아니라, 대다수의 대학인들이 공유한 정서가 그랬다. 30여 년 전 당시의 가물가물한 기억을 더듬어 그 핵심만 요약하면 이렇다.

"우리는 대학생이다. 같은 나이 또래의 친구들이 공장에 가서 일해야 하는 현실에 비하면 우리는 특별한 혜택을 받은 집단이다. 특히 ○○대 학생으로서 우리가 받는 선망의 시선이나 온갖 사회적 우대라는 기득권은 우리 자신이 이미 작은 특권층이 되었음을 말해준다. 이제 우리는 특권이나 기득권에 안주하기를 거부하고 사회와 역사에 대한 인식의 지평을 넓혀, 우리 자신의 삶을 통해 사회와 역사의 발전에 이바지해야 한다. 그것이 올바른 삶이다."

🌿 대졸 신입사원, 왜 그만둘까?

취업포털 '사람인'은 2014년 3월에 기업 729곳의 인사 담당자를 대상으로 설문조사를 실시했다. 그 결과 학력별, 규모별 신입사원 평균 연봉이 확연히 차이가 난다는 사실을 확인했다. 실제로, 대기업에 다니는 대졸 신입사원 평균 연봉은 3089만 원으로, 전문대졸 신입사원은 2659만 원, 고졸자는 2348만 원으로, 각기 430만 원 및 741만 원의 격차가 나는 것으로 나타났다. 물론 이는 모두 평균치이다. 이러한 학력별 임금 격차는 기업 규모별, 곧 대기업에서만이 아니라 중견기업이나 중소기업에서도 일관성 있게 나타났다. 구체적으로, 중견기업에 다니는 대졸 신입사원의 평균 연봉은 2886만 원, 전문대졸은 2530만 원, 고졸은 2262만 원이었고, 중소기업에 다니는 대졸 신입의 연봉은 2280만 원, 전문대졸은 2128만 원, 고졸자는 1994만 원으로 나타났다.

이러한 현실은 이른바 '인적자본이론'의 주장이 한국 현실에서도 그대로 드러나고 있음을 말해준다. 원래 인적자본이론(human capital theory)의 핵심은, 노동자의 보수가 교육이나 훈련에 투자된 비용에 비례해 달라진다는 것이다. 곧, 동일한 대기업이라도 대졸자와 고졸자의 보수 격차는 1년에 평균 741만 원이나 난다. 중견기업의 경우에도 그 격차는 624만 원, 중소기업의 경우엔 286만 원으로 나타났다. 기업 규모가 클수록 인적자본이론이 더욱 뚜렷이 드러나는 셈이고, 오히려 중소기업으로 갈수록 대졸자와 고졸자 사이의 격차가 줄어들어 인적자본이론의 현실 설명력이 줄어든다. 그럼에도 불구하고 기업 규모와 상관없이 학력의 격차가 보수의 격차로 이어진다는 데는 변함이 없다. 실제로, 기업 규모에 상관없이 모든 기업 신입사원의 평균 연봉을 계산해보면, 대졸자가 2362만 원, 전문대졸이 2182만 원, 고졸 2030만 원으로 나타난다. 대졸자가 평균적으로 전문대 졸업자보다 180만 원을, 고등학교 졸업자보다 332만 원을 더 받는 것이다. 대단히 흥미로운 대목이다.

그런데 이러한 통계를 조금만 더 자세히 들여다보면 또 흥미로운 부분이 드러난다. 곧, 전문대 졸업자가 중견기업이나 대기업에 가서 받는 초임(각기 2530만 원, 2659만 원)이 대졸자가 중소기업에 가서 받는 초임(2280만 원)보다 많다는 사실, 그리고 고졸자가 중견기업이나 대기업에 가서 받는 초임(각기 2262만 원, 2348만 원)이 전문대 졸자가 중소기업에 가서 받는 초임(2128만 원)보다 많다는 사실이다. 이 부분은 위의 인적자본이론이 기업 규모를 감안했을 때는 더 이상 들어맞지 않는다는 점을 말해준다. 곧, 교육이나 훈련을 좀 덜 받더라도 중견기업이나 대기업에 취업하는 것이 대졸자가 중소기업에 취업하는 것보다 보수 면에서는 더 유리하다는 결론이다. 이것을 간단히 '기업 규모(대기업)의 임금 효과'라 할 수 있을 것이다. 이렇게 대기업 임금이 상대적으로 높은 것은, 대기업 노동자의 높은 생산성도 있겠지만, 그 협력업체나 하청업체, 곧 중견, 중소기업들을 수직 계열화한 상태에서 다단계의 위계구조 속에서 이들에게 체계적으로 비용을 전가하고 이익을 전유한 결과라고 할 수 있다. 대기업, 중견 기업, 중소기업 등 기업 간의 위계질서는 학력별, 학벌별 위계질서 와 함께 우리 마음속에서 위계서열 마인드를 각인시킨다. 그리하여 이것이 사회적 차별의 시선으로 나타나고, 마침내 사회구성원들 사 이에서 치열한 차별과 경쟁이 나타나 서로 상처 주는 사회가 된다.

한편, 대졸자의 중소기업 신입 초임은 고졸자의 중견기업 신입 초임과 비슷한 수준이다. 이 결과에 따르면, 중소기업으로 갈 밖에 야 굳이 비싼 등록금 내며 4년제 대학을 갈 필요가 없다는 결론이 다. 이들은 차라리 고졸 이후 중견기업이나 대기업에 취업하여 4년 동안 경력을 쌓는 것이 경제적으로 유리할 수 있다.(물론, 그 4년 동안 의 임금 상승 곡선에 따라 결과는 달라질 수도 있다.)

그러나 한국의 현실은 또 다른 차원을 보탠다. 그것은 전술한 '차 별적 시선'이라는 사회적 폭력이다. 한국인은 대체로 학력이나 학벌 로 그 사람의 인력이나 능력을 판단한다. 임금으로만 보면 (굳이 연 간 1000만 원 가까운 등록금을 내며 4년제 대학이나 전문대를 갈 필요가 없이) 고등학교 졸업 뒤 (좀 힘들더라도) 중견기업이나 대기업에 취업하는 게 실용적일지 모른다. 그러나 한국에서는 고졸자라 하면 '사람' 취 급하지 않는 분위기가 아니던가. 일상적 인간관계에서도, 취업 과 정에서도, 나아가 결혼 시장에서도 이러한 차별적 시선은 여전하다. 게다가 결혼 뒤 자녀를 낳은 뒤에는 자녀 앞에 '얼굴 들기 부끄러워 지는' 경우까지 생긴다. 이 경우, 부모들은 한편으로 자식들을 위해 헌신적으로 돈을 벌어다 주면서, 다른 한편으론, '제발 부모의 한을 풀어 달라'며 부탁 또는 강제를 가한다.

누군가 고졸이 아니라 전문대졸이라 해도 사람들은 마음속으로 차별적 시선을 보내기는 마찬가지다. 실은 같은 대졸자라 해도 여전히 차별적 시선의 폭력이 작동한다. 곧, '인-서울' 대학과 '지방대'는 아예 비교가 안 될 정도이며, '인-서울' 대학 중에서도 'SKY' 대학 졸업생들에게는 특별한 선망의 눈길을 보낸다. 예전에 비해 이런 경향이 약해졌다고는 하나 여전히 그 힘은 막강하다. 그러니 비록 경제적 이득은 별로 없을지라도, 또 무슨 공부를 할지 정하지도 못했으면서도, 굳이 대학 진학을 하고자 하며 막상 들어가서는 실망과 좌절, 낙담과 방황을 하기 일쑤이다. 시간과 돈, 청춘의 열정이 낭비될 수밖에 없는 배경이다.

그런데, 그렇게 힘들게 대학을 입학하고 힘겨운 대학 시절을 보낸 대졸자들 4명 중 1명이 취업 후 1년 이내에 회사를 그만둔다. '한국경영자총협회'가 2014년 6월 29일에 발표한 2014년 신입사원 채용실태 조사(전국 405개 기업 대상)에 따르면, 대졸 신입사원이 1년 내에 퇴사하는 비율이 무려 25.2퍼센트로 나타났다. 그것도 기업규모별로 나눠 보면, 중소기업의 경우 1년 내 퇴사하는 대졸 신입사원 비율이 31.6퍼센트인 반면, 대기업의 경우는 11.3퍼센트로 나타나 규모별 퇴사율 격차도 상당한 수준이다. 앞서 살핀 바, 기업 규모 별로 보수 격차도 상당하게 나타났지만, 퇴사율의 격차도 현격하다. 아마도 '대기업의 임금 효과'가 어느 정도 작용한 결과 퇴사율을 낮추지 않았을까 짐작된다.

한편, 퇴사를 선택한 이유는 급여나 복리후생 불만(24.2퍼센트)이나 근무지역과 환경에 대한 불만(17.3퍼센트)이 컸고, 공무원 및 공기업 취업 준비(4.5퍼센트)보다 조직 및 직무 적응 실패(47.6퍼센트)가 더 크게 나타났다. 이러한 '1년 내 퇴사율'은 2010년 조사 15.7퍼센트에 비해 9.5퍼센트, 2012년 조사 23.6퍼센트에 비해 1.6퍼센트 오른 것으로 나타나 신입사원 퇴사율이 점점 늘고 있음을 알 수 있다.

조직 및 직무 적응 실패가 무려 47.6퍼센트로 나타난 것은, 대졸 신입사원들이 직무 몰입은 물론 조직 몰입을 하지 못하고 있음을 증명한다. 경영학 문헌들에 따르면, 대체로 직무 몰입이나 조직 몰입이 높은 직원일수록 조직시민 행동이나 직무 만족, 노동생산성 측면에서 더 좋은 결과를 내는 것으로 알려져 있는데, 위의 현실은 대졸 신입사원들이 개인적으로도 만족하지 못하고 조직적으로도 결코 좋은 결과를 산출하지 못함을 뜻한다.

이러한 결과를 두고 일각에서는 대졸 신입사원의 정신 상태나 태도(끈기, 인내력, 성실성, 적응력 등)를 문제 삼기도 하고 새로운 가치관을 가진 신입사원을 포용하기 어려운 기업 조직의 문제(조직문화, 분위기, 경쟁의 중압감, 성과 압박 등)를 거론하기도 한다. 물론 이 두 측면 모두 일리는 있다.

그러나 이런 문제보다 더 심각한 것은, 한국 사회에서 개인이나 조직이나 우리 사회 전체가 '무엇을 위해' 열심히 공부하고 '무엇을 위해' 열심히 취업하여 일해야 하는가에 관해 깊이 있는 고민이 없는 상태에서 거의 '무조건' 앞만 보고 달려가고 있다는 사실이다. 어릴 적부터 다양한 놀이나 체험을 통해 자신의 적성이나 소질을 미처 탐색하기도 전에 학원과 학원을 전전하며 자란 아이들, 자신의 느낌이나 의견, 생각을 표출하지도 못한 채 오직 부모의 명령에 따라 움직이기만 한 아이들, 무슨 공부를 해야 할지도 모른 채 오직 성적에 따라 학교나 전공을 선택하여 진학하는 아이들, 대학을 다니면서도 사회와 역사, 인간에 대한 깊이 있는 탐구를 하기보다는 오로지 영어나 컴퓨터, 그리고 취업 시험에 몰입한 학생들, 바로 이런 친구들이 대학을 졸업하고 힘겨운 준비 과정을 거쳐 대기업이나 중소기업에 취업한다 하더라도 조직 몰입이나 직무 몰입을 하기란 대단히 버거운 일일 것이다.

이제, 결론은 분명하다. 마치 낯선 곳에 가기 위해 자동차를 타면 '내비'를 켜듯, 우리네 인생살이에도 내비가 필요하다. 인생의 목적이 무엇이며 그 목적을 이루기 위해 어떤 경로를 어떻게 밟아야 하는지, 무엇을 어떻게 공부하고 어떤 식으로 살아야 하는지, 그 과정에 대해서도 일정한 설계도가 필요한 셈이다. 사실, 우리가 많은 책을 읽고 열띤 토론을 하며 애써 공부를 하는 것도 바로 이런 삶의 설계도, 인생의 디자인을 잘 하기 위함이 아니던가? '자동차 내비' 보다 훨씬 더 중요한 것이 '인생의 내비'인 까닭이다.

강수돌 교수의
더불어 교육혁명

🍃 세 운동권 출신의 자녀교육법

시골출신인 이 친구는 1980년대에 대학에 들어가 누구보다도 성실하고 힘차게 학생운동을 했다. 때마침 전두환 등 신군부가 박정희 피살을 계기로 정권 장악을 기도하던 터라 1980년 5월의 광주항쟁으로 깨어난 자들에겐 저항만이 유일한 대안이었다. 이 친구도 대학에서 휴교령이 내리고 학생들을 각개격파하려는 저들의 협박에 굴하지 않고 열심히 운동전선을 지켰다.

물론 대학 3학년이 되면서 학내민주화와 사회민주화 운동을 결합하는 투쟁이 가열차게 전개되면서 이 친구도 소위 'D를 칠'(데모를 주동할) 차례가 되었다. 중앙도서관 유리창을 깨고 유인물을 뿌리며 "민주 학우여!"로 시작하는 성명서 낭독이 이어졌다. 그러나 그것도 잠시, 수많은 '짭새'들이 득달같이 달려들어 개 끌고 가듯 이친구를 잡아갔다. 국민의 세금으로 나라를 지킨답시고 만든 전투경찰이 시위 학생들을 해산시키기 위해 완전 무장한 복장으로 몽둥이를 들고 최루탄을 쏘며 이리저리 뛴다. 도서관 아래쪽에서 구경하던 학구파 학생들도 하나둘 흩어지고 결사대로 똘똘 뭉쳐 시위하던 이들도 때로는 '짱돌'이나 '화염병'을 던지며 저항하다 어디론가 숨어버렸다. 어쩌다가 전경에게 붙들린 친구는 가차없이 두들겨 맞으며 '닭장차'로 끌려 올라간다. 1980년대를 상징하는 그림이다.

그렇게 시위 주동을 했던 이 친구는 당시 유행하던 '강제징집' 명령을 받고 군대로 갔다. 이 친구가 군대에서 어떻게 무슨 고초를 겪었는지 모르나 나중에 알고 보니 '녹화대상자'(나중엔 '개화대상자')로 분류되어 보안대로부터 특별한 감시를 받았던 것 같다.

그런데 대단히 흥미로운 것은 이 친구가 나중에 극우신문으로 유명한 '○○일보'에 기자로 취직을 했다는 것이다. 자기가 시위를 할 당시에도 학생운동을 '북의 사주를 받은' 철없는 행위라는 식으로 매도하던, 민주주의를 위해 피를 토하던 학생들을 '빨갱이' 집단으로 왜곡하던, 바로 그 신문사다. 이것을 어찌 설명하랴. 그리고 희한하게도 그 친구는 그 깡보수 신문사 안에서 '능력 있는' 기자로 인정받아 승승장구한다. 지금도 그 친구는 자기 아이들에게 "인생을 좀 편하게 살려면 영어, 수학을 잘 해야 한다"며 특별히 좋은 학원을 골라 보내기도 하고 요즘 유행하는 해외 1, 2개월 관광 겸 영어 연수를 하는 고급 프로그램에 참여시키기도 한다. 지금은 자기와 친한 다른 사람들의 아이들과 팀을 하나 짜서 유명 학원 강사를 초빙하여 고액 과외를 시키고 있다.

친구 2

이 친구는 1981년에 대학에 들어가 시대적 상황을 반영하듯 학생운동에 열심히 참여한다. 그리 뚜렷한 논리는 없지만 가난하고 힘든 민중들을 위해 뭔가를 해야겠다는 생각이 최루탄에 눈물 흘리며 몽둥이를 맞으면서도 운동을 하게 만들었다. 시위를 하기 전이나 하고 난 후에는 막걸리 집에 모여서 민중가요를 부르며 젓가락 장단에 맞추어 결사항쟁의 결의를 다지기도 했다. 그런데 이 친구는 아주 열심히 시위에 참여하는데도 언제 공부를 하는지 성적은 잘 나왔다. 아마도 밤을 새워가며 공부를 했음에 틀림없다. 왜냐하면 이 친구는 누가 뭐래도 성실했기에 커닝페이퍼 같은 것을 만들 사람이 절대 아니기 때문이다. 그러던 이 친구는 진로 문제를 한참 고민하다가 군대를 갔다 오더니 무사히 졸업을 했다. 졸업 뒤 이 친구는 어느 대기업의 종합기획실에 일자리를 얻었다. 나는 이 친구가 대기업에 가면 뭔가 색다른 기획이 나오려니 했다. 그러나 아무래도 이윤과 경쟁력을 우선시하는 기업 생존전략 앞에 이 친구도 그냥 꺾이고 마는 것 같다.

앞의 친구보다야 화려하게 살지는 않지만 이 친구도 근면함과 성실함을 빼면 시체일 정도로 조용히 살고 있다. 내가 한 번씩 "야, 그 옛날의 열정은 어디로 가고 왜 우리가 미워하던 소시민으로 그럭저럭 살고 있느냐"고 다그치면 이 친구는 그냥 씩 웃고 만다. 이 친구는 아직 아이들이 어리다. 나는 '이 친구는 부부가 모두 운동권 출신이니 아이들도 좀 다르게 키우겠지'라고 생각했다. 그러나 역시 이 친구도 교육에서만큼은 별 대안 없이 그냥저냥 남들 다 하듯 학원도 보내고 집에서 엄마가 특별과외도 시키고 하는 식으로 아이들을 키우고 있다.

　이 친구도 두 번째 가라면 서러울 정도로 논리적이고 냉철한 운동권이었다. 학교 다닐 적에 주동할 정도로 나서지는 않았지만 침침한 '골방'에서 다양한 책을 두루 읽고 나름의 박학다식함으로 후배들도 많이 양성했다. 후배들에게 '골방 박사'로 통할 정도였다. 그러던 이 친구도 이런저런 조직 사건에 연루되어(1980년대의 조직 사건이란 하도 많아 기억하기도 힘들다) 강제징집을 당하게 되었다. 아마 이 친구도 '녹화대상자'로 분류되었을 것이다.

　그러나 이 친구는 군대 갔다 와서도 별로 변하지 않았다. 곧이어 취업을 했다고 들었는데 알고 보니 '택시기사'가 되었다. '파리의 택시운전사'가 또 하나 탄생했나 했더니 생각이 깊게도 이 친구는 '민주택시노련'의 주동급 인물이 되어 열심히 운동을 했다. 나는 '아, 정말 존경스럽다. 이 친구야말로 처음의 마음을 변치 않고 끝까지 가지고 갈 인물이구나' 하며 오랜 노력 끝에 힘겹게 동지를 찾은 안도감을 느꼈다. 물론 이 친구의 부모님은 이런 사실을 까마득히 모르고 있었다. 그러다가 3년 만에 우연히 들통이 났고 부모님이 "당장 그만두지 않으면 부자지간의 관계를 끊겠다"며 전국을 뒤지며 잡으러 다니는 바람에 이 친구도 그만 손을 들고 말았다.

　마침 부인이 가게를 하는 덕분에 먹고사는 것은 크게 문제가 없었지만 자신이 꼭 하고 싶은 일을 하지 못하는 이 친구는 늘 괴로워했다. 그러다가 아이들은 중학생으로 커가고 자신의 전망이 불투명하자 이 친구는 미국 회계사가 되기로 결심하고 3년 정도 준비한 끝에 합격했다.

결국 이 친구는 세 아이와 함께 미국 이민을 결심했다. 이민은 이 친구에게 최후의 대안이었지만 자신이나 아이들에게 전망을 열어주기 위해서는 불가피한 선택이었다고 한다. 특히 이 친구는 이민을 떠나면서 내게 "나도 우리나라 교육문제를 골똘히 생각해봤고 또 대개는 사람들이 '미친 짓'을 하는 것이라며 남들을 나무랐는데, 막상 내 자식의 교육문제가 손바닥에 올라오니 나도 어찌할 바를 모르겠더라"며 안타까운 심경을 털어놓았다. 이제 이 친구는 이민을 떠났고 그 큰 아이는 고1인데 한국에선 그토록 학교 가기를 싫어하던 아이가 자기가 하고 싶은 '뮤지컬 배우' 분야를 전문적으로 배울 수 있다며 날마다 즐겁게 학교엘 간다고 한다.

나는 이 세 명의 친구들과 그 아이들이 모두 행복해지기를 소망한다. 그러나 이런 개인적 바람과는 달리 우리의 삶에는 사회적 차원이 있다. 그런 면에서 세 친구의 삶과 교육을 간단히 정리해보자.

개인적 삶과 사회적 삶의 연관성

'친구 1'은 학생운동에서 주동자급이었지만 사회에 나와서는 보수 세력의 주동자급을 달리고 있다. 이 친구뿐만 아니라 많은 이들이 언론계나 정계-사업계에서 깡보수 기득권층으로 변신을 도모했다. 물론 그중에는 예전의 정치적 입장과 소신을 반영한 듯 좀 더 계몽적인 기득권층으로 살고자 하는 사람도 많다. 그럼에도 불구하고 자기 자식의 교육문제에 대해서만큼은 확고하다. 한국과 같은 사회에서 인간답게 제대로 살려면 뭐니 뭐니 해도 일단은 '일류대'에 가야 한다는 것이다. 그래야 깡보수 기득권이든 계몽적 기득권이든 '대우 받으며' 살 수 있다는 것이다. 하나도 틀린 말은 아니다. 그러나 과연 이런 식의 논리적, 현실적 귀결은 무엇일까? 결국 아이들에게 갈수록 더 치열한 비인간적인 경쟁만이 대물림되는 것이 아닌가? 게다가 자신의 그러한 입신양명적 삶이 전 사회적으로 모범적인 것으로 정형화되는 데 일조하는 것은 아닐까?

'친구 2'는 학생운동에서 성실한 형이었다가 사회에 나와서도 기업에 들어가 성실하게 사는 '소시민형'이다. 사실 대부분의 사람들이 이렇게 산다. 물론 마음 깊은 곳에는 '자본주의 비판을 하며 운동을 하던 내가 자본에 봉사하는 일을 하고 있으니 참 한심하다'는 생각이 자리하고 있을 것이다. 그러나 '삶의 현실이 그러하지 못하니 어쩌랴' 하며, 게다가 '남들도 다 그렇게 사는데 나만 비난받을 일도 아니지'라며 자위하기도 한다. 한때 벤처로 뛰어든 이들도 많지만 신문에 날 정도로 튀는 이들은 극소수이고 수많은 이들이 흥망성쇠를 거듭하며 고통을 겪는다. 이런 친구들 중에는 아이들에게 죽기 아니면 살기로 공부 열심히 하라고 다그치는 형도 있고, 아니면 그냥 '네 실력껏 해서 되는 대로 살아가라'며 방임하는 형도 있다. 그래도 대부분은 아이들이 치열한 경쟁 속에 살아남으려면 특별한 개인기가 필요하다며 한 가지 이상 실력을 갖추어주는 데 주력한다. 이런 삶의 귀결도 결국은 주어진 경쟁체제에 어떤 식으로든 저항하기보다는 적응을 하는 것이며, 그리하여 경쟁체제가 우리 삶을 짓누르는 데 별 영향을 못 미친다.

'친구 3'은 학생운동에서 중요한 일을 하다가 노동운동에서도 중요한 일을 했다. '초지일관형'이다. 물론 고령의 부모님이 만류하는 바람에 중단되었지만 이 친구의 저항정신만큼은 변함없을 것이라고 믿는다. 혹 그때 중단하지 않았더라도 또 다른 끈질긴 운동권들처럼 노동운동에 전력하다 마침내 동구권 붕괴 이후로 두 손을 들었을지도 모른다. 물론 더 이상 '먹물' 운동권이 필요 없을 정도로 노동운동이 터를 다졌다고 할 수도 있겠지만……. 그렇게 노동운동을 중단한 사람들 중엔 '180도'로 변한 사람도 많지만 또 많은 이들은 이 친구처럼 처음처럼 변하지 않고 가고자 한다. 그러나 이 친구의 고뇌 어린 이민 결정이 상징하듯, 부모 이기는 자식 있어도 자식 이기는 부모는 없다. 우리의 삶이 홀로 이뤄지는 독립변수라면 좋겠지만 여러 사회적 관계, 특히 자녀관계에서조차 영향을 받는 종속변수임을 부정하기 어렵다. 친구의 이민 결정은 부모님을 제외한 자기 가족에게는 대체로 모두에게 삶의 전망을 여는 대안이었다. 그러나 주위의 많은 이들은 그 이민 자체를 안타까워한다. 왜 한국 땅 안에서 해결하려 하지 않고 서운하게 '떠나는가?'가 그 속내다. 게다가 척박한 한국 사회에서 그나마 깨어 있는 이가 하나라도 아쉬운데 그런 '인재'가 떠나다니……. 나는 이런 정서에 동의하면서도 다른 한편으로 '차라리 더 많이 떠남으로써 저항하는 것도 괜찮다'고 본다. 물론 저항정신이 살아 있는 것을 전제로 해서 말이다. 왜냐하면 그래야 나중에 모든 국경이 없어지더라도 '건강하게' 다시 하나로 만날 수 있을 것이기에…….

'나부터' 교육혁명

앞의 친구들에 비하면 나는 1980년대 학생운동의 언저리만을 맴돌던 겁쟁이였고 나중에 '존재 이전'을 한참 고민하다가 '일하는 사람들에게 도움이 되는' 공부를 해서 뭔가 보탬이 되어야겠다는 결심을 했다. 마침내 많은 이들의 도움으로 공부를 계속하게 되었고 박사가 되고 교수가 되었으니 나도 기득권층이 되어버렸다.

그런데 나는, 내가 기득권 대열에 있다는 사실 자체가 편안하지 않다. 그것은 수많은 풀뿌리 민중들이 흘리는 피와 땀과 눈물 위에 내가 서 있는 게 아닌가 하는 생각 때문이다. 그래서 결론은, 내 자리에 연연하지 않고 오로지 '처음처럼' 살자는 것이다. 물론 나는 현재의 기득권을 완전히 포기하기보다는 반만 포기하고 반은 선용하는 방향으로 살고 있다. 그러면서도 나는 우리 아이들이, 우리 후손들이 우리의 전철을 밟지 않도록, 그리하여 피비린내 나는 경쟁의 소용돌이 속에 살지 않도록 정치경제, 사회문화, 교육종교 등 모든 삶의 측면을 구조적으로 혁명해야 한다고 믿는다. 그리고 그렇게 가기 위해서라도 일상적인 우리 삶을 '나부터' 바꾸어 나가면서 이웃과 '더불어' 바꾸어야 한다고 본다. 그렇게 해서 사회구조의 변화와 일상생활의 변화가 같이 가야 한다.

여기서 사회구조의 변화란 아이들이 오로지 자신의 소질과 소망에 따라 신바람 나게 교육 받은 뒤 자아실현과 사회발전에 모두 도움 되는 방향으로 기여할 기회를 평등하게 보장하는 구조를 만드는 것이다. 또, 일상의 변화란 집에서부터 아이들의 의견을 존중하고 일류주의 강박증과 조급증을 버리고 줏대 있는 삶을 가르치는 것이

강수돌 교수의
더불어 교육혁명

다. 특히 사람과 사람, 사람과 자연이 더불어 사는 가치에 대해 일상적 실천을 통해 몸으로 보여주는 것이 중요하다.

이것만이 우리 자식들을 진정으로 사랑하는 길이고 궁극적으로 나 자신마저 진정 사랑할 수 있는 길이 아닐까? 나의 사랑하는 모든 친구들과 그 아이들이 '가진 자를 미워하면서도 가진 자를 닮아가는' 우를 범하지 말고, 보이지 않는 '삶의 그물망'의 일부로서 더불어 행복하길 진심으로 소망한다.

🌿 연봉 1억의 '사교육 대리모'

싸이의 '강남 스타일'로 세계적으로 유명해진 서울의 강남, 그중에서도 대치동 일대는 한국 교육의 아킬레스건이다. 최근 M일보에 소개된 이야기다. 주부 A씨(50)는 연봉이 1억 2000만 원에 이른다. 한국 소득계층의 상위 10퍼센트에 들어가는 수준이다. A씨는 이미 자녀 둘을 이른바 명문대에 입학시킨 '입시 전문가'다. 그렇다면 A씨가 구체적으로 하는 일은 무엇인가?

A씨는 매일 오전 7시에 자동차로 이웃에 달려가 불과 네 살배기 B군을 자신의 집으로 데려온다. A씨는 B군을 유치원에 보내지 않고 직접 영어로 책을 읽어주고 과학실험 실습실에 데려가 영재교육을 시킨다. 그 뒤 점심시간까지는 B군과 토론식 대화를 한다. 오후가 되면 레고블록 강습을 전문적으로 하는 놀이 강사와 원어민 영어회화 강사를 집으로 불러 과외를 한다.

주말이 되면 A씨는 B군에게 축구 경기나 발레 공연 관람 등 체험학습을 시키고 B군으로부터 일기 형식의 보고서를 받아 일일이 점검하고 고쳐준다. 이렇게 치밀한 사교육을 시키는 노동으로 A씨는 매월 1000만 원이 넘는 돈을 받는다. 강남 일대 학원가에는 이런

강수돌 교수의
더불어 교육혁명

사업이 꽤 성행하는데, 이 특출한 주부들은 '사교육 대리모' 또는 '대치동 대리모'라 불린다. 네 살배기 아이조차 밤에 잠자는 시간만 제외하고는 이들과 같이 지내면서 특목고나 명문대를 목표로 한 사교육을 체계적으로 받으니, 대리모가 곧 제2의 엄마다.

도대체 이게 무슨 짓인가? 자신의 자녀를 명문대에 입학시킨 유능한 엄마의 노련한 경험을 재활용하니 사회적으로 인적자원의 활용도를 높이는 행위라고 봐야 할까? 아이도 부모를 잘 만나고 '대리모'를 잘 만나 잠재력을 일찍부터 계발할 수 있으니 좋은 일로 볼 수도 있다. 게다가 고학력 여성의 취업률도 좋지 않고 취업을 해도 좋은 일자리가 별로 없는데 '사교육 대리모' 일자리는 자율성도 꽤 높고 성취감도 따르는 좋은 일자리다. 게다가 고소득까지 보장되니, 이 얼마나 완벽한가!

그러나 사태의 본질은 전혀 다른 데 있다. 첫째, 이런 식의 사교육, 그것도 최첨단을 달리는 고액 사교육은 결국 교육 불평등과 경제 불평등을 재생산하는 악순환의 매개고리일 뿐이다. 이미 진부한 말이 되었지만, 교육에 있어서도 '빈익빈 부익부' 현상이 극심하다. 둘째, 어린아이가 엄마의 따뜻한 사랑을 듬뿍 받으며 자라야 함에도, 나아가, 한창 또래 아이들과 어울려 놀면서 사회성을 키워야 함에도 불구하고 이런 식으로 경쟁 교육을 받다 보면 아이의 인성 발달에 치명적이다. 자기 나름의 삶 속에서 자율성이나 사회성을 키울 여지가 없기 때문이다. 셋째, 만일 아이가 중고교 시절을 거치면서 그 고액의 학비를 댄 부모의 기대에 미달하는 성과를 내거나 부모가 원하지 않는 방향으로 진학을 하려는 경우, 부모-자녀 관계는 심각하게 손상된다. TV 드라마 〈학교 2013〉에도 나왔듯, 사교육 대리모에 버금가는 '민기 엄마'는 민기와 그 형을 자살 직전 내지 자폐증으로 몰고 가지 않았던가.

그러나 이 모든 사태의 가장 심각한 문제점은, 우리가 아이들과 함께 매일 알콩달콩 행복하게 살아도 부족할 인생 여행의 시간을 오로지 특권층에 편입되기 위해 공허하게 소비한다는 것이다. 게다가 이런 식으로 최첨단의 방식을 쓰는 입시 경쟁이 마치 KTX와 같은 속도로 격화할수록 어른이나 아이, 학교, 그리고 사회 전체가 그만큼 빨리 황폐화한다. 아이에게 필요한 것은 사랑의 교육이지 출세를 위한 사육이 아니다. 상처받고 좌절한 아이들이 죽을 결심을 하기 전에 어른들은 깨달아야 한다.

한편, 굳이 강남이 아니라도 다른 일반 도시나 심지어 농어촌에 가까운 지역조차 초등학교 수업이 끝날 무렵이면 온갖 학원 차들이 줄을 잇는다. 태권도 학원, 피아노 학원, 영어 학원, 수학 학원, 논술 학원, 무용학원……. 아이들의 방과 후 시간을 학원이 대신 관리한다. 엄마 아빠가 맞벌이인 경우, 학원은 공부와 보살핌까지 대신 시켜주니 얼마나 고마운 존재인가? 아이 입장에서는 친구들과 함께 있으니 얼마나 좋은가? 만약 어떤 아이가 학원에 가지 않고 혼자 집에 있거나 혼자 동네를 어슬렁거리면 아마도 심심해서 죽을 지경일 것이다. 그래서 그 아이는 "친구랑 놀고 싶어서" 엄마에게 ○○ 학원 보내달라고 조를 것이다. 그러나 막상 학원을 가면 아이들은 또 다른 학교생활을 한다. 숙제 검사라는 부담에다가 시험까지 못 치거나 떠들면 혼쭐난다. 그사이에 아이들 인성 발달은 지체되거나 왜

곡되고 내면에 외로움, 두려움, 공허감만 쌓인다. 맞벌이 부모 입장에서는 강남의 1억 원짜리 사교육 대리모는 아닐지라도 '최소한' 학원이라도 보내줘야 조금이라도 안심이 될 것 같다.

그러나 생각해보라. 어릴 때일수록 아이가 필요로 하는 것은 부모와의 친밀한 시간이지 더 많은 돈도 아니요, 더 많은 학원도 아니다. 물론, 학원도 만약 아이가 진정 특정한 공부나 취미 생활이 좋아서 자발적으로 원한다면 부모가 힘껏 지원해야 한다. 하지만, 아이가 원한다는 말을 않는데도 부모가 '중간이라도 가야지' 하는 마음에 불안해서 보내는 것이라면 그건 답이 아니다. 차라리 부모가 즐겁게 같이 놀고 이런저런 얘기를 하면서 아이의 호기심이나 배움의 욕구를 자극하면 오히려 아이는 스스로 재미를 붙이게 된다. 하루아침에 될 일은 아니고 일상적 삶이 되어야 한다.

또 한 가지 명심할 일이 있다. 그것은 부모가 장시간 노동을 하고 생고생을 해서 돈을 많이 벌어 아이 뒷받침을 할수록 자기도 모르게 '보상 심리'가 생긴다. 그렇게 고생해서 아이 뒷바라지를 했는데, 곧 그렇게 부모가 자식을 위해 희생했는데, 만약 아이의 성적이 별로라면? 아마도 이 부분에서 대부분의 부모는 실망하거나 절망할 것이다. 그리고 자녀관계는 분명히 나빠질 것이다. 왜 이런 고생을 사서 하는가? 시간과 돈과 열정을 왜 허비하는가?

분명, 다른 길은 있다. 우선은 아이와 함께하는 시간을 늘릴수록 행복해진다. 아이의 마음이 평온해지면 아이는 스스로 호기심이나 배움의 욕구를 발동시킨다. 그렇게 무던하게 살다가 아이가 뭔가를 배우고 싶다거나 뭔가를 해보고 싶다고 하면, 일단은 두말없이 아이가 하자는 대로 해주면 된다. 다음 일은 그 이후의 경과를 지켜보면서 또 아이와 소통하는 가운데 자연스럽게 판단하면 된다. 여기서 명심할 명구는 "과거에 집착하지 말고, 미래에 불안해하지 마라. 오직 현재에 충만하라"는 것이다.

🌿 왕따와 학교 폭력
— '강자 동일시'라는 뿌리

"제 딸아이는 고1인데요, 요즘은 학교 가기가 싫대요. 친구들이 '그것도 얼굴이라고 들고 다니냐?'며 놀린대요. 자존감이 상당히 강한 아이였는데, 그런 말 듣고서는 풀이 죽어 지내요. 자꾸만 성형수술 받고 싶다 그래요. 어쩌면 좋을까요?"

한번은 학부모 특강이 끝난 뒤 뒤풀이 자리로 이동하면서 어느 어머니가 심각하게 상의해왔다. 나라고 별 뾰족한 수가 있겠냐마는, 얼핏 드는 생각에 두 가지가 급하게 느껴졌다. 하나는 아이 본인에게 "사람은 누구나 나름의 개성이 있고 엄마 아빠는 언제나 네가 자랑스럽다." 또는 "엄마 아빠가 살다 보니 얼굴 예쁜 것은 지극히 일부이며, 네 얼굴이 미운 것도 아니다." 아니면 "텔레비전 같은 데서 나오는 미인들만 예쁜 것은 아니다. 오히려 성형수술해서 모두 같은 얼굴을 한 것이 오히려 이상하다"라는 식으로 아이의 자존감을 높여주는 격려가 필요하다고 느꼈다. 다음은, 얼른 담임선생님을 만나, 아이가 고민하는 문제를 솔직하게 이야기하고 친구들이 더 이상 그런 식의 언행을 하지 않도록, 서로 사이좋게 지낼 수 있도록 만들어가야 하지 않겠나 싶었다. 그런 느낌과 생각을 그 어머니에게 전하니 어머니도 약간은 수긍하는 듯 했으나 '이게 답이다!'라는 표정은 아니었다. 실은, 나도 그랬다.

도대체 무엇이 근본 문제인가?

사실, 오늘날 학교에서 아이들은 공부를 너무 잘해도 왕따를 당할 수 있고, 너무 못해도 왕따를 당할 수 있다. 모든 걸 너무 잘하거나 모든 조건이 너무 좋아도 문제이고, 모든 면에서 너무 느리거나 약하게 보이거나 아주 가난해도 왕따를 당할 소지가 크다. 이런 식으로 아이들 사이에서도 왕따나 따돌림과 같은 폭력적 관계들이 너무나 자주 생기고 있다. 심지어 군대에서도 이런 일이 일어난다. 일례로, 2014년 6월 21일 오후 8시 10분께 강원 고성군 22사단 GOP에서 L 병장이 동료 병사 등을 향해 수류탄 1발을 터뜨리고 총을 쏴 5명을 살해하고 7명을 다치게 한 사건이 발행했는데, 그 배경도 간부와 동료 병사들로부터의 무시나 따돌림이었다.■ L 병장은 2015년 2월 5일, 재판부로부터 "단 한 장의 반성문도 제출하지 않고 책임을 동료에게 전가"하는 등 죄질이 나빠 법정 최고형인 사형을 선고받았다.

여기서 나는 왕따나 집단 따돌림 같은 폭력이 크게 두 가지 배경에서 생긴다고 본다. 하나는 질투심이고 다른 하나는 경멸에서 온다. 우선, 질투심이 생기는 경우는 상대방이 너무나 완벽할 때, 그

■ 「연합뉴스」, 2014. 7. 15.

강수돌 교수의
더불어 교육혁명

래서 도무지 따라잡을 수 없을 때, 자신의 자존감이 상처를 입음과 동시에 그 상대방을 제압하고 싶은 마음이 생기면서 질투심에 불타 주변 친구들을 부추겨 왕따나 따돌림을 조직한다. 그러나 이런 경우는 경멸의 경우보다 상대적으로 적게 발생한다. 경멸의 경우는, 상대방이 너무나 느려 터지거나, 너무나 못한 것처럼 보이거나, 너무나 바보스러울 때 잘 발생한다. 이런 경우 왕따나 따돌림을 행하는 이들은 자신이 마치 '표준'인 듯 착각한다. 더구나 너무 느리거나 바보스러운 상대방 때문에 자신이 뭔가 피해를 본다고 생각이 들 때 왕따는 더욱 빨리, 더욱 강하게 발생한다.

그렇다면 이런 의문이 든다. 왜 아이들은 다양성 속의 공존을 자기 삶의 방식으로 택하지 않을까? 왜 아이들은 다양성과 개방성을 실천하지 못할까?

이 부분에서 나는 같은 질문을 어른들에게도 던지고 싶다. 사실, 어른이 문제다. 이미 어른들의 세계는 효율성과 경쟁력 개념에 지배받고 있지 않던가? 오죽하면 외국인들이 한국인 관광객을 보면 "헤이, 빨리빨리"라고 인사하며, 오죽하면 한국 내 이주노동자나 이주여성들이 가장 먼저 배우는 말이 "빨리빨리"라 할까? 서양에서 300년에 걸쳐 이룬 산업화를 한국은 불과 30년 만에 이뤘다고 해서 과연 이게 자랑할 일일까?

그런데 어른들조차 사태의 핵심은 아니다. 어른들도 실은 주어진 사회경제 시스템 속에서 먹고살기 위해 노력하다 보니 시스템이 요구하는 삶의 방식과 태도를 수용한 죄밖에 없다. 그렇다. 거부하지 않고 수용한 것이 죄일 수 있다. 그러나 과연 이것이 죄일까? 진정한 죄의 뿌리는 어디에 있나? 나는 여기서 사람의 논리와 자본의 논리를 구분하고 싶다. 개념 혁명이다.

사람의 논리는 효율성이라기보다 인간성이며, 경쟁력이라기보다 생명력이다. 효율성과 경쟁력은 자본의 논리이며 그 자본의 논리를 사회적으로 구현하려는 권력의 논리일 뿐이다. 흔히들 말하는 '노사협력' 또는 '노사동반자 관계'란 인간성의 논리와 효율성의 논리를 조화시키려는 것에 불과하다. 그나마 조화와 균형이 이뤄지면 지금보다야 훨씬 낫다. 왜냐하면 지금은 오로지 효율성, 경쟁력만 외치기 때문이다. 그러나 궁극적으로 보면, 이러한 자본과 권력의 효율성 및 경쟁력 논리가 우리 삶에 침투해 들어오고 우리는 그 과정에서 떨어지는 떡고물을 얻어먹는 것에 만족하여 인간 외적인 개념을 전반적으로 수용하는 태도를 취한 것, 바로 이것이 오늘날 우리가 겪는 대부분의 고통이 갖는 기원이다.

요컨대, 효율성과 경쟁력 개념, 우리가 이미 굳게 내면화해버린 이 개념들을 하나씩 털어내야 한다. 최소한 인간성 및 생명력 개념과 대등한 위치로 새로 정립해야 한다. 궁극적으로는 인간성과 생명력 논리를 중심으로 돌린 상태에서 그 자연스러운 귀결이 효율성이나 경쟁력으로 나타나게 해야 한다. 그것이 사람의 논리요, 생명의 논리다.

이제 분명해진다. 사람의 논리, 생명의 논리는 다양성과 개방성을 중시하지만, 자본의 논리, 권력의 논리는 획일성과 분열성을 추구한다. 보다 효율적이고 보다 경쟁력 있는 자가 자신을 표준 삼아 타자들에게 강요한다. 그렇게 획일적인 잣대를 들이대면서 사람들을 분열시킨다. 효율적인 집단과 비효율적인 집단, 경쟁력 있는 집단과 경쟁력 없는 집단 등으로 말이다. 이제 이런 개념을 내면화한 우리 자신도 한편으로 효율적이고 경쟁력 있는 인간이 되기 위해 일로매진하면서도, 다른 편으로는 나보다 덜 효율적이고 경쟁력이 떨어지는 존재에겐 경멸의 시선을 보낸다.

독일의 H. 하이데 교수는 이러한 현상을 S. 페렌치나 A. 프로이트의 이론을 준용하여 '공격자와 동일시'라 했고, 나는 이를 보다 쉽게 '강자 동일시'라 부른다.* 이 강자 동일시에는 크게 두 유형이 있다. 유형 I은 자기보다 힘센 자 앞에 무릎 꿇고 복종을 맹세함으로써, 강자와 일체가 됨으로써 생존을 도모하는 것이고, 유형 II는 그렇게 강자 집단의 일부가 된 이후에 자신보다 더 약한 자가 나타나면 스스로 그 약자 위에 군림하려는 것이다.

바로 이런 (직장이나 사회 전반에서 관철되는) 어른들의 세계가 어린이나 청소년 세계 또는 학교 세계로 전이되어 나타나는 것이 곧 왕따 또는 따돌림이란 현상이다. 곧, 친구들을 왕따시키는 아이들은 이미 '강자 동일시' 심리 상태를 갖고 있다. 이제 자기들의 힘의 원천은 물리적 힘이나 조직적 힘이다. 그리하여 설사 어느 면으로도 빠지지 않는 완벽한 아이가 있다면 질투심에 넘쳐 왕따시킬 수도 있다. 그러나 이런 일보다는 더 약한 아이를 왕따시키면서 '빵셔틀' 또는 '돈 뺏기'로 상징되는, '또래 착취'를 행한다.

■ 강수돌, 『팔꿈치사회』(갈라파고스, 2013).

한편, 왕따를 당하는 피해자만이 아니라 왕따를 조직하는 가해자조차 권력이나 자본이 만든 시스템의 희생물임을 알 수 있다. 어쩌면 그 가해자들조차 시스템이 만들어놓은 차별과 분열의 구도 속에서 고통 받는 자들인지 모른다. 그 고통을 자기들보다 더 약한 자들에게 전가시키려 하는 모습이 곧 왕따나 따돌림으로 나타나는 것이다. 이런 면에서 우리는 이런 폭력 현상에 직면하여 섣불리 가해자-피해자 구도에 갇혀서는 안 된다. 가해자가 되는 순간 그도 피해자가 될 수 있으며, 피해자가 되는 순간 그 또한 가해자로 변할 가능성이 생기기 때문이다. 그래서 필요한 일은, 가해자-피해자 도식을 넘어, 이 둘 모두를 질곡으로 밀어 넣은 더 근본적인 힘을 찾아내는 것이다.

요컨대, 학교에서 수시로 일어나는 왕따 현상은 결국 어른들의 세계가 효율성 및 경쟁력을 중시하는 시스템에 지배당하고 있는 현실의 반영이며, 이것이 획일성과 분열성을 조장하고 있기 때문이라 할 수 있다. 그렇다면 해결 방향도 인간성과 생명력을 복원하는 형태로 가야 하며, 그 속에서 다양성과 개방성을 추구하는 형태로 가야 한다. "모든 아이들은 제 나름의 빛깔과 제 나름의 속도로 자란다"는 말을 기억해두자.

실제로, 다양성과 개방성을 지향하는 소통적 혁신 문화를 시행한 경기도 교육청 관내에서 왕따 등 학교 폭력이 현저히 감소했다. 2014년 1월 29일 정진후 의원에 따르면, '빵셔틀', '왕따' 같은 학교 폭력이 경기지역 학교에서 1년 사이에 눈에 띄게 감소했다.[*] 2012년 상반기와 2013년 상반기를 비교했을 때, 경기도 학생 1만 명당

월평균 학교폭력 심의 건수는 3.94건에서 1.86건으로 줄었다. 고교에서는 59.8퍼센트로 감소, 초등과 중학에선 각각 55.9퍼센트, 49.8퍼센트 감소했다. 전국적으로 사이버폭력이 15.3퍼센트가 증가하는 등 일부 학교폭력 유형이 늘었으나 경기도는 모든 폭력 유형이 줄었다. 특히, '빵셔틀'로 불리는 강제적인 심부름은 70.8퍼센트가 줄어 감소폭이 가장 컸고, 약취·유인은 68.2퍼센트, 따돌림은 63.2퍼센트, 성추행·성폭력 등 기타는 57.6퍼센트, 상해는 56.6퍼센트, 사이버폭력은 27.1퍼센트 순으로 줄었다. 경기교육청의 관계자는 "학교폭력이 발생하면 심각한 사안을 제외하고는 처벌보다는 소통으로 갈등을 해결해나가는 '회복적 정의 교육'을 벌여왔다"고 했는데, 바로 이런 식의 다양성과 개방성을 존중하는 문화가 왕따 등 폭력 현상에 효과적인 대응법인 셈이다. 왜냐하면 처벌은 본질적으로 두려움에 기초한 해법이고 이것은 증오나 분노를 키우는 반면, 소통은 존중에 기초하여 화해와 공존을 추구하기 때문이다.

한편, 우리는 캐나다의 '공감의 뿌리'라는 실험에 주목할 필요가 있다. 이는 메리 고든이라는 유치원 교사의 독창적 아이디어에 기원을 둔다. 고든은 우연한 기회에 '아무것도 모르는 갓난아기가 가진 힘'을 발견하고 지역에 사는 갓난아기를 유치원이나 초·중등학교로 불러 아이들로 하여금 한 학기 또는 한 학년 동안 성장 과정을 지켜보게 했다. 처음에 낯선 교실 풍경에 울음을 터뜨린 아가를 보

■ 「연합뉴스」, 2014. 1. 29.

며 교사가 아이들에게 묻는다.

"아가가 우는 것을 보니 너희들은 어떤 생각이 드니?"

아이들이 말한다.

"슬퍼요. 아기가 편하지 않은 것 같아요."

이에 교사가 말한다.

"맞아, 아가가 편하지 않아 보이는구나. 우리 모두 아가를 도와서 좀 편하게 만들어줄까?"

초등 교실의 모든 아이들은 이 넉 달배기 아가의 몸짓과 반응을 주의 깊게 살피면서 다른 사람의 감정과 표현을 관찰하고 이해하는 법을 배운다. 그 과정에서 아이들은 공감(empathy) 능력을 향상시킨다. 이렇게 타자의 감정이나 욕구를 자세히 관찰하고 이해하려 노력하는 가운데, 초등 아이들이나 청소년들은 자기도 모르게 키워왔던 공격적 성향을 순화시키고, 친사회적 행동을 발달시키게 되었다. 캐나다의 브리티시 콜롬비아 주 정부가 초등학교 고학년들을 대상으로 조사한 결과, 이 '공감의 뿌리' 교육을 받은 아이들의 공격성이 60퍼센트 이상 줄어든 것으로 나타났다고 한다.

결국, 우리가 어린 시절부터 어른들로부터 '조건 없는 사랑'을 받을 수 있다면 내면의 평화와 함께 자율성이 충만한 사람으로 성장하게 될 것이다. 그리고 (캐나다 사례나 경기 교육청 사례처럼) 우리가 비교적 어린 시절부터 '공감의 능력'으로 타자의 느낌이나 고통 등과 연결하는 능력이나 자세를 키운다면 우리 내면의 공격성이나 폭력성은 현저히 줄어들고 인간관계는 훨씬 좋아질 것이다. 나아가, 학교나 직장, 사회가 가진 보이지 않는 차별의 사다리를 걷어차고, 모든 존재를 있는 그대로 수용하는 다양성과 개방성의 문화를 증진한다면, 왕따나 폭력, 그리고 그로 인한 상처(트라우마)는 현저히 줄어들 것이다. 달리 말해, 각종 시험과 상대평가, 차별적 보상으로 아이들의 자존감과 협동심을 손상시키지 않는 교육, 나아가 누구든 자부심을 느끼며 공존할 수 있게 돕는 사회 시스템, 바로 이것이 우리 삶의 과정을 보다 행복하게 만드는 근본적인 길이 아닐까?

🌿 경쟁이 인간의 삶에 미치는 영향

"신세대 직장인이 하나 있어요. 일 처리가 어설프다고 저한테 꾸지람을 좀 듣고 나서 한참 우울해하더니 자기 엄마에게 전화를 했나 봐요. 다음 날 그 어머니가 저에게 전화를 해서 식사라도 같이 하자고 해요. 참, 당황스러웠지요. 거, 참." (한 중견 직장인과 면담, 2014. 7. 15.)

하기야 요즘은 대학 수강 신청도 엄마가 대신 해준다는 시대가 아니던가. 엄마가 시키는 대로 충실하게 따라만 하던 아이들이 대학을 가고 취업을 해도 주체적으로 헤쳐 나가기보다는 여전히 엄마에 의존적이다. 그것보다 더 우스운 것은, 이 신세대 직원이 꾸지람을 들은 이유가 '상사에게 대접을 잘 하지 않아서'라고 생각하는 사고방식이다.

우리가 어쩌다가 이 지경에까지 왔는가? 이 부분에서 우리의 존재에 대해 잠시 생각해보자. 두 가지다. 하나는 우리는 평균 80년간 살다가 가는 존재라는 점이다. 슬픈 일이지만 인정해야 한다. 영원히 살 수는 없는 존재란 점이 슬프긴 하지만, 사실은 바로 그 점 때문에 우리가 주어진 인생을 보다 알차게 살라는 무언의 압력을 받는다. 그래서 하루라도 함부로 보내선 안 된다. 최선을 다해 행복하게, 최선을 다해 의미 있게 살아야 한다. 자기가 하고 싶은 일을 하면서도 온 사회의 행복을 드높이는 데 작은 도움이라도 된다면 참 좋은 삶을 사는 셈이다.

그 둘은, 아이나 어른이나 평균 80년을 산다고 할 때, 정상적인 경우라면 부모가 아이보다 먼저 세상을 떠나야 한다. 이 또한 슬프지만 자연 법칙이다. 부모가 아이를 위해 헌신하고 돕는 것은 일정 부분 필요하다. 하지만 부모가 아이의 공부나 숙제를 대신 해주고 일거수일투족을 모두 철저히 관리하며 심지어 대학 선택이나 수강신청조차 대신 해줄 정도라면 뭔가 한참 잘못된 것이다. 그런 마음이라면 아이의 인생 끝까지를 책임지고 장례식까지 치러주고 떠나야 마음이 편할 듯하다. 그러나 부모가 아이의 장례까지 치른다는 것은 아주 큰 불행이다. 아이들이 부모의 장례를 치러야 정상이다. 그렇다면 부모가 살아 있을 때 해야 할 일은, 부모가 먼저 떠나더라도 아이들이 자율적으로, 또 공동체적으로 잘 어울리면서 살아갈 수 있도록 기본 태도나 능력을 길러주는 일이 아닐까?

'팔꿈치사회'와 아이들의 성장

독일에서 약 30여 년 전에 '올해의 단어'로 선정된 말이 '팔꿈치사회'다. 자신의 생존을 위해 옆 사람을 팔꿈치로 쳐야만 하는 냉혹한 경쟁사회를 상징적으로 비꼬는 말이다. 그렇다. 지금 우리가 체험하는 현실은 살벌한 '경쟁' 사회다. 그것도 어느 정도까지만 하면 끝이 나는 그런 것이 아니라, 죽을 때까지 해야 하는 '무한' 경쟁사회다.

내가 고등학생이었던 1970년대 후반만 해도 당시는 "고3 때 1년만 열심히 하면 자기가 원하는 대학에 진학이 가능하다"고 했다. 그 뒤 한 10년 지나니 사람들은 "중학교 때부터 열심히 해야만 자신이 원하는 대학에 갈 수 있다"고 했다. 그런데 지금은 어떤가? 그렇다. 이제는 초등학교, 아니 유치원 때부터 잘 해야만 자기가 원하는 좋은 대학에 갈 수 있다고 한다. 아니, 어떤 이는 그것도 늦다고 한다. 요즘 전국의 많은 산부인과에서는 태아영어교실 프로그램이 돌아간다. 산모를 통해 태아에게 미리 영어 교육을 시켜야만 나중에 그 아이가 좋은 대학을 갈 수 있다는 것이다. 앞서 말한 '사교육 대리모' 이야기는 그 연장선이다. 한마디로, 세상은 미쳐 돌아간다.

여기서 잠깐 멈추어보자. 지난 30~40년간 우리 사회의 변화를 보면, 갈수록 대학 준비 시간이 빨라지고 있는 게 아닌가? 아이들의 학습에 소화불량이 심각한 게 아닌가? 학습과 관련하여 아이들이 정신질환으로 고통 받는 게 아닌가? 너도 나도 '내 새끼'의 성적을 통해 내가 가진 스트레스와 콤플렉스를 위로받고 싶어 아이들을 인질로 삼고 있는 건 아닌가?

사람들은 말한다. 경쟁 없이 어떻게 사냐고. 그렇다. 현실은 경쟁투성이이니 경쟁 없이 살 수 없을 것만 같다. 게다가 경쟁을 하면 더욱 잘하려 노력하는 과정에서 전체 사회가 한 단계씩 고양될 것이라 믿는다. 경쟁을 않고 가만히 있으면 정체된다는 논리다. 전자는 '현실 적응'을 강조하는 논리고 후자는 '개별 노력'을 강조하는 논리다. 얼핏 보면 다 맞는 말 같다. 그러나 이 두 가지 논리는 아이들의 건강한 성장에 치명타를 가한다.

첫째, 현실이 경쟁사회, 팔꿈치사회이기 때문에 어쩔 수 없이 우리는 경쟁사회에 순응해야 한다는 논리를 살펴보자. 그런 논리로 살아갈 수밖에 없는 것이 부모의 현실이라면 그런 부모는 아이들에게 경쟁 논리를 자연스레 강요한다. 특히 아이가 영유아인 경우, 이 아이는 어른(부모)의 절대적인 사랑이 없이는 생존 자체가 불가능하다. 그래서 부모와 아이의 원초적인 관계는 '조건 없는 사랑'(unconditional love)을 일방적으로 베풀어주어야 하는 관계다. 그렇다. 조건 없는 사랑. 바로 이것이야말로 절대자와 인간 간 관계를 규정하는 것과 마찬가지로, 부모와 자녀 사이의 관계를 절대적으로 규정한다. 조건 없는 사랑을 듬뿍 받고 자란 아이는 자신의 욕구(필요) 충족에 아무 장애가 없다. 자신의 욕구(필요)를 울음소리로 표현했을 때 부모가 아무런 조건 없이 수용해주기 때문이다. 그러니 자신의 느낌이나 감정, 생각을 아무 거리낌 없이 그러나 적절한 방식으로 표현하는 것을 배우며 성장하게 된다. 내면이 안정되고 자신이 이 세상에 존재할 만하다고 느끼게 된다. '자존감'이 형성되는 기초다. 그렇게 성장하는 아이는 자율성을 가진 주체적 인격체가 된다.

그러나 현실은 딴판이다. 경쟁적인 회사 생활, 경쟁적인 사회생활을 당연시하며 적응만 하려는 부모는 고도의 스트레스를 받으며 생활한다. 대개는 그런 상황 속에서 어린 자녀에 대해 '조건 없는 사랑'을 베풀기 어렵다. 거친 말이 난무하거나 가정 분위기가 험악한 경우, 또는 유아가 욕구(필요) 표현을 했을 때 무관심이나 무시로 대응하는 경우 어린아이는 좌절감을 느낀다. 심하면 폭력적 상황을 반복 경험한다. 그런 아이는 자신의 생존 자체가 위험에 처했음을 본능적으로 느끼기 때문에 생존을 위해 '눈치 보기'를 배운다. 그런 아이가 성장하여 학생이 되면 경쟁사회에 익숙한 부모는 '네가 공부 잘하면 ○○를 사줄게.' 또는 '1등하면 ○○을 해줄게'라는 식으로 '조건부 사랑'을 하게 되고, 아이는 그런 것에 익숙해져 부모의 사랑을 성과(점수, 등수, 상장 등)로 '구매'하게 된다. 조건 없는 사랑의 관계를 맺어야 할 부모-자녀가 사랑과 성과를 교환하는 거래 관계에 빠진다. 진정으로 행복해지기 어려운 까닭이다.

둘째, 우리는 흔히 경쟁이 없으면 정체한다는 말을 한다. 물론 그런 면도 있다. 그러나 생각해보라. 경쟁을 통해 발전하는 것이 있는 반면, 경쟁을 통해 잃는 것도 많다. 특히 현재의 점수 경쟁, 상품 경쟁, 기업 경쟁을 보라. 아이들은 점수 경쟁 속에 개별 성적은 오를지 모르지만 그 아이가 그때그때마다 느끼고 경험해야 할 것들을 얼마나 많이 놓치는가? 학원에 가서 국·영·수 시험 문제를 반복적으로 외우며 점수를 높일 시간에 친구들과 맘껏 뛰놀고 들로 산으로 신나게 놀며 신기한 것들에 대해 호기심도 가지고 책에 나오던 내용들을 직접 눈으로 확인하며 배움의 즐거움을 만끽할 수 있다면 얼마나 기쁠까? 많은 교육심리학자들에 따르면 아이들은 성장 과정에서 그때마다 체험하고 느끼고 발달시켜야 하는 것이 따로 있다. 한 예로 7세 미만의 아동기 때는 가급적 오감이라고 하는 감각을 두루 발달시키는 것이 좋고, 그 뒤로 14세 전후 사춘기까지는 희로애락과 같은 감정을 자연스레 느끼고 표현하는 것이 중요하다고 한다.■ 사춘기가 지나면서부터는 자아와 세상에 대한 논리적 학습을 하는 것이 중요하다고 한다. 그래야 인격체가 내면적으로 잘 성숙한다.

그런데 현재 경쟁 상황 속의 우리 아이들을 보라. 한마디로 '맹목적 속도전'을 한다. 남보다 더 빨리 더 높이 올라가 더 많이 성취하는 것이 목적이라면 목적이다. '선행학습'을 통해 초등학생이 중학교 과정을 끝내고 중학생이 고교 과정을 끝내야 한다. 그 과정에서 점수가 더 높거나 더 빨리 성취할 수는 있다. 그러나 아이들의 감각, 감성, 내면은 망가진다. 더욱 안타까운 것은 그렇게 부모가 지시하는 대로 빨리만 달려가다 보니 스스로 생각하고 판단하고 결정하여 책임성 있게 살아가는 주체로서의 능력은 상실한다는 점이다. 자신이 진정 무엇을 원하는지, 내 꿈은 무엇인지에 대해 자신 있게 답할 수 없다. 심지어 대학생도 마찬가지다. 비싼 등록금을 내면서도 남들이 가니까 안 갈 수 없어 대학에 진학했지 진짜 무엇을 진득하게 파헤치기 위해 진학했다는 대학생은 별로 없다. 마침내 나중에는 '철학 없는 전문가' 또는 '전문가 백치'가 되어 세상을 망치면서도 망치는 줄도 모르고 자기 잘난 맛에 착각 속에 살아간다. 이런 사회는 불행한 사회다. 희망이 없다.

■ 물론, 학자마다 단계 구분엔 차이가 있으나, 단계별로 핵심 인성이 강조되는 점은 공통적이다. 정윤경, 「루돌프 슈타이너의 인지학과 발도르프학교」(내일을여는책, 2000); H. 긴스버그, S. 오퍼, 「피아제의 인지발달이론」(학지사, 2006); E. 에릭슨, 송제훈 역, 「유년기와 사회」(연암서가, 2014).

갈수록 '팔꿈치사회'가 강화하는 까닭

이런 이야기가 있다. 어떤 서양의 인류학자가 아프리카 한 부족의 아이들에게 다가가 흥미로운 게임을 제안했다. 그 학자는 마을 한 쪽에 서 있는 큰 나무 아래에 사탕 바구니를 갖다 놓고 아이들에게 말했다.

"저 나무에 먼저 도착하는 사람이 맛있는 사탕을 모두 먹을 수 있단다."

이윽고 출발 신호를 했다. 그런데 아이들은 하나도 뛰어가지 않고 모두 손을 잡고 같이 가는 게 아닌가? 그렇게 나무 곁으로 가서는 빙 둘러 앉아 바구니 속의 사탕을 모두 나눠 먹었다.

인류학자가 물었다.

"왜 너희는 먼저 가서 사탕을 다 갖지 않고 그렇게 했니?"

이 말에 아이들이 답했다.

"우분투, 다른 사람이 모두 슬픈데 어떻게 나 혼자 행복해질 수 있나요?"

우분투 정신이다. 우분투(ubuntu)란 아프리카 코사족의 말로 '네가 있기에 내가 있다. 함께 있어 내가 있다'는 뜻이다. 우리말로, 공동체 정신이다. 넬슨 만델라 대통령이 자주 말해 세계적으로 널리 알려졌다.

그렇다. 정작 우리가 아이들에게 가르쳐야 할 것은 이런 공동체 정신이 아닌가? 그 바탕 위에서 각자가 가진 재주나 끼를 살려야 한다. 그런 재주나 끼가 자기 행복을 넘어 공동체의 행복에 기여할 수 있도록 조언해주고 후원해주는 것이 바른 교육이다.

강수돌 교수의
더불어 교육혁명

그러나 우리 현실은 전혀 딴판이다. 어린 시절부터 온갖 시험으로 아이들에게 '정답 맞히기' 훈련을 시킨다. 그 과정에서 사고력이나 통찰력이 발달하기보다 눈치와 요령만 발달한다. 사실, 우리가 시험을 친다고 하더라도, (고교 학력 검증시험이자 대입 자격시험인) 프랑스의 '바깔로레아'나 독일의 '아비투어'처럼 뭔가 깊이 있는 생각을 유도하고 그 문제에 대한 고민을 통해 사회적 의식 수준이 고양될 수 있는 그런 차원 높은 시험이 필요하지 않을까?

일례로, 2013년 프랑스 '바깔로레아' 철학(논술) 문제는 크게 '인문학 유형'("언어는 하나의 도구인가?", "과학은 사실 확인으로 제한되어 있는가?"), '경제-사회과학 유형'("우리는 국가에게 어떤 의무가 있는가?", "지식의 부재를 설명하시오"), 그리고 '자연과학 유형'("정치에 무관심하면서 도덕적으로 행동할 수 있는가?", "노동은 자아의식으로 허락될 수 있는가?")으로 나뉘는데, 학생들은 해당 유형에서 하나만 골라 무려 4시간 동안 답을 쓴다.

사실, 이런 질문은 지금의 나에게도 쉽지 않게 느껴진다. 그러나 어릴 적부터 작은 문제 하나에도 이런저런 토론을 많이 하고 자신의 생각을 솔직하게 표현하는 법을 많이 훈련한 학생들에게 이런 질문은 그리 어렵지 않을 것이다. 그러나 문제의 난이도 측면보다 더 중요한 점은, 이런 식으로 선진국은 아이들의 암기력 테스트를 하는 게 아니라 아이들에게 깊은 사고력을 길러주면서도 나아가 모든 시민들이 그 질문을 생각하고 토론하게 하는 분위기를 조성하는 것이다. 한국의 수능시험 날은 '오토바이'나 '경찰차'로 아이들을 실어 나르는 이벤트 식 작전으로 온 나라가 들썩이지만, 프랑스나 독일 등 선진국들의 수능 일은 차분한 가운데 사회적 성찰을 하는 시간인 셈이다.

이와 같이, 우리가 정작 시험 문제로 다뤄야 할 것은 개별 아이들의 암기력 측정용 문제가 아니라 개별 아이나 전체 사회가 보다 행복하고 인간답게 살기 위해 필요한 근본적 질문들이 아닐까? 한 예로, "석유 고갈 위기의 시대에 바람직한 에너지 대책과 나의 실천 방안은?" 또는 "사회 양극화를 극복하여 두루 행복하게 살기 위한 사회 시스템의 변화 방향과 나의 실천 과제는?" 이런 식의 질문들이 절실하다.

그런데 우리 중·고교의 현실을 보면 하루 종일 국·영·수에 목을 맨다. 다른 과목도 마찬가지다. 어차피 시험을 치고 나면 모두 까먹을 내용을 가지고 잘 외운 아이와 그렇지 않은 아이를 구분하는 이벤트를 한다. 시간 낭비, 돈 낭비, 열정 낭비다. 한마디로, 값비싼 코미디를 하고 있다. 과연 그렇게 해서 교육의 국가경쟁력이 올라가는가? 천만의 말씀.

진짜 교육의 국가경쟁력을 높이려면 아이들에게 필수적인 공부는 오전에만 시켜라. 그것도 자아 발견이나 시민 소양에 필요한 공부만 하면 된다. 그다음 유기농 점심을 무상급식하고, 학교 텃밭 일구기를 재미있게 한 뒤엔, 오후 내내 그리고 저녁 내내 자신이 진짜 하고 싶은 공부나 특기 살리기를 하도록 놓아주면 된다. 부모나 교육 당국이 힘을 합쳐 해야 할 일은, 학교 안팎에서 아이들이 자신의 흥미나 재주를 살릴 수 있는 공공의 프로그램을 다양하게 만드는 일이다. 이렇게 자유롭고 신바람 나게 공부하도록 여유를 주면 온 나라의 아이들이 자신의 재주를 맘껏 발휘할 것이고 교육의 국가경쟁력은 굳이 외치지 않아도 절로 높아진다. 바로 이 점이 우리가 스웨덴이나 덴마크, 핀란드 같은 북유럽 여러 나라에서 배울 수 있는 교훈이 아니던가.

바로 여기서 한 가지 짚을 점이 있다. 지금과 같은 팔꿈치사회, 곧 경쟁사회는 인류의 초기부터 있었던 것은 아니라는 점이다. 오히려 인류 역사의 대부분(95퍼센트 이상)은 협동 사회요 공생 사회였다. 지금과 같은 경쟁사회는 불과 500년 내외의 일이다. 요컨대, 현재의 팔꿈치사회는 기존의 협동 사회, 공생 사회가 파괴된 결과일 뿐이다. 그렇다. 공동체적 관계망의 파괴, 바로 그 결과가 현재의 살벌한 경쟁사회다. 이것은 개인(individual)이라는 말 속에서도 발견된다. 개인(individual)의 어원은 '더 이상 나눌(divid) 수 없는(in-) 존재'라는 것이다. 더 이상 나눌 수 없다니, 그렇다면 더 큰 무엇이 있었다는 말인가? 그렇다. 그것은 '공동체'로부터 출발했다는 것이다. 공동체라는 큰 덩어리에서 나누고 나누다 마지막에 더 이상 나눌 수 없는 존재가 바로 개인이라는 것이다. 맞는 말이다. 인간은 사회적 동물이라 하지 않던가? 혼자 살 수 없는 존재, 더불어 살아야 하는 존재, 그것이 공동체적 인간이다.

그런데 공동체(community)라는 말도 흥미롭다. 공동체란 '서로 (com-) 선물(munus)을 나누는 관계'다. 아하, 서로 선물을 나누는 관계이던 공동체로부터 사람이 하나씩 둘씩 떨어져 나가다 마지막에 홀로 남은 존재가 바로 개인이다. 결국, 개인이란 말 속에는 공동체가 깃들어 있다. 요컨대, 우리는 개인이면서도 공동체 구성원이요,

공동체의 일원이면서도 개성을 가진 존재다. 여기서 중요한 것은 우리는 각기 개성을 살리면서도 서로 협동하며 살아야 하는 존재이지 처음부터 살벌하게 서로 경쟁해야 하는 존재가 아니란 점이다.

그렇다면 이런 질문이 나온다. 팔꿈치사회의 기원이 공동체라면, 왜 공동체가 파괴되었을까? 핵심은 자본주의 상품 사회, 시장 경제의 등장이다. 상품의 경쟁력으로 평가를 받는 시장 경제에서는 각 개별 생산자들이 인격적 관계를 맺기보다는 계산적 관계를 맺는다. 서로 이익이 되는 경우에만 거래를 한다. 거래를 성립시키기 위해 각 개인은 자신의 상품 경쟁력을 높이려 한다. 보다 적은 비용으로 보다 많이 생산해야 하는 '생산성 공식' 또는 '경쟁력 공식'이 모든 개인을 압도하게 된다. 그런 논리를 더 많이 '내면화'할수록 공동체는 급속도로 해체되고 개별화가 진전되며 전체 사회는 팔꿈치 사회로 변모한다.

그 과정에서 '강자 동일시' 메커니즘도 작동한다. 경쟁 상황에 내몰린 개인들은 생존을 위해 모두 최강자가 되고자 하며 실제로 최강자가 탄생하기도 한다. 그 최강자는 주변으로부터 칭송을 받고 추앙된다. 사람들은 그를 시기 질투하면서도 스스로 최강자가 되려 노력한다. 심한 경우 그에 빌붙어 아부하며 마치 자신이 최강자가 된 것처럼 착각하기도 한다. 이 모든 상황이 강자와의 동일시라는 심리적 태도를 강화하고 반복 재생산한다. 최강자들은 상층부에서 엄청난 기득권을 누리면서 그 기득권에 중독된다(향유 중독). 기득권의 달콤한 맛을 알기 때문에 자신의 자녀들이 대를 이어 기득권층으로 머물기를 소망한다. 그래서 자녀들을 또 닦달한다. 자기들처럼 하라고. 그러면 성공한다며. 한편, 중하층은 최상층부의 기득권을 동경하면서 그 기득권에 중독된다(동경 중독). 상층부 진입에 실패한 이들은 자신의 자녀들이나마 그 상층부에 진입할 수 있기를 꿈꾼다. 부모 자신은 경쟁적인 노동시장에서 생고생을 하더라도 자녀들만은 더 높은 곳으로 올라가기를 꿈꾸며 자신의 희생을 기꺼이 감수한다. 부모의 무의식 속에 보상심리나 피해의식이 생길 수밖에 없는 배경이다. 그런 어려운 상황을 아는 자녀들은 죄책감과 부채의식 속에 공부를 열심히 해야 한다는 강박에 시달린다. 자신의 욕구나 필요, 꿈을 이루기 위해서가 아니라 부모에게 효도하기 위해. 나중에 부모와 자녀 간에 배신감이 생기거나 '친밀함의 소외'가 생길 수밖에 없는 까닭이다.

'팔꿈치사회'로부터의 탈출구

세상 현실은 경쟁적이다. 팔꿈치사회는 갈수록 강화한다. 마침내 '치킨 게임'을 한다. 그렇다. 치킨 게임. 서로 마주보고 달리는 두 자동차 중 먼저 핸들을 꺾는 자가 패하는 게임. 살기 위해 핸들을 돌리면 패배하는 것이고, 승리하기 위해 계속 전진하면 죽음이다. 우리는 승리를 위한 죽음과 살기 위한 패배 사이에서 길을 헤매고 있다. 돌파구는 무엇인가?

그것은 '치킨 게임' 안에서 택일하는 것이 아니라 '치킨 게임' 자체를 그만두는 것이다. 팔꿈치사회, 경쟁사회를 내던져야 한다고? 말이 쉽지 그렇게 할 수 있는가?

할 수 있다. 그것은 이미 인류 역사의 95퍼센트 이상을 협동으로 살아 왔기 때문이다. 또 북미 인디언 후손들이 이야기한 것처럼 '어려운 문제는 서로 협동해서 풀 때', 그리고 아프리카 원주민처럼 '맛있는 게 있으면 함께 나눠 먹어야' 좋다. 모두에게 좋은 일이다. 흔히들 '죄수의 딜레마' 이야기를 많이 하지만, 그 핵심은 서로 경쟁하지 말고, 곧 자기 혼자만 잘살려고 하지 말고, 같이 살기 위해 서로 협동하면 더 좋은 결과를 낳을 수 있다는 말 아니던가?

사실, 우리가 서로 치열하게 생존 경쟁할 때 마음이 평화롭고 행복한가, 아니면 서로 소통, 연대하고 협동할 때 평화롭고 행복한가? 스스로에게 물어보라.

그래도 '현실'은 아니라고? 그렇다. 경쟁을 통해 이윤을 추구하는 자본주의 현실은 결코 협동에 유리하지 않다. 소통과 연대, 협동만 부르짖다가 굶주리기 십상이다. 그러나 생각해보라. 경쟁만 외치는 조직, 경쟁만 외치는 사회가 지난 50년 간 어떻게 변해서 지금 우리에게 어떻게 다가오는가? 그리고 향후 50년 간 어떻게 변할 것 같은가? 스트레스가 더 높아질 것인가 행복감이 더 높아질 것인가? 앞으로 단지 몇 년만 더 경쟁력을 위해 달려가면 그때부터는 정말 여유롭고 편안하게 살 수 있는 날이 올까?

오늘은 어제의 결과이듯이 내일은 오늘의 결과로 나타날 것이다. 우리가 더 이상 경쟁, 경쟁, 하면서 아이들을 죽도록 닦달하는 대신, 아이들이 자신의 개성을 찾아 맘껏 발휘하도록 도우면서도 서로 소통하고 협동하는 사람으로 키우면서 상부상조하는 사회, 연대와 소통의 사회를 만들어가기 시작한다면, 그렇다면 50년 뒤 한국 사회는 희망이 생긴다. 그렇지 않고 지금처럼 앞만 보고 계속 달린 다면 아마도 50년 뒤 한국은 절벽 끝에 매달린 꼴이 되고 말 것이다. 과연 우리 아이들이 어떤 세상에 살기를 바라는가?

🌿 부모의 트라우마
—학부모의 불안감, 무엇이 문제인가? 1

"너 나중에 도대체 뭐가 될래? 그렇게 하다간 딱 깡통 차기 쉽지.
한 10년 뒤에 후회하지 말고 이제 그딴 짓 좀 그만하렴."

아이들이 자유롭게 뛰어놀거나 때로는 컴컴한 자기 방에 우두커
니 앉아 빈둥거리는 시간들이 모두 '잉여 짓', 곧 쓸데없는 낭비로
보이기 때문에 부모들은 잘 참지 못한다. 불안하고 조급하다. 사실,
이때의 부모 모습은, 꿈을 꾸라는 부모 그 자체가 아니라 꿈꿀 시간
도 주지 않는 학부모의 모습이다.

그렇다. 똑같이 아이를 키우는 사람인데 자연스러운 부모의 모
습과 학생을 둔 학부모의 모습이 전혀 딴판인 까닭은 무엇인가? 왜
우리는 같은 아이에게 부모의 모습으로서는 꿈을 갖고 멀리 보면서
도 다른 친구와 함께 가라고 하는데, 학부모만 되면 꿈꿀 시간도 주
지 않고 앞만 보며 열심히 달려 다른 아이들보다 앞서가라고 닦달
을 할까?

그것은 아무래도 학부모 자신이 경험한 세상의 시스템이 그렇게
만들어낸 것이다. 학부모라는 사람 자체가 나빠서 그런 게 아니라

는 것이다. 그것은 크게 두 가지로 요약된다. 하나는 학부모 자신이 경험하는 노동의 현실, 경제의 현실이 차별과 불평등으로 얼룩져 있기 때문이다. 사회 전체로 보았을 때 비교적 공부를 잘해 좋은 대학을 간 이들은 높은 자리에 앉아 '상대적으로' 편히 산다. 그러나 자신은 아무리 열심히 일해도 별로 좋지 못한 대접을 받고 있으며, 대체로 사는 것이 너무나 팍팍하다. 갈수록 '상대적 빈곤감'도 심해진다. 그러니 학교를 다니는 자기 아이에게 딴 생각 말고 공부나 열심히 하라고 재촉하는 것이다.

　다른 하나는 학부모 자신이 어릴 적에 경험한 상처(트라우마)에서 비롯된 것이다. 대개의 경우 이 상처는 열등감으로 나타난다. 생각해보라. 우리는 얼마나 많은 시험을 쳤으며 그 성적 결과에 따라 얼마나 많이 울었던가? 시험과 경쟁이라는 제도적 폭력과 상벌이라는 물리적 폭력 앞에 우리는 울면서 대체로 순응하는 인간으로 길들여졌다. 공부를 못하는 사람은 못하는 대로 울었고, 잘하는 사람은 더 잘하기 위해, 또는 아래로 떨어지지 않기 위해 울어야 했다. 모양은 다르지만 모두들 나름의 상처를 안고 산다. 특히 '열등감'이라는 상처는 평생 동안 우리를 괴롭힌다. 이 상처를 건강한 방식으로 치유하지 못한 상태에서 어른이 되고 결혼을 하고 아이를 낳다보니, 자기도 모르게 아이를 통해 그 열등감을 극복하려고 발버둥치는 것이다. 사실, 이 열등감은 마음 깊은 곳에 상처(트라우마)가 되어 숨어 있다. 행여 다른 사람이 그걸 알아차릴까 봐 두렵다. 그 두려움조차 솔직하게 겉으로 드러내지 못한다. 만일 그런 것을 솔직히 말했다가는 다른 사람으로부터 '겁쟁이'라든가 '약한 사람'이라는 조롱과 함께 비웃음을 당할 것 같기 때문이다. 그렇게 꼭꼭 숨겨두었던 두려움과 열등감, 이것을 드러내지 않으면서도 훌륭하게 극복할 방법이 바로 '내' 아이를 '우수한' 학생으로 만드는 것이라 결론을 내리는 것이다.

이런 식으로 세상의 차별적인 질서와 어른들 내면의 열등감과 두려움이 공동으로 작용한 결과, 대부분의 학부모는 학교를 다니는 아이들에게 "다른 건 몰라도 공부는 잘해야 해!"라고 강조한다. 그래서 우리는 어떤 아이가 공부를 잘 하면, 갑자기 착해 보이고 모든 게 예뻐 보인다.

"○○는 어쩜 얼굴도 잘 생기고 인성도 좋은 데다가 공부까지 잘하니? 정말 완벽하네!"

그래서 (학)부모들은 조급해진다. 일류대 강박증에 시달린다.

"엄마 아빠가 정말 고생해서, 한평생을 다 바쳐 너희를 경제적으로 뒷바라지 해주었으니 너희는 절대로 실수 없이 고등학교 졸업하자마자 곧바로 일류대학에 가줘야 해."

그래서 남보다 선행학습을 더 많이 시켜야 하고 남보다 더 빨리 더 좋은 정보를 많이 얻어야 한다. 심신이 지쳐가면서도 '그날'을 손꼽아 기다리며 흥분한다. 여기서 '그날'이란 아이가 마침내 일류대학에 당당히 합격하는 날이다.

그런데, 바로 이런 분위기에서 만일 아이가 부모가 고생해서 뒷받침해준 만큼 좋은 성과를 내지 못한다면, 다시 말해 부모의 기대를 충족시키지 못한다면, 그 부모의 마음은 어떨까? 한편으로는 주변 사람들에게 창피할 것이고 동시에, 자신 안의 깊은 열등감이 되

강수돌 교수의
더불어 교육혁명

살아나서 괴롭기도 할 것이고, 다른 한편으로는 자신이 그렇게 고생해서 아이를 위해 모든 걸 다 바쳤는데 결과가 처참하니 아이에 대해 일종의 배신감을 느낄 것이다. 그렇게 되면 아이는 아이대로 괴로울 것이고 부모는 부모대로 괴로워진다. 상호 관계는 악화 일로를 치닫는다.

바로 이런 면에서 우리는 지금부터라도 줏대를 바로 세워 나를 바꾸고 학교를 바꾸고 시스템을 바꾸어나가야 한다. 그렇다면 어떻게 해야 줏대가 바로 설까? 가장 중요한 것은 인생의 목적은 행복이라는 점이다. 부모는 부모대로 행복하게 살 권리가 있고 아이는 아이대로 행복하게 살 권리가 있다. 곧, 아이 인생은 아이 몫이고 부모 인생은 부모 몫이란 점을 되새겨야 한다. 부모가 아이에게 해줄 일이 있다면 '조건 없는 사랑'으로 건강하고 행복하게 키우는 것이며, 나중에 사춘기를 지나 머리가 커지면 서서히 독립할 준비를 시키는 것이다.

그런데 여기서도 우리는 곧잘 흔들린다. 아이가 제대로 독립해서 잘 먹고 잘 살게 하려면 어릴 적부터 공부를 잘 시켜야 하는 게 아니냐 하는 것이다. 그러나 어릴 적에 공부에 찌들면 아이도 불행, 어른도 불행해진다.

아이가 친구들과 잘 어울려 놀고 자연스럽게 책 읽는 즐거움도 익히며 여행이나 체험 같은 것을 많이 하면서 자신의 꿈을 키우면 그것이 내면의 에너지로 축적되었다가 나중에 자기 내면의 동기(목표, 재미, 흥미, 관심, 의미, 책임감 등)가 생겼을 때 맘껏 분출된다. 일단 자신의 목표가 서면 열심히 집중해서, 또 즐거운 마음으로 실력을 쌓아가는 것은 오히려 쉽다. 다만 시간이 좀 필요할 뿐이다. 그래서 숙성의 시간, 기다림의 시간이 필요하다. 평균 80년 주어진 인생, 뭐가 그리 급한가? 자기가 원하는 바를 즐기면서 가면 행복한 삶이 된다. 두려울 게 없다. 부모가 아무리 하지 말라 해도 아이가 스스로 좋아해서 갈 길을 선택하면 눈에 불을 켜고 열심히 하게 되어 있다.

1년에 약 300여 명의 청소년들이 자살을 하고, 약 5만~8만여 명이 학교를 그만둔다. 나머지 아이들 대부분도 핏기 없이 학교와 학원을 왕래할 뿐이다. 공부를 잘하는 아이조차 속으로는 스트레스투성이 아니던가. 만약 우리 아이가 그렇게 되길 바라지 않는다면, 그저 건강하게 생활하고 친구와 잘 지내는 것만으로도 행복한 일로 여겨야 한다. '조급증'을 버리고 '일류대 강박증'을 던져버려야 한다. 아이가 갖고 오는 성적표에 연연해하지 말아야 한다. 그렇게 아이가 성적 같은 것에 구애받지 않고 자유롭게 크면서 천천히 자기만의 꿈을 키우도록 돕는 것, 바로 이것이 '조건 없는 사랑'의 눈으로 아이를 보는 것이자 참된 부모의 길이다.

🌿 생계의 길과 꿈의 길
—학부모의 불안감, 무엇이 문제인가? 2

"대학 가서 미팅할래? 공장 가서 미싱 탈래?"

한때 일부 학교에서 아이들에게 공부 열심히 하라고 훈육하던 급훈으로 인터넷 공간을 달구기도 했던 슬로건이다.

학부모이건 부모이건 사실, 그 용어 자체가 무슨 문제이겠는가. 문제는 자녀를 대하는 우리의 의식, 태도, 행동이다. 아무리 좋은 강의를 듣고 아무리 좋은 글이나 책을 읽고 또 깊이 있는 토론을 해도 집에만 돌아오면 걱정과 불안이 앞선다. 그 까닭 중의 하나는 "과연 우리 자식이 앞으로 어떻게 먹고 살까?" 하는 두려움 때문이다. 사실, 이 두려움에 전혀 근거가 없는 것은 아니다. 왜냐하면 (학)부모 자신이 지금 이 세상에서 살아가는 데 어려움을 많이 겪고 있기 때문이다.

그러면 (학)부모들이 어려움을 겪는 이유는 무엇인가? 그것은 노동시장의 현실이 사다리꼴로 위계화 되어 있고, 높이 올라간 자는 많이 누리지만 중간이나 아래쪽은 늘 빠듯하게 살아야 하기 때문이다. 이것은 부정할 수 없는 현실이다. 그런데 우리는 과연 현실이랍시고 무조건 순응해야 하는가, 아니면 이 현실을 찬찬히 들여다보면서 잘못된 것을 바로잡아야 하는가? 흔히들 말하는 우리 눈앞의 현실이란, 적응해야 하는 현실만 있는 게 아니라 변화시켜야 하는 현실도 있다.

바로 여기서 나는 인생의 두 갈래 길을 상상해본다. 그것은 생계의 길과 꿈의 길이다. 생계의 길이란 우리 사회 대부분의 사람들이 달려가는 길로, 인생의 목적을 잘 먹고 잘사는 것, 곧 생계 해결에 둔다. 다른 삶의 가치는 외면한 채, 오로지 먹고사는 데 인생을 다 바치는 것이다. 결국, '돈 많이 벌어 남부럽지 않게 사는 것'이 인생의 최대 목표가 된다. 돈을 많이 벌려면 어떻게 해야 하는가? 일류 직장이나 일류 직업을 가져야 한다. 그러려면 어떻게 해야 하는가? 일류 대학을 가는 게 가장 빠르다. 또 그러기 위해서는 어떻게 해야 하는가? 그렇다. '공부를 열심히' 해야 한다. 이것이 결론이다. 그래서 대한민국 대부분의 부모들은 아이들에게 말한다.

"제발, 아무것도 안 해도 좋으니, 공부 좀 열심히 해라!"

그리고 "공부 잘해서 잘 되는 건 모두 너를 위해서이지 나를 위해서가 아니다!"

이렇게 공부 잘해서 좋은 대학을 가고 좋은 직장을 가면 돈 많이 벌어 행복해질 것이라 보는 것이다. 바로 이것이 생계의 길이다.

4천만, 아니 5천만 국민이 대부분 이 길로 달려가고 있지만 과연 그 대부분이 행복한가? 아니면 극소수만 행복한가? 일류 대학, 일류 직장에 골인하는 사람은 극히 일부분이다. 그리고 그 일부분조차 진정으로 행복한가? 많은 텔레비전 드라마가 우리에게 보여주는

강수돌 교수의
더불어 교육혁명

것은, 학벌 좋고 재산 많고 잘생기고 부모 배경 든든하고 호화 주택에 사는 사람들, 곧 부자가 된 사람들조차 행복하지 않을 수 있다는 점이다. 진정한 사랑과 믿음이 결여된 삶의 관계 때문이다. 게다가 극소수의 성공한 사람들조차 과연 자신의 꿈을 실현하며 사는가? 생계는 해결했을지언정 꿈은 이루지 못하고 인생을 마치지나 않는가? 한 걸음 더 나아가, 과연 이들은 자신과 가족의 행복을 넘어 사회 전체의 행복에 기여하면서 사는가?

반면, 꿈의 길을 가는 이는 어떠한가? 꿈의 길을 가는 이는 다른 사람의 평가나 시선에 신경을 곤두세우며 살지 않는다. 자신이 좋아하거나 잘 하는 일, 혹은 사명감을 느끼는 일에 일관되게 매진한다. 혹시 부모가 경제적으로 뒷받침을 못 해준다 하더라도 진심 어린 마음의 지지만 해준다면 얼마든지 용기 있게 헤쳐 나갈 것이다. 혹시 마음의 지지가 없더라도 자신이 좌절하거나 포기하지만 않는다면 그 아이는 자기가 갈 길은 꼭 가고야 만다. 자기만의 꿈이 확실한 경우에 말이다. 당장은 힘들지만, 나중엔 부모조차 아이의 일관된 마음에 감동하고 마침내 지지의 눈물을 흘릴 때가 올 것이다. 자신의 꿈을 반드시 이루고자 하는 아이는 자기 실력을 키우기 위해 돈이 필요한 경우 막노동을 할 수도 있다. 부모가 경제적으로도 지원한다면 더욱 좋지만, 그렇지 않아도 부모가 정서적으로 지지하기에 가는 길이 힘들지만 즐거울 것이다. 비록 학비를 버느라 막노동을 하면서 몸은 힘들 수 있지만 마음은 진심으로 기쁠 것이다. 왜냐하면, 자신이 어디로 가야 할지 방향을 알고 또 어떤 선생님을 찾아 배워야 할지 잘 알기 때문이다. 남들이 말하는 일류 대학이 아니라도 좋다. 내 꿈을 이루는 데 도움을 주는 훌륭한 선생님이라면 서울이나 지방, 국내나 해외를 가리지 않고 달려갈 자세가 되어 있다. 그렇게 고생해서 목표를 세우고 찾아간 선생님한테 배우는 학생은 단 일 분 일 초라도 소중하게 여길 것이다. 선생님의 말씀이 귀에 쏙쏙 들어온다. 갈수록 실력은 절로 향상되며 새로운 배움을 얻는 기쁨에 스스로도 감동할 것이다. 이렇게 꿈의 길을 걷는 이는 꿈을 꿀 때부터, 그리고 그 길을 걸어가는 모든 발걸음마다 즐겁다. 나중에 꼭 성공해야 기쁜 것은 아니다. 삶은 속도나 높이가 아니라 과정이고 느낌이다. 그렇게 열심히 가다 보면 실력은 증진되고 어느새 선생님으로부터, "자네 실력을 보아 하니, 이제 내 조교로 따라 다녀도 되겠군" 하는 제안까지 받을 수 있다. 이렇게 의외로 새 길이 열릴 수 있다.

이 사람은 비록 날마다 호화판 뷔페 음식을 먹지는 않지만, 밥 한 그릇과 된장찌개에 김치를 먹더라도 진정 행복할 것이다. 비록 이 사람이 세계적인 유명 인사가 되지 않더라도 자신의 마을이나 지역에서 이웃을 위해 유익한 일을 하면서 자신의 꿈을 실현할 수 있을 것이다. 이게 사회 헌신이다. 이렇게 꿈의 길을 가는 사람은 일류 대학이나 일류 직장에 목숨 걸지 않고 좋은 스승을 찾아 실력을 쌓은 뒤에 사회 헌신을 하는, '일류 인생'을 살 수 있다. 일류 대학이나 일류 직장은 소수에게만 기회가 주어지지만 일류 인생은 누구에게나 열린 기회다. 곧, 일류 인생을 살려면 꿈의 발견, 실력 증진, 사회 헌신 등 세 요소만 갖추면 된다. 요컨대, 꿈의 길을 걷는 자는 꿈도 이

강수돌 교수의
더불어 교육혁명

루고 생계도 해결한다.

　자, 이제 우리는 자녀들에게 우리 대부분이 그래왔던 것처럼 생계의 길만 가도록, 나아가 생계의 길에다 고속도로를 내놓고 남보다 더 빨리 달려가도록 아이의 등을 떠밀 것인가, 아니면 천천히 오솔길로 가더라도 네 자신의 꿈을 찾으라고 격려하면서 매 걸음마다 자기만의 행복을 느끼며 살 수 있도록 도울 것인가? 사회 구조의 변화도 물론 매우 중요하고 절실하지만, 그 이전에 부모 자신의 인생 경로에 대한 태도부터 찬찬히 되돌아볼 일이다.

✿ '옆집 아줌마'의 현실 인식

─ 학부모의 불안감, 무엇이 문제인가? 3

언젠가 대안교육 전문지 『민들레』(제19호)에서 "옆집 아줌마를 조심하라"는 메시지가 등장한 적이 있다. 나는 그 글을 읽으면서 "바로 이거다!"라고 느낀 적이 있고, 내가 쓴 책 『나부터 교육혁명』에도 그 이야기에 대한 나름의 해법을 제시하기도 했다. 그런 이야기를 한 지도 벌써 10년이 넘었는데 여전히 우리 사회에서 '옆집 아줌마'의 위력은 너무나 크다. 여기서는 이 이야기를 좀 더 깊이 들어가 본다.

우선, 내가 여기서 '옆집 아줌마' 이야기를 한다고 해서 아줌마 또는 어머니 자체가 문제라고 하는 건 아니다. '옆집 아줌마' 이야기의 본질은, 아빠는 돈벌이 기계로 전락하고 동시에 엄마는 아이의 성적 관리자가 되어버린, 우리 모두의 뒤틀린 현실에 있기 때문이다. 사실 바람직한 모습은, 엄마나 아빠가 일정한 사회경제적 활동을 하되 하루 중에 한 나절만 일하고 그 외 시간의 많은 부분을 자녀 교육이나 자녀와 함께 활동하는 데에 쓰는 것이다. 지금처럼 엄마 아빠의 일이 이분법적으로 나눠진 상태로, 그리하여 엄마가 아이 교육, 보다 솔직하게 말하면 아이의 점수 올리기나 일류대 입시 준비를 전적으로 담당하다 보니 사실상 엄마도 아빠 못지않게 중노동을 수행한다. 잔업, 철야, 특근도 마다않고, 또 상사로부터 꾸지람을 먹으며 자존감이 상하는 일도 겪어가며 돈 벌어다 주는 아빠나, 아이의 성적을 올리기 위해 노심초사하는 엄마나 삶의 스트레스는 극한에 이른다. 이 모든 것은 시급히 바꿔야 할 현실이다.

이런 잘못된 현실을 정확히 인지한 위에서 이제 '옆집 아줌마' 이야기를 다시 보자. 이 문제의 핵심은 우리가 아무리 자녀 교육에 관한 좋은 강의를 듣고 아무리 좋은 교육 서적을 읽은 뒤 굳은 결심을 하더라도, 막상 다음 날 '옆집 아줌마'만 만나고 나면 모든 게 원점으로 돌아간다는 얘기다. 그렇다면 과연 이 옆집 아줌마가 무슨 이야기를 하기에 우리가 아무리 단단히 결심을 해도 모두 '말짱 도루묵'이 되고 마는가?

옆집 아줌마가 먼저 이렇게 말한다.

"그래, 인성교육이고 자연교육이고 대안교육이고 말은 참 좋지. 그런데 그렇게 하면 앞으로 더 살벌해질 세상에서 과연 아이가 먹고살 수나 있을까?"

그렇다. 역시 생계 문제다. 생각해보니 지금 아빠도 바로 그 생계 전선에서 매일 힘겹게 살고 있지 않은가? 경쟁은 치열하고 사회가 만들어놓은 사다리 질서에서 높은 등급에 들어가지 못한다면 아이도 나처럼 '빽이치고' 살게 될 것 같다. 심하면 서울역 같은 데서 보는 노숙자처럼 될 것 같은 위기감이 돈다. 갑자기 이마에 식은땀이 흐른다. 옆집 아줌마의 이야기를 듣고 보니, 결론은 "그래, 사실 그 말도 맞네. 아이고, 이를 어쩌나? 혹시 좋은 학원이나 과외 선생

아는 데 있니?"로 끝난다.

이제 이 부분을 찬찬히 들여다보며 하나씩 따져보자.

첫째, 그런 식으로 경쟁 교육을 받는 가운데 과연 부모인 나는 행복하게 자라왔던가? 우리 스스로의 경험을 반추해보자는 얘기다. 만약 중3이나 고3을 다시 한 번 해보라 하면 기꺼이 할 것인가? 지금은 어떤가? 우리의 아이들은 오늘도 행복하게 공부하고 있는가? 만일 본인도 행복했고 아이도 진정으로 행복하게 느낀다면 그렇게 계속 가면 된다. 사실, 내가 진정 바라는 것도 '모두 행복한 세상'이기 때문이다. 그래서 만약 아이나 어른이나 지금의 모습이 행복하다면, 더욱 치열하게 경쟁적으로 공부하도록 하면 된다. 그것이 참 행복의 길로 느껴진다면 말이다. 그러나 내가 나의 과거를 되돌아보고 또한 지금 우리 사회에서 자살하는 아이들, 폭력을 휘두르는 아이들, 교실 붕괴를 촉진하는 아이들, 탈학교를 결심하는 아이들을 곰곰 생각해보면 결론은, 이 모든 일이 지금의 현실 속에서 결코 행복하지 않기 때문에 나오는 현상들이 아닌가 한다. 대부분의 부모들이 너도 나도 자기 자식을 전쟁과 같은 입시 경쟁으로 내모는 것은 그것이 행복하기 때문이 아니라 더 나은 대안을 스스로 찾지 못해서가 아닐까? 다른 말로, 보다 슬기로운 답을 찾을 수만 있다면, 얼마든지 다른 길로 갈 수 있다는 것이다.

둘째, 그런 식으로 경쟁 교육을 계속한 것이 지난 50년 정도의 대한민국 교육이었다. 대학 입시, 나아가 일류대 합격을 위해 준비해야 하는 시점이 고교로부터 중학을 거쳐 이제는 초등 수준까지 내

강수돌 교수의
더불어 교육혁명

려갔다. 심지어 유치원 때부터, 아니면 태아 때부터 준비해야 한다
는 사람도 많다. 모두 제정신이 아니다. 몇 년 전, 어떤 엄마가 세 살
짜리 아이의 혀 밑 근육을 잘라 영어 발음을 원어민처럼 하게 만든
다고 하는 바람에 해외 토픽감이 된 적도 있다. 다른 편에서는 많은
부모들이 초등 아이들을 억지로 부모 품으로부터 떼어내 '조기유
학'을 시키기도 했다. 모두 바람직한 결과를 얻은 게 아닌데도 말이
다. 특히, 이른바 '기러기 아빠'들의 애환이나 자살 소식이 들릴 때
면, 과연 우리가 이성을 갖고 있는지 의심스러울 정도다. 결론은, 우
리 모두가 미쳐 돌아간다는 것이다. 우리 모두가 이런 식으로 가면
과연 10년이나 20년 뒤 아이들은 어떻게 될까? 과연 더욱 치열한 경
쟁 환경 속에서 아이들은 난공불락의 엄청난 실력을 듬뿍 다지고 배
움의 기쁨에 행복해하며 모두 멋진 실력자가 될까? 옆집 아줌마가
이야기하는 방향으로 모두들 따라 갔을 때 이 세상은 과연 좋아지
는 걸까, 아니면 갈수록 나빠지는 걸까? 우리가 길을 가도, 이게 죽
으러 가는지 살러 가는지는 알고 가야 하지 않을까?

셋째, 아이의 생계 문제는 굳이 부모가 일일이 걱정하지 않아도
아이가 머리가 커지면 스스로 고민하게 되어 있다. 생각해보라. 아
이의 입장에서, 부모가 모든 걸 마련해주는 것이 진정 행복할까 아
니면 아이가 커서 독립해 숟가락 하나라도 스스로 장만할 때 기쁨
을 느끼는 것일까? 옛말에 "아이 먹을 것은 자기가 갖고 태어난다"
고 했다. 우리가 진정 걱정할 것은 아이의 생계가 아니라 꿈이다. 꿈
을 키우는 아이, 그 꿈을 좇아 즐거운 마음으로 실력을 키우는 아이,
그 실력을 자기 행복만이 아니라 사회 행복을 위해 쓸 줄 아는 아이,

바로 이런 '일류 인생'을 사는 사람들이 많아져야 행복한 세상이 된다. 그렇게 꿈을 키우고 실력을 키워 사회 헌신까지 하는 아이들은 생계 문제도 거뜬히 해결한다. 꿈을 좇아 정진하는 과정 속에 자연스럽게 실력을 인정받아 먹고살 길도 열릴 것이기 때문이다. 그는 비록 호화판으로 살지는 못해도 소박한 살림살이는 탈 없이 이어나갈 수 있다. 그렇다. "산 입에 거미줄 치랴?"라는 말도 있지 않은가? 한편, 매일같이 생계 걱정만 하며 사는 사람들의 인생은 초라하기 그지없지 않은가. 자신의 인생에 대해 '다른' 상상을 하지 못하니, 결론은 뻔하다. 늘 생계에 허덕거리며 살거나, 생계 해결을 한답시고 대부분 돈과 권력에 종속되거나 아부하며 살아야 하기 때문이다. 그렇지 않은 경우라도 이들은 삶의 중심이 없기 때문에 수시로 부동산이나 주식 등 재테크 이야기만 하고 산다. 이런 사람들이 많아질수록 우리 사회는 속물 사회 또는 물신주의 사회가 될 것이다. 반면에 자신의 꿈과 소신에 따라 사는 이들의 인생은 향기가 나고 멋이 있다. 바로 이런 사람들이 많아질 때 멋진 사회, 행복 사회가 될 것이다. 이제, 옆집 아줌마의 이야기를 듣더라도 이런 이야기를 같이 나누며, 바로 그 옆집 아줌마조차 진정한 자신의 삶을 되찾도록 함께 손잡고 나아가야 하지 않을까?

124

강수돌 교수의
더불어 교육혁명

🌿 '옆집 아줌마'의 인생 인식
— 학부모의 불안감, 무엇이 문제인가? 4

우리의 위대한 '옆집 아줌마'는 이렇게도 말한다. "먹고사는 것
도 문제지만, 나중에 한 10년 쯤 지나고 나서 어떻게 될지 생각해봐.
만일 아이가 '왜 엄마는 나더러 공부 열심히 하라고 닦달하지 않아
내 인생을 요 모양 요 꼴로 만들어 놓았느냐'고 원망하면 어떻게 할
래?" 그렇다. 지금 당장이야 인성교육이니 혁신교육이니 대안교육
이니 행복 교육이니 하면서 뭔가 좀 해보려고 하지만, 문제는 5년
뒤, 10년 뒤, 20년 뒤가 아닐까, 싶기도 하다. 인성교육이니 혁신교
육이니 하다가 나중에 대학 입시철이 다가오거나 아니면 시원찮은
학력으로 취업을 하고자 할 때, 과연 우리 아이와 나는 뒤늦게 발을
동동 구르진 않을까? 나중에 후회할 것 같은 두려움에 짓눌린다. 그
래서 스스로 의심한다. 과연 이런 식으로 무작정 '행복하게 키운다'
고 마냥 좋은 것인가? 나중에 나나 아이나 모두 후회하지나 않을까?
바로 이런 폭탄 같은 옆집 아줌마의 한마디에 모든 게 또다시 허물
어지고 만다.

그래서 바로 이 지점에서도 다시금 차근차근 따져볼 필요가 있
다. 여기서 가장 중요한 열쇳말은 '삶에 대한 자기 책임성'이다. 물

론, 이 말은 신자유주의 경쟁 시대의 논리처럼 "당신이 힘들게 사는 것은 결국 당신의 나태나 무능 탓이다. 결국 네 잘못이다"와 같은, 국가나 기업의 사회적 무책임성과 같은 맥락은 아니다. 어차피 '인간은 사회적 동물'이기 때문에 모든 개인은 한 사회 속에 존재할 수밖에 없고 사회구조의 영향을 일정하게 받으면서 살아간다. 오히려 그렇기 때문에 우리는 좋은 사회구조를 만들려고 하고 또 만들기도 한다. 최근의 혁신학교 제도나 무상급식 같은 제도가 그 구체적인 예다. 나는 바로 이런 삶의 주체적 관점과 공동체적 관점을 동시에 전제한 위에서 '인생의 자기 책임성'을 말하는 것이다.

그렇다면 인생의 자기 책임성이란 보다 구체적으로 무엇일까? 그것은 요컨대, '어른 인생은 어른 것이고, 아이 인생은 아이 것'이란 말로 요약된다. 어른이 아이 인생을 대신 살아줘서도 안 되고, 아이가 어른이 못다 이룬 한을 풀기 위해, 곧 어른의 대리만족을 위해 대신 살아줘서도 안 된다는 말이다. 곧, 삶의 자기 책임성이란 모두 자기 삶에 대한 진정한 자율성을 갖고 살아야 한다는 말이다. 자신이 자기 삶의 주인공으로 자율적이고 책임성 있는 모습으로 사는 것, 이것은 자기 삶의 책임이나 부담을 타자에게 떠넘기는 것이 아님을 말한다. 그렇다고 해서 이 말이 다른 사람들의 삶에 아무 관심도 갖지 말라고 하는 것도 아니다. 내 삶이 소중하듯 타자의 삶도 소중하며, 나아가 타자의 행복과 나의 행복이 연결되어 있음을 깨달아야 한다. 그래야 진정으로 자기 삶에 대한 책임성을 갖춘 것이다.

그러나 지금 한국의 부모들이 세계적으로 높은 '교육열'을 보이는 것은 대개 이러한 '삶에 대한 책임성'을 제대로 실천해서가 아니라 오히려 제대로 실천하지 못하기 때문에 나온 결과이다. 곧, 어른들은 마치 자기가 수험생인 것처럼 아이의 공부나 성적을 위해 시간, 돈, 열정을 다 투입한다. 그렇게 헌신적인 부모를 보고 아이는 대개의 경우 죄책감과 의무감을 느끼면서 열심히 하지 않으면, 그리하여 성적을 높이지 않으면 안 될 것 같은, 막중한 부담을 떠안는다.(물론, 성적도 좋고 모든 게 잘 풀리는 극소수의 아이들은 예외일 것이다.) 나아가 아이는 부모가 소망하는 바, 예컨대, 일류대 입학이나 각종 고시 합격을 부모 대신 실현해드리는 것을 은혜에 보답하는 것이라 생각하기 쉽다.

이런 식으로 부모와 자식 간에는 '암묵적 계약'이 성립한다. 부모는 자식을 경제적으로 최대한 지원하되, 자식은 부모의 미실현 소망을 대신 이뤄드리는 것이다. 그런데 이 암묵적 계약은 대단히 위험하다. 왜냐하면 이것이 실패해도 문제고 성공해도 문제이기 때문이다. 실패했을 때 부모는 배신감을, 자식은 죄책감을 느낀다. 성공하면 부모는 한순간 기쁘지만 자식은 진정 자신이 원하는 길이 아니기 때문에 장기적으로 괴롭다. 그래서 나중이라도 자기 길을 찾아가기 쉬운데, 그때 부모는 다시금 허탈감을 느끼게 된다. 이래도 곤란하고 저래도 곤란한 이 딜레마 상황을 극복하는 방법은 없을까? 그것은 아예 처음부터 바른 길을 가는 것이다. 그것이 바로 '아이 인생은 아이 나름대로, 어른 인생은 어른 나름대로' 살아가는 것이다. 삶에 대한 책임성이란 바로 이런 것이다.

그렇다면 어떻게 해야 그렇게 살 수 있는가? 그것은 아이를 어릴 적부터 '그 내면의 느낌'에 따라 살도록 키우면 된다. 물론 이것이 결코 '일방적'이어서는 안 된다. 늘 아이와 어른이 친밀한 상호 작용을 하면서 같이 소통하며 한 걸음씩 나아가야 한다. 그러니 아이 인생과 어른 인생은 '같이 가면서도 따로, 또, 따로 가면서도 같이' 가는 것이다. 사실, 어른조차 그렇게 성장해오지 못했기 때문에 이를 실천하기란 정말 어렵다. 하지만 꾸준히 노력하면 조금씩 바뀐다. 그래서 아이가 진로 선택을 하게 될 때도 어른들의 선입견이나 고정관념에 따라 "내가 말하는 대로 가야지, 네가 말하는 그런 공부나 직업이 앞으로 전망이 있을 것 같아?"라는 식으로 접근해서는 안 된다. 오히려 열린 자세로, "너는 무슨 공부를 좋아하고 앞으로 무엇을 공부하고 싶니?" 또는 "너는 앞으로 어떤 일을 하고 싶니?"라는 식으로 물어야 한다. 그래서 아이가 스스로 느끼는 바를 솔직히 말할 수 있어야 한다.

물론, "아직 잘 모르겠어요"가 대부분 아이들의 반응일 것이다. 그럴 적에도 "그러니? 그러면 좀 시간을 갖고 천천히 찾아보자"라는 식으로 여백의 시공간을 주는 것이 좋다. 자기 나름의 삶의 목표나 꿈을 찾는 과정에서, 서양 아이들이 많이 그러하듯이 1~2년 정도 '진로 탐색 기간'을 갖게 하는 것도 좋은 일이다. 종종 남자들에겐 '뜻밖에' 군대가 그런 시간이 되기도 한다.

사실, 많은 부모들이 이렇게 호소한다.

"저는 아이에게 네 꿈을 찾아 자유롭게 해보렴, 하고 말하지만, 정작 문제인 것은 아이가 자기 꿈이 뭔지 모른다는 거예요. 이걸 어떻게 하면 좋아요?"

나는 이런 질문을 받으면 솔직히 이런 생각이 든다. '까놓고 말해서 우리 어른들은 과연 진짜 이루고 싶은 꿈을 갖고 살고 있나요?'라고 물어보고 싶은 것이다. 아이들이 자기 꿈에 대해 아직 잘 모르는 것은, 대체로 우리가 아이들을 어릴 적부터 자신의 내면이 느끼는 대로 생각하고 말하고 행동할 수 있도록 자유의 시간과 공간을 선물하지 않았기 때문이다. 바로 이 자유의 시공간을 제공하는 것, 이것이 올바른 인성교육이고 혁신교육이며 대안교육의 핵심이다. 그런데 대부분의 경우, 부모나 교사가 아이들에게 일방적으로 길을 제시하거나 명령하고 아이들이 그에 순종하기만을 바라왔다. 어른들이 아이들에게 하는 인사말에서조차 "부모님 말씀 잘 들어라"라고 하는 것이 그 한 예다. 그렇게 순종적인 인간을 우리는 '착한 아이'라 부른다. 학교에서는 그것이 '모범생'으로 불린다. 그렇게 아이들을 키워놓고 이제 와서 "아니, 네 꿈이 뭔지도 모르다니, 바보 아니니?"라고 면박을 주는 것은 어른들의 무책임성, 사회의 무책임성만 드러낼 뿐이다.

그러니 이제부터라도 아이를 어린 시절부터 '작은 어른'이라 생각하며 하나의 인격체로 존중하고 다소 기우뚱하더라도 대등한 입장에서 열린 대화를 나눌 수 있어야 한다. 꾸준히 10년이고 20년이고 그렇게 해야 아이가 진정 자신이 좋아하는 것을 찾게 되고 그것에 초점을 맞추어 진로 문제나 취업 문제도 정하게 된다. 바로 이 과정에서 부모는 아이 인생의 동반자 내지 후원자 정도로만 머물면 된다. 부모가 아이 인생에 대해 명령자로 군림하거나 통제자가 되어 일거수일투족을 일일이 간섭하려 하면 안 된다. 그렇게 되면 아이와 부모 모두 인생이 고달파지고 스트레스만 충만하게 된다. 최근

들어 사춘기의 아이들이 심지어 엄마를 "미친년"이라 표현하고 '안티 엄마 카페'까지 만들며 아빠를 "돈 버는 것밖에 모르는 찌질이"라고 말하거나, 나아가 1년에 300명 내외의 10대 청소년이 자살하는 것도 모두 이런 배경과 연관되어 있다.

최초의 대안학교인 '서머힐 학교'를 세운 A. S. 닐은 이렇게 말한다. "나는 교사로 분류되기를 단호히 거부한다. …… 나는 스스로를, 진정으로 인간성을 신뢰하는 사람으로 규정한다."

그렇다. 부모도 아이를 낳았기 때문에 아이의 소유주가 되어선 안 된다. 노동자가 기업주의 소유물이 아니듯이, 아이는 부모의 소유물이 아니다. 아이도 자기 삶의 주체, 곧 독자적 인격체다. 어떤 면에서 아이는, 설사 부모가 낳았지만, 그 자체로 '우주의 선물'이다. 절대로 함부로 해선 안 되는 존재라는 말이다. 부모나 교사, 곧 어른들이 모두 아이의 인간성을 진정으로 신뢰해야 한다. 아니, 자녀의 인간성을 진정으로 신뢰하지 않는 이는 부모의 자격이 없다고 해야 옳다. 그래서 다시 한 번 말한다. "아이의 인생은 아이의 것, 부모의 인생은 부모의 것이다!" 이런 인식이 확실히 서고 일관되게 실천이 이뤄질 때, 비로소 아이는 아이대로 부모는 부모대로, 모두 행복하게 살 수 있다. 현실적으로 쉽지는 않지만, 바로 이것이 참된 인생이 아닐까?

강수돌 교수의
더불어 교육혁명

❦ '옆집 아줌마'의 사회 인식
─학부모의 불안감, 무엇이 문제인가? 5

"오늘 교수님 강의에 저도 전적으로 공감하는데요, 또 지금 우리 아이도 그렇게 키우고 있어요. 그런데, 나중에 이 아이도 사회에 나가서 살아야 하잖아요? 지금은 경쟁을 생각하지 않고 자기 좋을 대로 잘 키운다고 하지만, 나중에 이 아이가 치열한 경쟁사회에 나가 잘 이겨낼 수 있을까요? 혹시라도 적응을 잘 못해서 '루저'가 될까 봐 겁이 나거든요."

그렇다. 이제 우리의 옆집 아줌마는 이제 우리 모두의 마음속으로, 우리 모두의 '사회적 DNA' 안으로 깃들고 말았다. 아니, 그동안 많은 분들이 이미 고백했듯, "바로 제가 그 옆집 아줌마나 다름없어요." 이게 현실일지 모른다. 차라리 이런 고백을 하시는 분들은 변화의 가능성이 높고 참된 행복을 찾아가기 쉽다. 문제는 여전히 아이가 이 사회에 나와서 '루저'로 살아갈까 봐 두려워하는 사람들이 더 많다는 점이다.

그래서 이 부분 역시 하나씩 따져보고자 한다.

첫째, 지금은 행복하게 자라게 하고 있지만 나중에 치열한 경쟁

사회에 나와 '루저'가 될까 봐 겁이 난다는 분들이 많다. 하지만, 아이가 지금 이 순간을 행복하게 살아나간다면 분명 이 험난한 '팔꿈치사회'조차 이겨낼 힘을 기르리라고 믿는다. 지금까지의 대안교육이나 혁신교육 경험이 이를 증명해준다. 곧, 아이들이 시험 위주의 경쟁교육을 받지 않는다고 해서 치열한 경쟁사회에서 도태된다는 법칙도 없고, 거꾸로, 지금처럼 아이들이 자신의 경쟁력을 높이기 위해 학력 경쟁을 치열하게 한다고 해서 경쟁사회의 승자가 되어 별 어려움 없이 잘 사는 것도 아니다. 바로 이 부분이 대부분의 부모가 착각하게 되는 대목이다. 왜냐하면, 치열한 점수 경쟁을 10년 이상 하는 가운데 아이들의 마음속엔 씻기 어려운 상처가 새겨지기 때문이다. 대개는 이를 보지 못하기 때문에 겉만 보고 판단한다. 특히 성공하고 출세한 극소수의 사람이 보여주는 겉모습만 보고 '부러움'에 치를 떤다. 오히려 나는 우리의 옛 어르신들처럼 비록 가난할지라도 그 속에서 스스로 어려움을 극복해내기를 몸으로 배운 사람들, 작은 문제라도 자기 힘으로 하나씩 해결해낸 사람들이 치열한 경쟁사회 속에서도 흔들림 없이 자기 줏대와 인간의 도리를 잃지 않고 바르게 살아갈 것이라 본다.

둘째, 바로 이 지점에서 우리가 걱정하는 '루저'의 문제, 곧 탈락과 배제의 공포를 직접 따져보자. 생각건대, 이 세상 사람들을 '무한경쟁' 시켜 놓고 승자(위너)와 패자(루저)로 갈라 치는 냉정한 게임, 바로 이것이야말로 우리가 없애야 할 게임이다. 왜 우리가 서로 도우면서 살지 못하고 서로를 경쟁 상대(라이벌)로 바라보며 살아야 한단 말인가? 너무나 부당한 게임이다. 그래서 누군가 게임을 시켜

놓고 "승자가 될래, 아니면 패자가 될래?"라고 묻는다면, 우리는 "승자도 패자도 원하지 않는다, 그 게임 자체를 하지 않으련다"라고 말하는 것이 책임성 있는 답이다.

셋째, 나아가 어릴 적부터 행복하게 자라나는 아이들, 어릴 적부터 '조건 없는 사랑'을 듬뿍 받고 자라난 아이들이야말로, 자존감과 겸손함을 겸비한 인격체로 성장할 것이며, 그 가운데 자신이 원하는 진정한 꿈을 찾아 실력자, 곧 철학 있는 전문가가 될 가능성이 높다. 바로 이런 사람들은 자신의 행복만이 아니라 사회의 행복을 위해 살려는 의지와 능력이 있기에, 우리의 옆집 아줌마들, 아니 바로 우리 자신이 그렇게도 두려워하는 치열한 경쟁사회조차 무비판적 적응의 대상으로 보는 게 아니라 비판적 극복의 대상으로 바라볼 것이다. 한마디로, 제대로 성장한 아이들은 경쟁사회의 '루저'가 되는 것이 아니라 경쟁사회를 협동사회로 바꾸어내는 '혁명가'가 될 것이다. 바로 이런 적극적 전망과 믿음을 우리 아이들과 함께 나눌 수 있을 때, 아이들은 삶에 대한 자신감으로 당당하게 살아갈 게 아닌가?

넷째, 여기에 또 따라 붙는 질문이 있을 수 있다. "그렇게 살면 참 좋긴 한데, 우리 아이만 그렇게 살면 손해가 아닐까요?"

그렇다. 또다시 두려움은 부활한다. 그러나 이것이 잘못된 일은 아니다. 어쩌면 우리는 평생 이런 두려움과 싸워야 할지 모른다. 실패의 두려움, 탈락의 두려움, 배제의 두려움……, 끊임없이 우리를 괴롭히는 두려움들……. 그래서 우리는 '나부터' 출발하되, '나 홀로'가 아니라 '더불어' 다른 방식의 삶을 살아야 하는 것이다. "나 혼자 꿈꾸면 꿈으로 남지만, 여럿이 함께 꿈꾸면 현실이 된다"는 말이 있지 않던가. 이를 연장하면, "오늘만 꿈꾸면 꿈으로 남지만, 매일 꿈꾸면 현실이 된다."

종합하면 이렇다.

"나 혼자 오늘만 꿈꾸면 꿈으로 남지만, 여럿이 함께 매일 꿈꾸면 현실이 된다."

이것이 경쟁사회, 과로사회, 팔꿈치사회 너머에 다가올 협동사회요, 연대사회요, 행복사회 아닐까?

요컨대, 우리는 사태의 본질을 이렇게 정리할 수 있겠다. 우리 코앞의 경쟁사회는 분명 현실이다. 그러나 이것은 결코 개인적 현실이 아니라 사회적 현실이다. 온 사회가 그렇게 만들어간다는 점에서도 그러하고, 모든 사람들이 그에 직접적 영향을 받는다는 점에서도 그러하며, 나아가 대부분의 사회 구성원들이 직 · 간접적으로 동참하기 때문에 그것이 지속된다는 점에서도 그러하다. 그런데 우리가 부단히 '탈락의 두려움'에 떨게 되는 것은, 우리가 직면한 경쟁의 문제가 분명 사회적 문제임에도 불구하고 우리가 대응하는 방식은 개별적이기 때문이다. 그렇다. 사회적 차원의 문제를 개인적 차원으로 해소하려 하니, 해결점은 보이지 않고 끊임없이 두려움과 불안에 떨게 되는 것이다. 그렇다면 바람직한 대응책도 당연히 사회적인 차원에서 토론되고 구상되며 실천되어야 한다. 그것이 바로, 사회적 소통과 연대의 강화이며, 대안적 미래상은, 더 이상 경쟁사회, 과로사회, 팔꿈치사회가 아니라 그 너머의 협동사회, 연대사회, 행복사회일 것이다. 이러한 사회적 인식과 실천으로 가기 위해서라도 우리는 입시 경쟁, 점수 경쟁, 성과 경쟁의 프레임 안에서는 극소수의 승자도 대다수의 패자도 결코 진정으로 행복한 삶을 영위할 수 없음을 진심으로 깊이 인정해야 한다. 학교나 사회가 강제하는 경쟁의 본질을 이렇게 통찰할 수 있을 때 비로소 우리는 제대로 된 삶의 길을 찾을 수 있다.

제2부

인생의 내비게이션

— 어떻게 살아야 행복할까

🦋 인생을 보는 눈, 아이를 보는 눈

어떤 아프리카 탐험가가 현지 원주민들에게 짐도 운반하고 길도 안내해줄 것을 부탁했다. 세 명의 일꾼들은 꼬박 사흘간 쉬지도 않고 걸었다. 그렇게 정신없이 목적지로 가는데 갑자기 일꾼들이 털썩 주저앉더니 더 이상 갈 생각을 하지 않았다. 처음엔 조금 쉬었다 가지, 하며 기다리던 탐험가는 안달이 났다. 이에 탐험가는 원주민들을 달래기도 하고 윽박지르기도 했다. 하지만 짐꾼들은 여전히 꼼짝도 안 했다. 참다못해 그 탐험가가 한 짐꾼에게 어렵사리 말을 걸었다.

"제발 말 좀 해보시오."

짐꾼이 조용히 답했다.

"우리는 사흘 동안 쉬지도 않고 너무 빨리 여기까지 왔소. 우리의 영혼이 따라올 시간조차 없을 정도로 너무 빨리 왔단 말이오. 이제 내 영혼이 따라올 시간이 필요하오."

'무소유'를 실천하고 떠나신 법정 스님의, '지금이 아니라면 언제 행복하리?'란 법문에 나오는 이야기다. 그렇다. 우리는 마치 100미터 달리기를 하듯, 앞만 보고 정신없이 달린다. 일단 목표가 정해지면 그것이 무슨 의미가 있는지도 채 묻기 전에 무조건 서두른다.

그러나 인생은 결코 속도전이 아니다. 출세를 위한 경쟁도 원래적 의미의 인생은 아니다. 평균 80년 사는 인생, 어떤 방향으로 사는가, 어떤 내용으로 사는가가 핵심이다. 요컨대, 인생은 속도나 높이가 아니라 방향과 내용이요, 결과와 비교가 아니라 과정과 느낌이다.

도대체 우리네 인생의 궁극적 목적은 무엇인가? 누가 뭐래도 그 것은 '행복'이다. 우리는 행복하게 살기 위해 공부도 하고 일도 한다. 행복에 도움이 되지 않는 공부나 일은 잘못된 것이다. 돈도 그렇다. 행복하게 살기 위해 돈을 버는 것이지, 돈 벌기 위해 사는 건 아니다. 돈의 관점은 속도와 효율을 중시한다. 그러나 삶의 관점은 기다림의 시간, 숙성의 시간과 느낌을 중시한다. 물론, 세상이 불행한데, 나만 행복한 것은 진정한 행복이 아니다. 따라서 '더불어 행복'하게 사는 것이 모든 이의 인생 목적이다. 이것이 인생을 보는 가장 기본적인 눈이다.

다음으로 우리는 우리 인생의 한계를 보아야 한다. 시간적 차원과 공간적 차원, 그리고 관계적 차원이다. 시간적 차원에서 우리는 평균 80년을 산다. 앞으로 100년을 산다지만 그것조차 '끝'이 있다는 말이다. 끝이 있기에 슬프긴 하지만, 오히려 그렇기에 우리는 주어진 시간 동안 그 한계 안에서 '잘' 살 필요를 느낀다. 알차고 보람 있고 행복하게 살 필요 말이다. 재미있으면서도 의미 있게 사는 인생엔 길이와 무관하게 후회가 없을 것이다.

공간적 차원에서 우리네 인생은 지구를 떠나 살 수 없다. 극소수의 부자들이야 지구에 위기가 생기면 우주선이라도 타고 도망을 갈 수 있다지만 과연 그들조차 어디로 도망을 갈 수 있을까? 여태껏 과

강수돌 교수의
더불어 교육혁명

학기술의 발달로 달나라 탐사나 화성 탐사까지 했지만, 지구처럼 사람이 살 만한 곳이 못 된다는 점이 밝혀졌다. 그렇다면 우리는 미우나 고우나 지구 안에서 살아야 한다. 그런데 지금 지구는 자원 고갈, 핵 위험, 기후 변화, 온실 가스, 수질 오염, 물 부족, 식량 위기, 에너지 위기 등으로 몸살을 앓고 있다. 우리가 사는 이 지구가 더 이상 자기 회복력을 상실하고 완전히 망가지면 일회용 컵처럼 버리고 새 걸로 바꿀 수도 없지 않은가?

바로 여기서 우리는 중요한 통찰 하나를 얻는다. 그것은 지구 입장에서 볼 때, 지구는 사람이 없어도 살아갈 수 있지만, 사람은 지구가 없다면 살아나갈 수가 없다는 점이다. 이것은 마치, 사람은 자본이 없어도 살 수 있지만, 자본은 사람 없이는 살아나갈 수가 없다는 이치와 같다. 정리하면, 지구 나고 사람 났지 사람 나고 지구 난 것은 아니다. 또, 사람 나고 돈 났지 돈 나고 사람 난 것은 아니다. 지구, 사람, 돈(자본)의 순으로 우선순위가 매겨지는 것이 순리다. 그런데 우리는 거꾸로 살고 있다. 돈(자본), 사람, 지구 순으로 강자 행세를 하며 살기 때문이다. 독일 속담에 "자기가 걸터앉은 나뭇가지 자르기"라는 말이 있다. 기업이나 사람은 지구 없으면 살아갈 수가 없다. 그렇다면 기업이나 사람의 입장에서는 지구가 '걸터앉은 나무' 역할을 하는 셈이다. 그런데도 기업이나 사람이 합세하여 지구를 망가뜨리고 있지 않은가? 자기 죽을 줄도 모르고 '제 무덤'을 파는 꼴이다. 물론 아직까지는 지구가 완전 파국으로 치닫지는 않았다. 하지만 우리 몸의 자기치유력과 마찬가지로, 지구의 자기회복력에도 한계가 있다. 이 모든 점은 우리네 인생이 가진 공간적 한계를 확실히 밝혀준다.

다음으로, 관계적 차원을 보자. 사실, 이것은 인생의 한계라는 측면과 더불어 인생의 본질적 특성을 말해준다. 우리 인생의 출발점이 엄마와 아빠의 사랑에서 비롯되듯이, 또, 갓 태어난 아기가 어른들의 사랑이 없이는 생존이 어렵듯이, 우리네 인생은 사랑의 관계가 핵심이다. 또 출산과 육아가 장난이 아니듯 매우 힘든 과정임에도 불구하고 부모들은 아이를 잘도 키워낸다. 그것은 한편으로, 이웃이나 주변 어른들이 그 육아 과정에 직·간접의 도움을 주기 때문이며, 다른 편으로, 육아 과정 자체가 힘들기도 하지만 매 순간 기쁨을 주기도 하기 때문이다. 생각해보라. 아이 젖 주기, 기저귀 갈아주기, 새 옷 갈아입히고 빨래하기, 씻기기, 재우기, 울면 달래기, 아프면 병원에 달려가기……. 이런 식으로 육아 과정은 고역의 연속이다. 하지만 그런 가운데서도 아기가 한 번 방긋 웃어주기만 해도, 또 힘겹게 기어 다니던 아기가 아장아장 걷기만 해도 얼마나 기쁘던가? 그 순간 엄마 아빠는, 특히 엄마는 그간의 온갖 고생을 모두 잊는다. 아니, 그런 고생의 흔적이 모두 씻겨 내려간다. 그 순간만이라도 환희에 충만하다. 살아 있음에 감사하고 아기의 존재 자체에 희열을 느낀다. 이런 식으로 우리는 관계의 동물이다. 연인, 아기, 친구, 이웃, 어른, 동료, 심지어 자연 생태계 등 그 모든 타자와 인간적인 관계, 사랑의 관계, 우애의 관계, 환대의 관계, 호혜의 관계, 협동의 관계, 연대의 관계, 소통의 관계를 맺고 살면 우리는 매우 행복해질 것이다. 반면, 우리가 타자와 억압적인 관계, 증오의 관계, 몰인정한 관계, 냉소적 관계, 일방적 관계, 대립의 관계, 경쟁의

강수돌 교수의
더불어 교육혁명

관계, 불통의 관계에 놓인다면 우리 삶은 매우 불행해질 것이다. 인생은 바로 그런 것이다.

요컨대, 우리네 인생은 행복한 삶을 목적으로 삼고 있으면서도 약 80년 정도의 시간적 한계, 지구 안에서 살아야 하는 공간적 한계, 살아 있는 모든 존재와 공존해야 하는 관계적 한계 등을 갖고 있다. 이것을 부정할 이는 아무도 없다. 그렇다면, 우리는 80년 정도의 한계 안에서, 또 지구라는 공간 안에서, 더불어 행복한 삶을 위해 최선을 다해 살 필요가 있다. 그러기 위해서 가정도 꾸리고 공부도 하고 일도 하며 다른 이들과 다양한 관계도 맺는다. 인생의 마무리 시점에 제아무리 '내 인생을 잘못 산 것 같으니, 다시 한 번 살게 해주세요'라며 빌어보아야 아무 소용없다. '지금 여기서' 제대로 살아야 한다.

한편, 앞에서도 말했지만, 아이를 보는 눈도 바로잡아야 한다. 대개는 아이를 부모의 소유물로 본다. 그러나 이 시각은 부모와 아이를 모두 옥죈다. 그래서 나는 아이를 '우주의 선물'로 보는 것이 옳다고 본다. 비록 아이는 부모가 낳았지만, 그렇다고 함부로 할 수 있는 소유물이 아니라 하늘과 땅과 사람의 기운이 모두 모여 탄생한, '우주적 존재'라 보는 것이 훨씬 인간적이다. 이 입장은 '모든 생명체는 숭고하다'라는 생각에 바탕을 둔다. 아이는 아이 나름의 인생을 살아갈 권리를 가진 독립적 인격체다. 부모는 아이가 명실상부 독립할 준비를 갖출 때까지 힘껏 도와주는 역할만 하면 된다. 나는 이런 입장을 『나부터 교육혁명』에서 '책임성 있는 방목'이란 말로 표현한 바 있다. 아이가 자유롭게 뛰놀며 잘 자라도록 은근히 지켜보되, 혹시 무슨 도움을 요구하거나 힘들어 도무지 걸어가지 못한다면 필요한 도움을 주거나 곁에서 부축하고 격려하는 방식이 '책임성 있는 방목'이요, 부모로서의 '자기 몫'을 다하는 일이다.

이제, 인생을 보는 눈과 아이를 보는 눈을 종합하면 이렇다. 부모도 80년을 살아야 하고 아이도 80년을 살아야 한다면, 각자 행복하고 멋진 인생을 살기 위해 최선을 다해야 한다. 곧, 각자 나름의 꿈을 찾아 실력을 쌓고 사회 헌신을 하며 살면 멋진 인생, 일류 인생, 행복한 삶을 살 수 있다. 그런데 부모와 자녀가 동시에 출발해서 동시에 마감할 순 없지 않은가? 그렇다면 부모들은 자녀가 독립할 때까지 최선을 다해 잘 도와주는 정도로 일정한 경계선을 그을 필요가 있다. 또 이 말은, 혹시 부모가 돌아가시고 없더라도 자녀들이 자주적이고 독립적으로 잘 살아갈 수 있는 역량을 미리 길러주어야 한다는 말이기도 하다. 이런 면에서 부모는 아이가 학교 공부하는 것만이 아니라 사람 살아가는 이치나 지혜를 잘 가르쳐야 한다.(부모 스스로 부족하다고 느끼면 차곡차곡 노력해서 새롭게 배워야 한다.) 게다가 부모의 사회 경험을 바탕으로 세상을 보다 행복하게 만들기 위해 우리 모두가 무엇을 해야 할지 대승적 차원에서 잘 가르칠 필요가 있다. 아니, 가르치기보다는 친밀하고도 개방적인 대화 속에서 세상의 이치를 같이 깨우쳐나가야 한다. 이런 식으로 부모는 부모대로, 아이는 아이대로, 자신의 꿈을 실현하기 위해 실력을 차곡차곡 쌓아 마침내 자기도 행복하고 사회 행복에도 기여하는 방식으로 삶을 살아나간다면 모두의 인생이 일류 인생이 될 것이고 행복한 삶이 될 것이다.

🌿 삶의 결, 죽음의 결

장면 1

"주인 아주머니께…… 죄송합니다. 마지막 집세와 공과금입니다. 정말 죄송합니다."

2014년 2월 26일 밤에 발견된 서울 송파구 반지하집 세 모녀의 유서다. 삶의 마지막 순간조차 그들은 "미안하다"고 했다. 어머니 박씨(61)와 큰딸 김 씨(36), 작은딸(33)이 생활고를 이겨내지 못하고 번개탄을 피운 채 작은 고양이와 함께 목숨을 끊었다. 하얀 봉투엔 5만 원짜리 14장, 모두 70만 원이 들어 있었다. 마지막 집세는 50만 원, 나머지는 가스, 전기, 수도세였다.

이러한 장면들은 2015년에도 계속된다. 1월 24일에는 대구에서 아르바이트로 생계를 꾸리던 20대 여성이 지적장애 1급인 언니를 보살피는 고달픈 삶을 견디다 못해 스스로 목숨을 끊었다. 또, 2월 4일에는 부산 사상구에서 택시 운전을 하던 60대 남성이 숨진 지 이틀 만에 발견되기도 했다. 모두 극심한 빈곤 탓이다.

"박근혜 정부는 총칼 없이 이룬 자유민주주의를 말하며 자유민주주의를 전복한 쿠데타 정부입니다. …… 모든 두려움을 불태우겠습니다. 두려움은 제가 가져가겠습니다. 일어나십시오."

2013년 12월 31일 오후 5시 27분, 이남종 씨(41)는 전라도 광주에서 몰고 온 은색 스타렉스 렌터카를 서울역 고가도로 위에 세우고 이런 유서를 써놓은 채 몸에 휘발유를 붓고 불을 붙였다. 그리고 다음 날 숨을 거두었다.

'싱글맘(홀로 아이를 키우는 여성)'으로 알려진 박은지(35) 노동당 부대표가 세계 여성의 날인 2014년 3월 8일 새벽에 숨진 채 발견됐다.

초등 2학년 아들(9세)을 남겨둔 상태에서 자살한 것이다. 언론 보도에 따르면 박 씨는 평소에 우울증을 앓았다고 한다. 교사 출신인 박 씨는 학생 시절, 서울지역 사범대학학생회협의회 의장과 전국학생연대회의 집행위원장을 지냈다. 2008년에 정계에 입문, 진보신당과 노동당 대변인을 거쳐 노동당 부대표를 지냈다.

사람들이 죽어간다. 생활고 때문에 죽고 분노해서 죽고 우울해서 죽는다. 여기에 적어본 세 가지 장면은 단지 상징적인 사례들일 뿐이다. 세 모녀 가족처럼 생활고로 인한 자살은 그 전에도, 그 후로도 계속된다. 앞으로 더 많이 생길까 두렵다. 두 번째 사례의 분노한 이 씨가 분신하고 삶을 마감한 뒤 49재가 열리던 날 바로 그 자리에서 또 다른 분신이 있었다. 시민단체 활동가 김창건 씨였다. 그는 "이명박을 구속하고 박근혜는 퇴진하라"는 현수막 3장을 내걸기도 했다. 세 번째 장면에 나오는 박 씨의 죽음에는 제대로 알려진 바가 없다. 단지 우울증이 원인이었을 것이라 추측할 뿐이다. 그렇다. 세상이 너무나 척박해 갖은 난관 무릅쓰며 진보정당 활동을 하나 현실은 요지부동이다. 우울증, 절망감, 무력감을 피하기가 어려웠을 것이다. 얼마나 힘들었으면 9살짜리 아이를 두고 떠났을까?

그렇다면, 여기 살아남은 우리들에게 이들의 죽음은 어떤 의미인가? 사람마다 다르겠지만 나에게 이들의 죽음은 슬픔과 두려움, 부끄러움을 동시에 남긴다.

슬픔. 부모님을 잃었을 때의 슬픔과는 결이 다르지만 이들의 죽음은 또 다른 슬픔 그 자체다. 세 모녀의 경우, 남편이자 아버지 박 씨가 12년 전에 방광암으로 숨지자 보증금 500만 원에 월세 38만 원인 그 집에 세를 들었다. 큰딸은 당뇨와 고혈압에 시달렸고, 작은딸은 편의점 알바 등 불안한 일자리를 떠돌았다. 큰딸은 돈이 없어 병원도 못 가고 약도 제대로 챙겨 먹지 못했다.

이남종 씨의 경우, 광주에서 서울까지 차를 몰로 오면서 무슨 생각을 했을까? 국정원 대선 개입이 확실하고 부정선거가 확실한데, 왜 세상은 아무렇지도 않은 듯 태연한가? 마치 1970년 11월, 청년 전태일이 자기 몸을 불살라 열악한 노동 현실에 온 사회의 눈을 뜨게 촉구한 것처럼 이 씨도 죽어가는 민주주의에 경종을 울리고자 했던 게 아닌가?

슬프기도 하고 두렵기도 하다. 분노도 치민다. 갈수록 죽어가는 민주주의가, 갈수록 무뎌지는 우리의 감성이 두렵고도 안타깝다. 자본과 권력의 탄압도 두렵지만 모순적 현실에 눈을 감고 귀를 닫는 사람들이 더욱 두렵다.

"아니오!" "이제 그만!"이라고 외쳐야 할 사람들이 입을 다물고 '고급 도둑놈들'이 던져주는 떡고물을 받아먹고자 팔꿈치로 옆 사람을 밀쳐내는 모습이 섬뜩하다.

그리고 부끄럽다. 살아남은 자의 부끄러움.

독일 시인 브레히트는 이런 시를 썼다.

"나는 운 좋게도 그 많은 친구들보다 오래 살아남았다. 그러나 지난 밤 꿈속에서 그 친구들이 나를 두고 말하는 소리를 들었다. '순응한 자는 살아남는다.' 갑자기 나는 내가 미워졌다."

살아남은 자의 슬픔이요, 부끄러움이다.

슬픔과 두려움, 그리고 부끄러움, 그러나 우리는 여기에 머물 수는 없다. 실컷 느껴보자. 그리고 천천히 또 일어서자. 나 홀로 일어나면 힘들지만, 여럿이 같이 일어나면 힘이 난다. 슬픔은 줄어들고 기쁨이 솟구치며 두려움이 줄어들고 용기가 샘솟는다. 부끄러움 대신에 당당함도 자라난다.

체코계 미국인 작가 안드레 블첵은 「시와 라틴아메리카 혁명」이라는 글에서 이렇게 말한다.

"만약 한 편의 좋은 시가 번쩍거리는 고급 자동차보다도 더 많은 찬미를 받을 수 있다면, 사람들은 도둑질을 멈추고 시를 쓰기 시작할 것이다."

그렇다. 가난해도 식·의·주 걱정 않고 살 수 있는 사회, 시가 있고 음악이 있으며 아이들의 깔깔거리는 웃음소리 가득한 저녁이 있는 삶, 부정부패와 거짓조작이 없는 나라, 생계 걱정 없이 시민운동이나 노동운동, 정치활동을 할 수 있는 사회, 풀뿌리 민초들이 뭔가를 외치면 조금이라도 변화가 있는 나라, 우리 당대보다 아이들이 살아갈 사회가 좀 더 행복할 것이라는 믿음, 궁핍과 불의와 절망에 내몰려 억울하게 죽기보다 사랑하는 이들과 따뜻한 인사를 나누며 행복하게 마무리하는 존엄한 죽음, 바로 이런 가치들을 위해 우리는 오늘도 내일도 함께 어깨를 걸고 나가야 한다. "뭉치면 살고 흩어지면 죽는다"는 말은 전쟁터만이 아니라 일상생활에서도 필요하다. 요즘은 일상이 곧 전쟁이니까.

🌿 인성과 실력이라는 '두 마리 토끼'

인문학 강의나 학부모 특강에서 내가 종종 묻는다.

"우리 자녀들, 모두 잘 키우고 싶죠?"

이 질문에 모두들 거침없이 "예~"라고 답한다. 그 말에 "그러면 어떻게 키우는 것이 잘 키우는 것일까요?"라고 되묻는다.

건강하게, 착하게, 친구도 잘 사귀고, 자기 할 일 잘하고, 그리고 공부도 잘했으면 좋겠다. 그렇다. 모두 잘하면 좋겠다. 모든 아이가 이 모두를 잘해내면 얼마나 좋을까?

우선, 건강부터 따져보자. 건강은 모든 삶의 기본이다. 우선은 육체가 건강해야겠지만, 정신 건강 또한 중요하다. 그런데 육체 건강만 보아도 우리가 전혀 다치지 않고 또 그 어떤 병에도 걸리지 않고 살아갈 수 있던가? 아마 그런 사람은 하나도 없을 것이다. 다치거나 아프지 않도록 예방을 하거나 기초 체력을 기르는 것이 중요하지만, 일단 다치거나 질병에 걸려도 어찌어찌 해서 웬만하면 다 낫는다. 특히 부모나 주변의 도움과 격려가 중요하다. 그리고 그런 아픔의 경험, 사고의 경험이 아이건 어른이건 우리를 더욱 성숙하게 한다. 그렇다. 그런 면에서 우리는 건강을 잃을까 벌벌 떨기보다는 최선

강수돌 교수의
더불어 교육혁명

을 다해 건강을 유지하도록 하되 다치거나 아프더라도 그 고통의 과정을 견디고 이겨내는 과정 속에서 삶의 깊이를 더 배울 수 있음을 자각할 필요가 있다.

이런 점에서 오히려 우려할 것은 정신 건강이다. 돈이나 권력에 목매지 않고 그저 내가 하고 싶은 일을 찾아 뭔가 멋지게 살아가는 것, 친구나 이웃들과 좋은 관계를 맺으며 재미있게 사는 것, 혹시 몸이 불편한 사람이 있더라도 '이상하게' 보기보다는 함께 살아야 하는 이웃으로 보는 것, 사회적 불의가 있을 때 이를 바로잡기 위해 함께 손잡고 나아가는 것, 바로 이런 정신 자세로 사는 것이 건강한 삶이다. 건강과 관련해 가장 웃기는 일이, 육체적 건강을 위해 해외여행까지 하면서 '몸에 좋다'고 하면 심지어 곰의 배를 갈라 웅담을 사먹고 돌아와 자랑까지 늘어놓는 것이다. 이런 경우는, 육체 건강을 추구하느라 정신 건강을 상실한 대표적 사례다.

다음으로, '착하다'는 건 뭘 말할까? 통상적으로 어떤 아이가 착하다고 할 때, 그것이 내포한 내용은, 어려운 친구를 잘 도와주는 것, 맡은 바 책임을 잘 수행하는 것, 성실한 것, 약속을 잘 지키는 것, 부모나 선생님 말씀에 순종하는 것 등을 들 수 있을 것 같다. 모두 좋은 일인데, 마지막 부분은 좀 걸린다. 대체로, 부모나 선생님 입장에서 아이들이 말을 잘 듣는 것은 '착하다'고 할 근거가 되지만, 객관적인 눈으로 보면 반드시 그런 것만은 아니다. 왜냐하면, 어른의 말에 순종하는 것이 착한 경우인 것은 그 어른의 말이 올바르다는 전제 아래서이다. 만약 어른의 말이 올바르지 않거나 바람직하지 않은 경우, 그 어른의 말에 순종해야 할까? 만약 '착한' 아이가 되기 위해 무조건 순종한다면 그것은 착한 것이 아니라 어리석은 것이 아닐까?

그리고 공부를 잘한다는 것, 이것도 매우 중요한 측면이긴 하다. 문제는, 그 내용이다. 대체로 (학)부모들이 염두에 두는 것은 시험 점수가 100점에 가깝거나 등수가 1등에 가까워지는 것이다. 그래야 어떤 아이가 공부를 진짜 잘한다고 한다. 이미 30, 40년 전의 내 경험이나 지금의 일반 학생의 경험에 의하면, 공부를 잘하여 좋은 성적을 거두기 위해서는 '암기력'이 좋아야 한다. 그렇다. 지금의 공부와 시험은 결국 '암기력 테스트'에 불과하다. 그리고 일단 시험만 치고 나면 모든 문제는 까먹는다. 까마득하게 잊어버리는 것이다. 어떤 면에서는 얼른 잊어버려야 그나마 좀 마음 편히 살 수 있는 건지도 모른다. 무슨 고상한 인생의 진리를 다루는 문제도 아니고 단지 '누가 더 잘 외우나?'를 테스트하는 문제라면 빨리 잊어버리는 게 상책일 것이다. 요컨대, 예나 지금이나 한국의 교육은 이런저런 비용은 엄청 들면서도 결국에는 암기력 테스트만 하고 있으니, 한마디로, '값비싼 코미디'를 하고 있는 셈이다.

그렇다면 과연 원래적 의미로, 공부란 무엇인가? '공부'의 의미에 대한 탐구를 많이 해온 고미숙 선생은 공부란 것이 "존재와 세계에 대한 비전 탐구"이자 "눈앞의 실리를 떠나 이전과는 아주 다른 존재가 되는 것", "몸을 단련하고, 인생을 바꾸는 것", 나아가 "자유에의 도정"이라 한다.[*] 일본의 선불교에서도 공부가 "머리로 생각하기보다는 온몸으로 생각하는 방식"을 뜻한다고 한다.[**] 또, 김영민 선생은 공부를 "돌이킬 수 없는 변화"라고 정의한다.[*] 고병헌 선생은 앞의 모든 공부론을 검토한 뒤에, "집어넣는 학습(learning)과 빼내는 학습(unlearning)의 반복적, 나선적 과정"이라 정의한다.** 나는 공부를 '삶에 대한 배움의 과정'이라 정의한다. 삶에 대한 배움, 그것은 도대체 무엇일까? 크게 세 가지다.

하나는 정보와 지식이다. 일례로, 우리 몸에 대한 정보와 지식은 몸의 건강이나 인간관계의 건강을 증진하는 데 큰 도움을 준다. 일례로, 한 페친은 발에 잘 생기는 무좀에 대하여 이렇게 썼다.

"무좀 때문에 고생하십니까? 미생물은 항생물질의 공격을 받으면 처음에는 철저히 섬멸됩니다. 그러나 금세 스스로 유전자를 바꿔 항생물질에 대한 내성을 획득합니다. 바르면 바를수록 그들은 저항력을 높여 강한 슈퍼 무좀균으로 변신합니다. 무좀 치료액은 아무리 부지런히 발라도 바르면 바를수록 완치에서 멀어집니다. 방법은 약에서 벗어나는 것입니다."

아마도 무슨 책에서 읽은 지식을 널리 정보로서 알려준 것일 게다. 그리곤 이런 경험도 덧붙였다.

"제 경험으로 말씀드리면, 저는 군대에 갔다가 몇 년 전까지 무좀 때문에 고생했습니다. 온갖 약을 다 발랐지요. 그래도 낫지 않았는데 지인이 습관을 바꾸라는 말을 듣고 발을 씻은 후 물기를 정말 깨끗이 닦기 시작하고부터는 거짓말처럼 나았답니다."

■ 고미숙, 「공부의 달인, 호모 쿵푸스」(그린비, 2007).
■■ 정화열, 「몸의 정치」(민음사, 1999).
● 김영민, 「공부론」(샘터, 2010).
●● 고병헌, 「책 읽기와 삶 읽기」, 순천시립도서관, 제10기 도서관학교 강의자료집, 2014. 6.

이렇게 정보와 지식은 잘 모르던 사실이나 내용을 알게 해줌으로써 우리 삶을 증진 또는 고양시킨다.

둘째는 기술과 기능이다. 수영하는 기술, 물에 빠진 사람을 건지는 기술, 자전거 타는 기술, 된장이나 고추장 만드는 기술, 컴퓨터를 다룰 줄 아는 기능, 프레젠테이션을 할 줄 아는 것, 비폭력대화(NVC)를 잘 하는 것, 자기 필요에 맞는 소가구를 제작하는 능력, 퇴비를 만드는 것, 텃밭을 일구어 야채를 자급자족하는 것 등이 모두 기술이나 기능의 영역이다. 이것은 무엇이건 실제로 할 줄 아는 능력에 해당한다. 어떤 면에서는 지식이나 정보를 통해 획득한 내용을 실제 삶의 과정에 적용하는 능력을 기술이나 기능이라 할 수 있다.

셋째는, 지혜와 통찰의 측면이다. 이것은 앞서 말한 지식이나 정보, 기술이나 기능이 과연 인간 삶에 어떤 영향을 미칠 것인가를 분별하는 능력, 동일한 기술이나 지식이라도 어떤 방식으로 사용해야 삶의 질을 개선하고 사회 진보에 이바지할 수 있을지를 판단하는 능력, 무엇이 역사 발전이나 사회 발전에 도움이 되는지 간파하는 실력 등이다. 아무리 지식이 뛰어나고 기술 수준이 뛰어나더라도 이러한 지혜와 통찰이 빠진 경우엔 앞서 말한 '백치 전문가'가 되기 쉽다. 반면, 지혜와 통찰까지 지닌 지식인 또는 기술자는 '철학 있는 전문가'가 될 수 있다. 오늘날 한국 사회에서 사는 일이 그리 즐겁지 않고 신바람이 나지 않는 것도, 사실은 온 나라가 '백치 전문가'의 지배를 받는 반면 '철학 있는 전문가'들이 별 힘을 쓰지 못하기 때문이다.

이런 맥락에서 공부를 한다는 것이란, 지식과 정보, 기술과 기능,

지혜와 통찰 등 세 측면을 균형 있게 배우는 것이 아닐까 한다. 특히 대학생의 공부에서는 이 세 측면이 대체로 높은 수준까지 발달할 수 있어야 한다. 그런데 오늘날 대학은 지식과 정보, 기술과 기능의 면에서는 어느 정도 높은 수준을 유지하나, 지혜와 통찰의 측면에서는 거의 점수가 '꽝'이다. 그 정도로 오로지 '돈' 되는 것만 좇아가는 경우가 훨씬 많다. 지금부터라도 지혜와 통찰의 측면에서 제대로 된 공부를 많이 해야 한다. 대학만이 아니라 온 사회가 그래야 한다.

이제, 원래의 화두로 돌아가자. 우리가 자녀 교육을 잘 시키고 싶다, 잘 키우고 싶다고 할 때, 대개 부모들은 자녀들이 몸 건강하고 마음씨 착하며 공부를 잘 하면 좋겠다고 한다. 건강 문제는 가장 중요하면서도 가장 기본적인 것이니 일단 제쳐두자. 그러면 착한 마음씨와 공부 잘하는 머리, 곧, 인성과 실력이라는 '두 마리 토끼'가 남는다. 원래 토끼는 무척 빨라 사람이 함부로 잡질 못한다. 그것도 두 마리나 동시에 잡을 수 있느냐 하면, 대부분은 잡지 못한다고 대답한다. 그러나 개념을 바꾸고 시각을 바꾸면 가능할 수 있다.

곧, 인성과 실력을 동시에 추구하고 실현하면 좋긴 하겠지만, 그게 어렵다면 이렇게 해보자. 그것은, 일차적으로 인성의 자유로운 발달에 비중을 두면서 부모나 교사가 꾸준히 아이를 '조건 없는 사랑'으로 지지하고 지원한다면, 마침내 아이는 자신이 가고자 하는 목표를 정할 것이고 그를 향해 열심히 실력을 쌓아 나갈 것이다. 바로 이때 부모나 교사는 그 방면에서 좋은 선생님을 찾는 데 도움을 줄 수 있다. 인성의 자유로운 발달은 아이로 하여금 내재적 동기를 갖게 한다. 곧, 아이가 무슨 일을 하거나 공부를 할 때, 압박이나 눈치 때문에 하는 것이 아니라 자신의 흥미, 관심사, 의미, 책임감 등, 자기 마음에서 우러나오는 어떤 에너지에 의해 움직이는 것이다. 이것이 (돈이나 상벌, 상품, 승진 등 사람 '외부'의 요인인 외재적 동기가 아니라) 곧 내재적 동기이다. 내재적 동기가 충만한 사람은 주변에서 아무리 뜯어 말려도 열심히 공부한다. 그렇게 되면 실력이 쑥쑥 올라가는 것은 당연한 이치다.

그러면 인성의 자유로운 발달은 어떻게 시킬 것인가? 이것을 위해선 어릴 적부터 아이의 습관 형성도 중요하고, 부모의 모범적 행동도 중요하나, 더 중요한 것은 아이에 대한 '조건 없는 사랑'이다.

두 가지 차원이다. 우선, 개인적 차원에서는 아이의 표정이나 행동 하나도 예사로 보아 넘겨서는 안 되며, 혹시라도 뭔가 소통이 필요할 때는 가능한 한 '경청'하는 자세, 아이의 입장에서 헤아리는 태도, '누가 뭐래도 부모는 네 편'이라는 무한 지지의 메시지, 아이가 도움을 요청할 때는 두말 않고 도와주기 등이 그 구체적 내용이다. 이렇게 인성 발달이 잘 되면 실력 쌓는 것은 아이 몫으로 남겨두면 그만이다. 단지 필요한 것은 세월, 곧 일정한 시간의 흐름이며, 아이가 특정한 도움을 필요로 할 때 지원하면 된다.

다음으로, 사회적 차원에서는 우리가 아이들에게 '조건 없는 사랑'을 베풀 수 있는 각종 불안 요인과 두려움의 요인들을 없애나가야 한다. 일례로, 시험의 공포를 줄이기 위해 시험 성적에 따라 차별을 강화하는 각종 제도를 축소하고 시험의 횟수도 줄여야 한다.

강수돌 교수의
더불어 교육혁명

특히, 시험을 보더라도 양적인 평가보다 질적인 평가를 우선해야 하고, 또래 집단 사이에 경쟁과 분열을 조장하는 석차 내기(상대평가)를 그만두어야 한다. 좀 더 길게 보면, 아이들의 소질이나 적성, 꿈에 따라 다양한 배움이 가능하도록 개성 있는 중고교를 만들고(일례로, 디자인 학교, 무용 학교, 빵 학교, 시인 학교, 소설 학교 등), 대학 역시 그런 꿈의 연장선에서 진학을 하도록 권장하고, 특히 졸업 후 자기가 하고 싶은 직업 분야에 종사하게 될 경우, 별다른 차별을 받지 않고 비교적 평등한 대우를 받게 한다면 사람들이 가진 불안과 두려움은 사라질 것이다.

🌿 내 꿈의 발견
— "산 입에 거미줄 치랴?"

1980년 1월이었다. 당시 S대 본고사를 보고 나서 "장학생이 될지도 모른다"고 장담하던 나는 보기 좋게 낙방하고 말았다. 하늘이 무너지는 기분이었다. 초중고 통틀어 12년 동안 열심히 공부한 것이 '말짱 도루묵'이 되는 순간이었다. 사실, 나는 집안 형편이 어려워 중학교 시절부터 거의 장학금으로 공부를 해왔고, 고등학교부터는 학원장학회의 장학생으로 공부를 계속할 수 있었다. 그 장학금이 없었다면 인문계 고교 진학을 꿈도 꾸지 못했을 것이다.

실제로, 나는 중학 시절에 상고를 목표로 주산학원을 다니면서 주산과 전표 계산법을 배우기도 했다. 또 중3 시절엔 (박정희 정부가 기술 인력 양성을 위해 국책 사업으로 세운) '금오공고'에 국비장학생으로 선발될 수 있을지 알아보기도 했었다.

그러던 내가 중3 막바지에 '학원(學園)장학회'에서 장학생을 선발한다는 소식을 듣고 지원했고, 정말 천운으로 합격을 했다. 그리하여 고교 시절 3년 내내 나는 학원장학회의 후원으로 별로 돈 걱정 없이 공부를 할 수 있었다. 학원장학회가 더욱 위대한 것은 고교만이 아니라 대학 4년 내내 장학금을 보장하는 일이었다. 그랬던 내가 이제 대학 입시에 낙방하고 말았으니, 눈앞이 캄캄했다.

그때 '학원장학회'의 사무국에서 일을 보시던 신혜자 선배님께 연락했더니, 일단 상황은 잘 알았고 길이 생길지 모르니 걱정 말고 기다려보라고 하셨다. 그 말씀만 들어도 너무나 고마워 눈물이 났다. 그리고 좀 지나 신 선배님으로부터 연락이 왔다. 장학회 선배님 중에 "걱정 말고 우리 집에 와서 다시 한 번 도전하라"는 분이 계시다며 흔쾌히 연결해주셨다. 그분이 바로 학원장학회의 박원선 선배님이다.

원래 학원장학회는 고 김익달 선사께서 한국전쟁 중의 척박한 상황에서 『농민』, 『학원』 등의 잡지와 백과사전을 발간하는 사업을 하시며 형편이 어려운 학생을 돕고자 세운 법인이다. "사람을 기르는 것이 희망이다"란 신념으로 한평생 사신 분이다. 벌써 60년이 흘렀고 약 1000명 가까운 장학생이 배출되었다. 영화 〈남영동 1985〉의 주인공 고 김근태 장관도, 충북대 철학과 교수직을 버리고 변산 공동체의 농부로 살기도 하고 보리출판사에서 좋은 어린이 책을 만들기도 하는 윤구병 선생도 이 장학회 출신이다.

그렇게 해서 나는 1980년 초부터 박원선 선배님 가족과 인연을 맺어, 마산 촌놈이 처음으로 서울 생활을 하게 되었다. 선생님 댁에는 사모님과 할머니, 영신이와 혜정이, 그리고 사모님의 여동생 두 분 등 식구가 많았다. 그렇게 식솔이 많은데도 나까지 거두어주시니, 지금 생각하면 현재의 내가 시골에서 올라온 청년 하나를 집에서 돌본다는 일은 상상하기도 어려운 일인데, 정말 두 분은 대단한 결심을 하신 것이다.

당시 박 선배님은 서울 정신여고를 거쳐 맹아학교에서 과학 교사를 하셨고, 사모님은 한식당을 운영하셨다. "소도 비빌 언덕이 필요하다"는 말이 있듯이 생전 처음으로 서울 생활을 하는 나로서는 박 선배님 가족의 따뜻한 배려가 눈물겨웠다. 학원장학회와 박원선 선배님 내외분의 은혜는 영원히 잊지 못할 것이다.

비교적 최근에 서울 대학로에서 뮤지컬 〈빨래〉를 보다, 여주인공이 고향 강릉을 떠나 서울의 달동네에서 살며 겪는 애환이 남의 일 같지 않게 느껴져 아내 몰래 눈물을 훔친 적이 있다. 그 주인공의 입장이 곧 내 입장이나 다름없이 느껴졌기 때문일 것이다. 공감의 눈물이었다. 그렇게 나는 박 선배님 가족이 아니었다면 그보다 훨씬 더 어려운 삶을 살아내야 했을 것이고, 아마도 지금과 같은 학자의 길을 걷기 어려웠을 터이다. 이제 세월이 가면서 내 머리도 희끗희끗해지는데, 그럴수록 박 선배님과 사모님의 은혜가 더욱 깊어지는 듯하다.

그렇게 나의 재수생 시절이던 1980년 1년이 흘러갔고, 나는 마침내 원하던 대학, 원하던 학과에 입학했다.(사실, 처음 시험을 쳤을 때는 경제학과에 쳤는데, 두 번째는 경영학과로 갔다. 나로서는 두 학과 사이에 별로 큰 차이가 없었고, 어떻게 하면 사람들이 즐겁게 일하면서도 행복하게 살 수 있을지를 탐구하고 싶은 욕구가 있었다.) 재수생 생활을 하는 동안 도와주신 박 선배님 내외분과 학원장학회에 무한히 감사했다. 전두환 군사정부 시절이던 당시, 내가 대학 3학년 때 단과대학 학생 대표로 선출되었을 때조차 박 선배님은 이렇게 말씀하신 것 같다.

"지금 시대가 시대인 만큼 젊은 혈기에 자칫 경찰에 붙들려 가면

강수돌 교수의
더불어 교육혁명

죽도 밥도 되지 않으니, 실력을 쌓은 뒤 나중에 자네 꿈을 제대로 펼치렴."

당시는 지금과 달리 상상하기 어려운 군부독재 치하였는데, 총학생회장을 비롯한 학생 대표들은 이미 문교부에 '요주의' 인물 명단에 올라 있었다. 솔직히, 나는 데모 주동을 하고 군대에 끌려갈 용기도, 그렇다고 모든 걸 포기하고 공장으로 가서 노동운동을 할 용기도 없었다. 이런 길들이 당시 시대적 고민을 진지하게 하던 대학생들이 어렵게 선택하던 길이었다. 그렇게 스스로 '겁쟁이'라 느끼면서도 나는 한평생을 그렇게만 살고 싶지 않았다. 그래서 4학년 졸업을 앞두고 고민했다. 기업의 사람 문제, 노사 문제를 고민하여 희망적인 대안을 내는 학자가 될 것인지, 아니면 대기업에 취업을 해서 고향의 가난한 부모님을 도울 것인지, 하는 것이었다.

바로 그때 박 선배님은 이렇게 말씀하셨다.

"산 입에 거미줄 치지 않는다는 말도 있지 않느냐. 고향의 부모님은 힘겹게 사시지만 그래도 지금처럼 잘 살아나가실 게다. 자네가 꼭 원하는 바가 있다면 대학원에 진학하는 것도 괜찮다."

이 말씀에 나는 홀가분하게 결심할 수 있었다. 그렇다. '어차피 가난하게 살아오신 부모님, 내가 직접 돈을 벌어 드리지 않는다고 바로 굶주리진 않을 것이다. 선배님 말씀대로 공부를 제대로 해서 노동하는 사람들의 입장을 헤아리는 학자가 되어야 하겠다.' 그리고 30년이 흐른 지금, 오늘의 내가 탄생한 셈이다.

그렇게 해서 나는 차곡차곡 준비를 한 끝에 대학원 진학을 할 수 있었고, 계속해서 박 선배님 내외분의 격려와 도움으로 학자의 꿈을 탈 없이 이어갈 수 있었다. 물론, 중간에(1987~1989) 군복무 문제로 시간의 흐름이 단절되긴 했으나, 그것이 나의 꿈을 좌절시킬 순 없었다. 원래, 나는 석사 학위를 받은 뒤에 '석사장교'(특수전문요원)로 6개월 복무할 계획이었으나, 시험 그 자체는 합격했음에도 대학 시절에 학생 대표 경력이 문제가 되는 바람에 최종 단계에서 탈락하고 말았다. 국회 국방위에서도 나를 비롯한 수십 명의 문제가 의제로 상정되긴 했으나, 노태우 군사정권 당시 보수 여당은 전혀 끄떡도 하지 않았다. 이러저러한 우여곡절 끝에 결국, 나는 1년 6개월 동안 단기병으로 군복무를 마쳤다.

물론 박 선배님 내외분의 세계관이 반드시 나의 세계관과 일치하는 건 아니다. 때로는 소리 없이 충돌하는 부분도 있다. 그것은 아마도 살아온 과정이 다르기 때문일 것이다. 따지고 보면, 나의 세계관은 엄밀히 따져 보았을 때, 나를 직접 낳아준 부모님의 세계관과도 다르지 않던가. 게다가 시골에서 막 올라온 깍두기 청년을, 학원 장학생 후배라는 이유만으로, 자기 집에서 같이 먹고 자고 살게 한다는 것은 예사로운 일이 아니다. 지금의 나조차 그러기 어려울 듯하다. 그러나 박 선배님 내외분은 이른바 '노블레스 오블리주'(noblesse oblige), 곧 가진 자의 책무를 성실히 실천하시는 분이란 점에서 존경스럽다. 두 분 모두 단연코 '내 인생의 한 사람'이라 감히 말할 수 있는 까닭이다.

그래서 말한다.

"산 입에 거미줄 치랴?"

이제 나는 이 소중한 말씀을 비단 나에게뿐만 아니라, 이 땅의 모든 청년들에게 다시금 전해주고 싶다. 청년들이여, 생계 문제로 자신의 꿈까지 접어선 곤란하지 않겠는가? 오히려 자신의 꿈을 명확히 그린 뒤에 그 길을 향해 꾸준히 나간다면 분명히 생계도 해결하고 꿈도 이룰 것이다.

"산 입에 거미줄 치랴?"

그렇다, 결코 생계 앞에서 자신의 꿈을 접는 어리석음을 범하지 말라.

🌿 '노란 양동이'와 존재 양식의 삶

일본 작가 모리야마 미야코가 쓴 『노란 양동이』(현암사, 2000)는 아이의 눈으로 아이의 마음을 살갑게 표현한 작품이다. 그런데 이 작품을 찬찬히 들여다보면 우리가 인생을 살아가는 데 있어 선택할 수 있는 중요한 한 삶의 방식, 곧 '소유 양식'이 아닌 '존재 양식'을 말하고 있음을 알 수 있다.

어느 월요일, 아기 여우가 집 근처에서 노란 양동이 하나를 우연히 발견한다. 주인 이름도 없는, 작고 귀여운 새 양동이다. 아기 여우와 함께 아기 토끼, 아기 곰도 같이 구경을 나온다. 아기 여우는 토끼나 곰의 눈치를 보며 말한다.

"아, 나는 저 귀여운 노란 양동이를 갖고 싶어."

하지만 주인이 누군지도 알 수 없으니, 그냥 갖고 갈 수는 없다. 그래서 앞으로 딱 일주일만 기다려보고 그러고서도 그 양동이를 아무도 가져가지 않으면 아기 여우가 가져가기로 한다.

그렇게 화·수·목요일…… 하루하루 기다리는 동안, 아기 여우는 노란 양동이와 즐겁게 논다. 양동이는 해가 나도, 비가 나도 여전히 그 자리에 있었다. 아기 여우는 기쁜 마음으로 양동이 주변을

빙빙 돌기도 한다. 금요일, 토요일, 일요일도 역시 양동이는 같은 자리를 지키고 있었다. 이제 다음 월요일이면 노란 양동이는 아기 여우의 것이 된다. 월요일이 되기 전날 밤 아기 여우는 불길하게도 양동이가 바람에 날려가는 꿈을 꾸기도 한다. 설마 누가 그걸 가져가랴? 하는 마음이 나타났는지도 모른다. 얼마나 간절히 원했으면 꿈에도 나타났을까?

그리고 월요일 아침, 드디어 날이 밝았다. 아기 여우는 양동이가 있던 곳으로 재빨리 달려갔다. 아, 그런데 이게 웬일? 어제까지만 해도 그 자리에 있던 양동이가 야속하게 사라지고 없는 게 아닌가?

불과 일주일이었지만 하루하루 소중했던 시간들. 양동이와 함께 살았던 시간, 시간이 자꾸만 떠오른다. 아, 그 애틋한 시간들. 한편으로, 그 양동이를 얼른 가져갔더라면, 하는 후회가 앞서기도 하지만, 다른 편으로는, 아니야, 어차피 그 양동이는 처음부터 내 것이 아니었어, 하는 마음이 들기도 했다.

"괜찮아! 이제."

"괜찮아! 정말."

눈물이 나올 뻔한 아기 여우는 위로하는 아기 곰과 아기 토끼를 보며 빙긋 웃었다. 그렇게 아기 여우, 아기 곰, 아기 토끼는 처음 그 자리로 돌아가 있었다.

이 이야기를 음미하면서 몇 가지 생각이 든다.

첫째는, 아무래도 작가가 강조하듯, 어른들과는 달리 아이의 마음은 작은 것에도 소중함과 애틋함을 느낀다는 점이다. 대개 어른들은 아이들에게 "쓸 데 없는 짓 하지 말고……"라거나 "쓸 데 없는 것에 시간 낭비 하지 말고……"라고 말한다. 그러나 어른들의 눈에 '쓸 데 없는' 것이라도 아이들 눈에는 소중한 것이 많다. 아이의 마음을 읽어내는 능력이 어른들에게 필요하다는 말이기도 하다. 아이와 함께 놀며 아이의 마음에 일체가 되어보는 일, 그것은 아이와 어른이 동반자로 함께 잘 사는 길이다.

둘째는, 에리히 프롬의 '소유양식과 존재양식의 삶'이 생각난다. 아기 여우는 양동이가 예뻐서 소유하고 싶었다. 일주일을 기다리는 동안은 꽤 긴 과정이었지만 마침내 이뤄질 소유를 위해 필요한 시간이었다. 기다리는 일주일 동안 아기 여우는 양동이와 살갑게 지냈다. 마지막에 양동이가 사라지고 소유의 꿈은 물거품이 되었건만 아기 여우는 자신에게 "괜찮아! 정말"이라고 말한다. 따지고 보면 애초부터 양동이는 자기 것도 아니었고, 기다리는 일주일 간 양동이와 즐겁게 지내지 않았던가. 결과로서의 소유 자체보다 양동이와 함께 지낸 과정이, 함께 존재했던 과정이 더 소중한 것 아닌가. 어쩌면 양동이가 사라졌기 때문에 이런 사실도 깨달을 수 있는 것은 아닐까?

셋째는, 그 무엇도 영원한 것이 없다는 관점이다. 천하를 호령하던 황제나 왕, 대통령도 때가 되면 사라진다. 그리고 아무리 소중한 사람도 일정한 시간이 지나면 더 이상 함께할 수 없다. 심지어 아기 여우의 양동이와 같은 작은 물품 하나도 그렇다. 좀 통속적으로 들리긴 하지만, 결론은 '있을 때 잘하는 것'이다. 존재와 소유, 과정과 결과의 관계와 비슷하기도 하다. 역설적으로, 인생무상이고 무엇도

강수돌 교수의
더불어 교육혁명

영원하지 않기에, 우리는 매 순간 충실할 필요를 느낀다. 내 주변의 사람들, 내 주변의 물건들, 내 주변 환경에 대해 무엇이 최선인지 매 순간 성찰하고 매 순간 최선을 다해 바른 관계를 맺어야 한다. 사라진 노란 양동이……. 어쩌면 사라질지도 모른다는 불길한 예감이 아기 여우로 하여금 최선을 다해 살갑고 친밀한 시간을 보낼 수 있게 만든 것은 아닐까? 이 이야기를 자녀 교육에 적용해도 마찬가지다. 언젠가 아이를 두고 우리는 먼저 떠나야 한다. 아이 자체도 우리의 소유물은 아니다. 또 아이가 우리를 소유물로 여길 수도 없다. 그러니, 아이와 함께 존재하는 이 순간, 순간들마다 최선을 다해 행복하게 살 필요가 있다. 이 순간, 책을 덮고 아이와 함께 손잡고 동네 한 바퀴를 돌며, 지금 이 순간을 음미해보면 어떨까? 그리고 아이에게 말해보자.

"사랑하는 우리 ○○아, 엄마 아빠는 네가 우리 집에 태어나줘서 너무나 고맙고 행복하단다. 우리 모두 같이 살아서 너무 좋다, 그치?"

🌿 우린 모두 '특별한' 존재란다

맥스 루케이도가 쓴 『너는 특별하단다』라는 동화가 있다. 엘리라는 목수가 만든 '나무 사람'인 웸믹들이 사는 이야기다. 목수는 나무 사람 하나하나 만들 때마다 정성을 기울여 만든다. 이른바 장인 정신이다. 그렇게 만든 나무 사람(웸믹)들은 날마다 같은 일을 한다. 별이나 점이 붙은 스티커를 들고 다니며 만나는 사람마다 서로 붙이는 일이다. 별은 금빛이 나고 점은 잿빛이 난다. 결이 곱고 색이 고운 웸믹은 별표를 받고 결이 거칠고 칠이 벗겨진 웸믹은 점표를 받는다. 재주가 좋거나 힘이 센 자들, 운동을 잘하거나 단어를 잘 외우는 자들, 노래를 잘 부르는 자들은 별표를 받았다. 아무 재주가 없는 펀치넬로는 점표만 달고 다닌다. 기분이 울적해진다. 밖에 나가기가 두렵다. 뭔가 실수를 하거나 넘어지기라도 하면 점표 딱지가 붙는다. 그러니 더욱 나가기 싫다. 딱지보다 더 고통스러운 것은 다른 이들의 흉이다.

"점표를 많이 받을 만해, 펀치넬로는 좋은 웸믹이 아니라니까."

이런 말을 여러 번 듣다 보니 자기도 모르게 '아무래도…… 난 좋은 웸믹이 아닌가 봐'라고 생각하게 되었다.

그러던 어느 날 펀치넬로는 우연히 루시아를 만난다. 루시아의 몸에는 별표도 점표도 없었다. 그냥 깨끗한 나무였다. 다른 웸믹들이 루시아에게 표를 붙이면 신기하게도 금방 떨어져나갔다.

'나도 저렇게 되고 싶어. 누가 주는 어떤 표시도 받고 싶지 않아.'

펀치넬로가 속으로 말했다. 그러곤 물었다.

"네 몸엔 어째서 아무 표시가 없니?"

루시아가 말했다.

"별 거 아니야, 난 매일 엘리 아저씨를 만날 뿐이야."

펀치넬로는 다른 웸믹들이 서로에게 별표나 점표를 하루 종일 붙이는 걸 보며, "저건 옳지 않아"라고 중얼거렸다. 마침내 엘리 아저씨를 찾아가기로 마음먹었다. 엘리 아저씨의 작업장에 갔지만 용기가 나지 않아 돌아설까 망설이는데, "펀치넬로야?"라는 목소리가 들렸다. 놀라운 일이었다.

"어떻게 저 아저씨는 내 이름을 알지?"

엘리는 "내가 널 만들었기 때문이지"라고 말한다.

펀치넬로는 자기 몸에 잔뜩 붙은 점표들이 부끄러웠다.

"저도 이런 표를 받고 싶진 않았어요. 전 정말 열심히 노력했어요."

이 말에 목수가 말한다.

"내게 변명할 필요는 없단다. 난 다른 웸믹들이 날 어떻게 생각하는지 상관 않는단다." "정말요?"

"물론, 너도 그럴 필요가 없지. 누가 딱지를 붙이는 걸까? 그들도 너와 똑같은 나무 사람들인데. 펀치넬로, 남들이 어떻게 생각하느냐가 아니라, 내가 어떻게 생각하느냐가 중요하단다. 난 네가 아주 특별하다고 생각해."

"왜 제가 특별하죠?"

"왜냐하면, 내가 널 만들었으니까, 너는 내게 무척 소중하단다."

엘리 목수의 눈빛은 진실했다.

"근데, 루시아의 몸에는 왜 딱지가 붙지 않나요?"

"루시아는 남들이 어떻게 생각하느냐보다 내가 어떻게 생각하느냐가 더 중요하다고 마음먹었기 때문이지. 그 딱지는 네가 붙어 있게 하기 때문에 붙는 거란다."

"엥, 뭐라고요?"

"그 딱지는 네가 그걸 중요하게 생각할 때만 붙는 거야. 네가 나의 사랑을 깊게 신뢰하면 할수록 너는 그 표들에 신경을 덜 쓰게 되지."

"무슨 말씀인지……."

"날마다 날 찾아오렴, 그리고 이것만 기억하렴, 내가 널 만들었고, 넌 아주 특별하단다. 나는 결코 좋지 못한 웸믹을 만든 적이 없어."

펀치넬로가 '그의 말이 맞을지도 몰라'라고 생각하는 순간 그 몸에서 점표 하나가 떨어져 나간다.

인간 세계에서 사람들이 서로 칭찬과 비난의 딱지를 붙이는 것, 상과 벌을 주는 것, 이 모든 것이 창조주 앞에서는 별 의미 없는 것임을 알려주는 동화로 보인다. 그러나 이 동화를 꼭 종교 동화로만 읽을 필요는 없다. 왜냐하면, 엘리 목수를 조물주로 읽을 수도 있지만, 부모로 읽을 수도 있고, 친구로 읽을 수도 있으며, 우리 자신으로 읽을 수도 있기 때문이다.

특히 오늘날 학교 세계는 아이들을 잘하는 아이와 못하는 아이로 나눈다. 마치 그렇게 분류하는 것이 학교 본연의 임무인 것처럼 말이다. 그러나 한 아이가 한 가정에 태어났을 때 쓸모 있는 아이와 쓸모없는 아이로 나눠지던가? 아니다, 절대 아니다. 그 어떤 아이도 쓸모없는 아이가 될 수 없다. 모든 아이가 소중하다. 그것이 조물주의 마음이다. 그래서 모든 아이는 '우주의 선물'이다.

그런데 가정에서 그렇게 소중하게 여겨지는 아이들이 학교만 가면 모든 게 달라진다. 수, 우, 미, 양, 가로 분류하는 것도 모자라, 이제는 1등부터 꼴찌까지 순서를 매긴다. 그렇게 사다리 질서를 만들어놓고 우리는 자기 아이들이 가능한 한 1등 그룹에 들도록 하기 위해 애를 태운다. 선행학습을 시키고 회초리를 들고 닦달을 한다. 부모는 부모대로 힘들고 아이는 아이대로 힘들다. 그렇게 살지 않아도 되는데 말이다. 아니, 오히려 그렇게 살지 않아야 사람답게 사는데 말이다.

그렇다면 무엇이 문제인가? 이미 이 동화가 말해주고 있다. 몸에 아무런 딱지도 달고 있지 않은 루시아가 해답의 실마리를 준다.

"루시아는 남들이 어떻게 생각하느냐보다 내가 어떻게 생각하느냐가 더 중요하다고 마음먹었기 때문이지. 그 딱지는 네가 붙어 있게 하기 때문에 붙는 거란다."

그렇다. 남들의 평판에 흔들릴 필요가 없다. 신이건 부모님이건 언제나 나를 사랑해주는 내 편임을 인식하면 된다. 나아가, 스스로 자신이 이 세상에 둘도 없는 특별한 존재임을 믿으면 된다.

여기서 "내가 어떻게 생각하느냐가 더 중요하다"는 말은 이중적이다. 그것은 우선, 목수인 엘리, 곧 펀치넬로를 만든 창작자의 마음이 중요하다는 말이다. 그는 모두를 사랑한다. 그러니 더 이상 무엇을 바랄 것인가? 나를 만든 창조주가 날 사랑하는데 말이다. '예수 천국, 불신 지옥'이란 말이 있지만, 이 동화에 따르면 '사랑 천국, 차별 지옥'이다. 예수를 믿건 안 믿건, 창조주는 모두를 사랑한다. 이 사실을 믿기만 하면 굳이 천국과 지옥을 나눌 필요가 없다.

다음으로, 내가 나 자신을 어떻게 생각하느냐가 중요하다는 말이기도 하다. 아이가 우주의 선물이듯이, 우리 모두는 작은 우주 그 자체다. 모든 아이들이 소우주이다. 불교의 '인드라망'이란 말에서도 나오듯이 우리 모두는 투명한 구슬들이다. 내 구슬은 다른 구슬에 비치고 다른 구슬은 내 구슬을 비춘다. 서로가 서로를 비추며 영롱하게 빛난다. 그리고 우리 구슬들 전체는 서로 연결되어 있다. 이것을 기독교에서는 영성이라 한다. 모든 존재가 서로 연결된 하나의 생명체 아니던가? 그 가운데 무엇이 별표를 받아야 하고 무엇이 점표를 받아야 하는가? 모두 인위적으로 만들었을 뿐, 원래의 자연적 질서는 아니다. 생명의 질서가 아니라 통제의 질서란 말이다.

결국, 펀치넬로는 루시아처럼 자기를 만들어준 목수의 사랑을 믿고, 자기 자신을 믿기 시작하는 순간 점표 딱지가 하나씩 떨어져 나간다.

그렇다. 우리가 자녀들의 성적표를 보더라도 점수에 연연해하지 않고 등수에 연연해하지 않으면서 아이 그 자체의 성장에 주목한다면 아이에게 붙은 불필요한 딱지들이 하나씩 떨어져나갈 것이다. 아이가 어떤 점수를 받고 집에 오더라도 우리는 아이를 부둥켜안으며 이렇게 말해야 한다.

"어이구, 우리 새끼, 이렇게 쑥쑥 잘 크고 있으니, 얼마나 좋아? 성적 같은 건 아무 상관없어. 네가 최선을 다했으면 돼."

그런데 여기서 한 가지 더 생각해야 한다. 우리 자신이 사랑의 힘을 믿고, 우리 자신을 사랑하는 게 대단히 중요하긴 하지만 그 차원에만 머물러서는 이것이 오래 가지 못할 수 있다. 그래서 필요한 것은, 모든 아이가 특별하게 자랄 수 있는 사회적 조건을 만들어가는 일이다. 여러 가지 측면이 있겠지만, 우선은 시험을 줄이고 획일적인 성적표를 만들어내지 않아야 한다. 시험이나 성적은 모든 아이들 각자의 성장이나 발달 과정에만 초점을 맞추어야지 다른 아이들과 비교, 경쟁시키는 의도로 만들어지면 안 된다는 말이다.

그렇다. 성적표가 의미가 있다면 그것은 크게 두 가지다. 하나는 여러 과목 중에서 아이가 어떤 과목에 관심이 많고 흥미를 많이 느끼며 어떤 분야에 소질이 있는지 알아보는 의미다. 이것은 오랜 시간을 두고 차분히 지켜보는 것이 부모나 교사가 할 일이다. 둘째는, 아이의 발달 과정을 시간적으로 챙겨본다는 의미다. 일례로, 아이가 좋아하는 과목이 국어라면, 말하기와 글쓰기는 3월에 어느 정도였고, 5월에 어느 정도이며 7월엔 어느 정도로 달라졌는지 체크해보면 된다. 자기가 좋아하는 과목에 노력을 더 많이 해서 성취도가 올라갔다면 적절한 칭찬을 해주면서 아이의 노력을 적극 인정해주는 것이 좋다. 혹시 부족하다면 마음고생이 많겠다며 아이 마음을 잘 헤아려주고 좀 더 잘할 수 있는 방법을 같이 의논해보고 아이가 그중 한 가지 방식을 선택해서 하게 하면 된다. 절대로 부모가 조급해하거나 불안해할 필요가 없다. 굳이 성적표가 필요하다면 이 두 가지 차원에서만 활용하면 된다. 그 이상 무엇을 바라랴?

　나아가 지역 별 비교, 학교 간 비교, 학급 간 비교와 같은, 경쟁과 분열의 장치들을 그만두어야 한다. 2014년 7월에 새로 취임한 세종시 교육감은 그간 세종시에서 개인 차원 또는 학교 차원에서 행해지던 각종 '경연대회'를 더 이상 하지 않기로 했다. 그런 경쟁들이 해마다 무려 46개씩이나 되었다고 한다. 그 과정에서 아이들이나 교사들은 제대로 된 교육에 신경을 쓰기보다는 각종 상을 받기 위해, 그리하여 점수를 더 받기 위해 불필요한 경쟁을 하면서 심신이 소진되어 갔던 것이다. 그래서 그런 경쟁적인 경연대회보다는 모두가 즐길 수 있는 축제놀이 같은 걸 한다고 한다. 대단히 잘하는 일이다. 그렇다. 대안은 개념이 바뀌면 얼마든지 만들어낼 수 있다. 우리가 여태껏 경쟁과 분열의 패러다임 속에서 내면화해온 모든 것들을 냉정하게 재평가하고, 그것이 모든 존재의 특별함을 적극 인정하기보다 모든 존재를 이런저런 기준으로 갈라 치는 경쟁과 분열을 조장한다면, 과감하게 내던져버려야 한다. 마치 펀치넬로의 몸으로부터 온갖 딱지들이 떨어져나가듯 말이다. 결국, 나부터, 그리고 더불어 마음을 달리 먹고, 또 그에 이어 실천을 달리 하면 세상은 변한다.

🌿 세대 간 갈등, 어떻게 풀까?

어느 누가 아무 갈등 없이 평화롭게 살기를 거부하겠는가? 모든 사람이 조화롭고 행복한 삶을 갈망하는데도, 현실은 참 녹록치 않다. 무엇이 우리를 방해하는가? 우리의 일상생활에서 세대 간 갈등을 느끼게 되는 가장 중요한 세 가지 경우를 들면, 자녀와 부모 사이, 시어머니와 며느리 사이, 노년층과 신세대 사이의 갈등이라 볼 수 있다.

첫째, 자녀와 부모 사이의 갈등이다. 이른바 '10대 90 사회', 곧 사회 구성원의 10퍼센트가 전체 부의 90퍼센트를 차지하고 나머지 90퍼센트가 10퍼센트를 나눠 먹고 살아야 하는, 양극화된 현실 속에서 대부분의 부모들은 빠듯한 삶을 산다. 인정하기는 싫지만 노동시장에서 학력 차별이나 능력 차별이 극심하다. 그런 척박한 현실을 경험하다 보니 대부분의 부모들은 '내 자식만큼은 공부를 많이 시켜 좀 편하게 살게 하고 싶다'는 욕망을 갖는다. 자신들이 노동시장이나 노동 과정에서 차별을 받는 가운데, 막상 그 차별의 구조나 과정이 문제의 핵심이라고 생각하지 않고, 자신의 무능력을 탓한다. '가방 끈'이 짧아서, 또는 '학벌'이 좋지 않아서, 아니면 '전공'이 좋지 않아서, 한마디로, 자신은 일종의 '루저'이기 때문에 차별을 당한다고 생각한다. 남 몰래 눈물도 흘린다. 차별 구조 때문에 서럽기도 하고 그 구조가 야기한 패배감과 좌절감, 무력감에 고통스럽기도 하다. 이것은 마치 전쟁 상황에서 경험한 폭력과 마찬가지로 당사자들에게 정신적 상처, 곧 트라우마를 남긴다.(흔히 '한이 맺혔다'고 하는 것도 이와 비슷하다.) 이 트라우마는 두려움을 동반한다. 실패에 대한 두려움, 탈락에 대한 두려움이다. 이제 사람들은, 내 자식만큼은 공부를 잘해서 '좋은' 대학에 들어가고 '괜찮은' 학과를 나와야 한다고 믿는다. 자식을 통해서 부모의 한(트라우마)을 풀려고 하는 것이다. 겉으로는 "이게 모두 네 장래를 위하는 길이다"라고 말하면서 말이다. 이 모든 과정은 결국, '사회 문제의 개인화'라고 할수 있다. 그렇게 사회 문제를 개인적으로만 풀려고 하다 보니, 이제부모의 사랑은 자식에게는 새로운 형태의 폭력으로 변한다. 많은 경우 부모는 사랑을 베푼다고 하지만, 자식들은 부모로부터 새로운 트라우마를 얻는다. 폭력으로 변질된 사랑이 극단적으로 달려가면, 심한 경우, '나는 디자인을 공부하고 싶은데, 부모님은 무조건 일류대학을 가라 해서 오랫동안 갈등하다가 이제 그만 내 목숨을 끊는다. 죄송하다'는 식의 유서를 남기고 아이가 자살한 경우까지 생기지 않던가?

　그래서 이제부터라도 우리는, 이 비극의 뿌리, 곧 차별과 불평등이 야기하는 제도적 폭력을 예사로 봐서는 안 된다. 그리고 부모가 자녀를 대할 때, 결코 내가 낳았다고 내 '소유물'로 봐선 안 된다. 자녀도 엄연한 인격체다. 자기 삶의 주체인 것이다. 앞서도 말한 바,

자녀는 부모의 소유물이 아니라 '우주의 선물'이자, 그 자체로 '작은 우주'이다. 부모의 삶은 부모 자신이 주체적으로 살되, 자녀의 삶에 대해서는 자녀에게 삶의 주체임을 당당하게 인정하고 그런 관점에서 무한정 지지를 해주어야 한다. 그러면 세대 간 갈등은 무난히 극복된다.

둘째, 며느리와 시부모(특히 시어머니) 사이의 갈등이다. 물론, 사위와 장인 장모 사이의 갈등도 있겠지만 전자보다는 덜한 편이다. 예전보다는 많이 약화하고 있지만, 아직도 막강한 가부장적 문화와 가족제도 때문에 우리는 결혼을 하되, 곧잘 ('남성이 장가를 든다'라는 말보다) '여성이 시집을 간다'고 한다. 여기서 핵심은, '출가외인'이라는 말에서도 드러나듯 신부가 친정을 떠나 시댁의 식구가 된다는 것이다. 신부 입장에서는 친정을 떠난 서러움과 시댁에 적응하는 데 따르는 스트레스가 겹쳐 다가온다. 게다가 며느리와 시어머니는 살아온 환경이 다르고 성격이 다르기 때문에 같은 공간에서 온갖 가사노동 및 하루 세 끼 식사를 같이 해결하려다 보니, 서로 가치관이나 해결 방식의 차이를 느끼게 된다. 며느리 입장에서는 서방님도 챙겨야 하고 시부모도 챙겨야 한다. 시어머니 입장에서는 늘 자기가 키워온 아들이 자기 말보다 자기 아내 말을 더 많이 듣는 것이 꼴보기 싫을 수 있다. 아들을 며느리에게 뺏긴 느낌도 든다. 앞서 말한 '소유물' 의식의 잘못된 결과이다.

게다가 요즘은 맞벌이 부부가 많아, 며느리조차 직장에 나가기에, 대접을 받고 싶었던 시어머니가 며느리 속옷 빨래까지 해주는 경우도 생긴다. 서로 존중하면서 살면 아무 문제가 없지만 서로 기대가 다르고 서로 실망감을 느끼면 관계는 악화하고 갈등은 심화한다.

그러나 요즘은 세상이 급속히 변해서 대부분의 신혼살림은 독립한다. 시부모와 함께 사는 가족들이 급격히 줄고 있다. 그래도 시어머니는 자식과 며느리에게 뭔가를 주고 싶어 온갖 보따리를 들고 힘겹게 자식 집을 찾아간다. 그러나 많은 며느리들은 시어머니를 반기지 않는다. 오죽하면 "요즘 아파트 이름이 이상야릇한 외국어로 많이 바뀐 것은 시어머니가 잘 찾아오지 못하게 하려는 것"이란 농담까지 돌았겠는가? 그런데, 길을 잘 찾지 못하던 시어머니가 이제는 글을 잘 아는 시누이까지 동반해서 찾아오는 바람에 아파트 이름이 다시 쉬운 한글로 바뀌기도 한다는 농담도 있다. 그냥 웃고 지나칠 말만은 아니다.

물론 같은 집에서 두 세대가 모여 살면서도 서로 (삶의 방식, 가치관, 인격체, 개성, 입장 등을) 존중하고 인내하면 가장 이상적이다. 나중에 손자 손녀가 태어나 3세대가 원만하게 어우러지면 가장 좋다. 하지만 대개는 모여 살다 보니 갈등이 심해진다.

이 문제를 해결하는 가장 좋은 방법은 크게 두 가지다. 하나는 '제주도 방식'처럼 부모 세대와 자녀 부부 가족이 한 집에 살면서도 위채와 아래채로 나눠 사는 방식이다. 식사도 대개 따로 해결한다. 겉보기에는 야속하게 보일지 모르지만, 부모와 자녀가 취향이나 삶의 리듬이 다를 수 있기 때문에 상호 존중하면서도 조화를 유지하기 쉽다.

둘째는 도시 아파트의 경우, 별도의 살림집을 꾸리면서도 비교적 가까운 거리에 사는 것이다. 둘 다 원리는 같다. 가까우면서도 약간은 거리를 두는 것이다. 서로 독립성을 존중하면서도 자주 만나 소통하고 함께 (식사나 여행 등) 할 수 있는 건 최대한 함께하는 방식이다.

마지막 갈등의 유형은, 선거 과정에서 가장 도드라지는 노령 세대와 신세대 사이의 갈등이다. 많은 경우, 나이가 들면 보수화한다. 변화를 두려워하는 것이다. 그나마 자신이 힘겹게 쌓아온 것들, 또는 여태껏 자신이 믿어온 모든 것들이 일거에 무너지는 것을 보고 싶지 않은 것이다. 그러다 보니 대체로 나이가 들수록 세상에서 일어나는 숱한 문제들에 대해 그 뿌리를 파헤치고 올바른 방식으로 해결하려는 의지가 약해지거나 아예 생기지도 않는다. 그저 내 손에 돈이나 먹을 것이 많이 들어오면 좋고, 나만 다치지 않으면 그만이라는 식의 태도를 갖기 쉽다. 게다가 특히 '6·25 전쟁을 경험한 세대'는 전쟁이 야기한 온갖 트라우마를 안고 살고 있다. 전쟁의 뿌리를 파헤치거나 진정한 평화를 이루기 위한 사회 운동 같은 것은 엄두도 못 낸다. 이들에게는 참전 자체가 영광이요 국가를 위해 무공을 세운 일이다. 그런 입장을 적극 지지하지 않거나, 심지어 그런 논리에 조금의 흠집이라도 내면 '빨갱이'로 내몰린다. 이런 생각을 가진 사람들이 선거에서 무조건 보수 정당을 찍는 건 당연한 일이다. 오죽하면 누군가는 "차라리 노인들은 투표일에 집에 계시라"고 했다가 여론의 몰매를 맞았겠는가? 하지만 젊은 세대는 그렇지 않다. 민주화 투쟁의 역사를 갖고 있거나(486 내지 586세대), 대중 소비의 시대를 누리며 자란 신세대(대체로, 1980년대 중반 이후에 출생한 사람들)는 "왜 우리가 근로소득세를 내서 보수 정치가를 뽑은 노인들이 복지 혜택을 누리게 해야 하는가?"라고 말하기도 한다. 물론 이런 의견도 일리가 있긴 하나, 길게 보면 편협한 생각이다. 우리가 소망하는 사회가 더불어 행복하게 사는 사회라면, 정치적 보수냐 진보냐를 떠나 모두 혜택을 누릴 수 있는 시스템을 구축해야 한다. 그래야 세대 간 갈등이 줄고 연대가 구현되면서 사람답게 살 수 있는 세상이 만들어진다.

그러나 동시에 이런 점도 잊어선 안 된다. 흥미롭게도 1986년 여름, 거대 보수당이었던 당시 민정당의 노태우 대표위원(1987년 연말에 행해진 대통령 직선제에서 대통령으로 당선된다)은 당시 대학생들이나 지식인들의 '급진좌경화' 현상에 대해 "6·25전쟁을 경험한 세대"와 "6·25전쟁을 경험하지 못한 세대" 사이의 충돌이 일어나고 있다고 보고, 이 문제를 해결하기 위해 "전체 유권자의 과반에 이르는 전후 세대(6·25를 경험하지 못한 세대)의 의견을 정치권에서 수렴, 건전한 부분은 수용하되 위험한 부분은 교화해야 한다"는 취지의 발언을 했다. 곧, 전쟁의 상처가 정치적 보수화로 연결되고 이것이 세대를 가르는 기준이자, 나아가 사회적 배제의 기준이 되는 것이다.

이 문제를 제대로 해결하는 방법은, 전쟁이 낳은 상처를 직시하고 비판적으로 극복하는 것이다. 전쟁, 국가, 상처, 정치 등에 대한 인문학적 성찰이 필요한 까닭이다. 이런 성찰이 교육이나 언론 영역에서 왕성하게 일어나야 한다. 가장 대표적인 예로, 제2차 세계대전을 일으킨 히틀러 나치의 만행을 낱낱이 밝히고 국제전범 재판을 행하고 침략이나 만행에 대해 공식 사죄까지 했던 독일을 들 수 있다. 그 이후로 지금까지 독일의 학교나 언론, 그리고 정부는 나치즘이나 국가주의의 위험성, 인종주의에 근거한 편견과 차별의 문제점 따위를 끊임없이 환기시키고 개방적인 토론을 유도한다. 그렇게 오랜 세월 노력해야 비로소 깊은 상처는 조금씩 치유되고 그로 인한 사회적 갈등도 시나브로 줄어들 것이다. 물론, 노인들에게 이러한 성찰을 직접 요구하긴 어렵다. 바람직한 것은, 그 후속 세대조차 기존의 패러다임을 무비판적으로 수용하는 것을 멈추고 모든 것을 다시 건강한 방식으로 재인식하는 것, 특히 TV나 신문 등 모든 언론과 초중고, 그리고 대학이 그러한 재인식의 과정에 동참하는 것이다. 전 사회적으로 개방적 대화와 토론이 절실한 까닭이다.

요컨대, 세대 간 갈등의 뿌리를 되짚고 해결하는 지름길은 우리 사회와 역사를 진지하게 성찰한 바탕 위에서 우리 자신의 삶을 차분히 돌아보는 것이다. 그러한 비판적 성찰과 인식의 토대 위에서 나부터, 우리부터, 여기서부터 건강한 실천을 통해 '더불어 행복한' 사회를 함께 만들어야 한다. 쉽지 않은 일이지만, 결코 불가능한 것도 아니다.

🌿 자연은 차별을 모른다, 다만 차이가 있을 뿐

"꼬끼오~오~, 꼬끼오~오~."

우리 집 닭장에서 나오는 자연 알람이다. 이른 아침, 나는 수탉이 뿜어대는 자연의 알람을 듣고 눈을 뜬다.

"삐르릑, 삐르릑, 삐르릑……" 하며 끊임없이 반복되는 기계음과는 차원이 다르다. 기계의 알람을 듣는 순간, 얼른 '멈춤' 단추를 누르고 더 자고 싶지만, 자연의 알람을 듣는 순간 얼른 일어나 싱그러운 아침을 맞이하고 싶다. 게다가 매일 듣는 자연 알람이지만, 전혀 지겹거나 시끄럽지 않다. 기계의 소리가 아니라 생명의 소리기 때문이다.

이것만이 아니다. 옛날 어른들은 아침에 장닭 우는 소리에 잠을 깨, 해 뜨기 전부터 들녘에서 일을 시작하고 해 질 무렵이면 보금자리에 깃들었다. 자연의 리듬이었다. 과학기술이 발달한 오늘날 이런 자연의 리듬 대신 기계의 리듬이 지배한다. 기계 리듬은 24시간을 '완전' 다 쓴다. 예컨대, 전구의 발명은 심야작업이나 야간자율학습을 가능하게 했고, 원칙적으로 쉬지 않고 돌아가는 자동 기계는 사람들로 하여금 신체 리듬을 어겨가며 교대로 일하게 했다.

직장 동료와 인간적 관계는 물론, 이웃이나 가족 관계마저 모래 알처럼 흩어졌다. 결국 오늘날 가정은 '사랑의 보금자리' 이미지가 아니라 '버스 정류장' 이미지로 변했다. 사랑의 보금자리란 온 가족이 둥근 밥상에 둘러앉아 오순도순 정을 나누는 것이다. 반면, 오늘날 가정은, 마치 잘 작동하는 냉장고와 잠시 쉴 벤치 하나 놓인 버스 정류장처럼 가족들이 한꺼번에 모이기는커녕 하나씩 차례로 들렀다 냉장고에서 밥만 챙겨먹고 떠나거나 잠시 벤치에 누웠다 또 떠나야 하는 그런 곳이 되었다.

바로 그 수탉이 얼마 전에 '집'을 나갔다. 아침 일찍 수탉이 자연 알람 소리를 내긴 했는데, 그 소리가 저 멀리 아득히 들리는 게 아닌가. 깜짝 놀랐다. 나는 본능적으로, '아, 수탉이 어디론가 사라졌구나' 하고 느꼈다. 처음 있는 일이었다. 아니나 다를까, 닭장 속에는 물론 텃밭 근처나 집 부근 어디를 살펴도 수탉이 보이지 않았다. 암탉만 밤나무 옆 덤불 곁에서 쏘옥~하고 머리를 내미는 게 아닌가. 갑자기 암탉이 얄미워졌다. 처음엔 암탉도 대여섯 마리 있었지만, 이런저런 사연으로 한 마리만 남았다. 그런데 수탉이 암탉과 잉꼬부부처럼 잘 다니다 아마도 암탉이 밤나무 옆 덤불 속에 들어가면서 잘 안 보였나 보다. 놀란 수탉이 암탉을 찾으러 저 아랫녘 왼편 산 속까지 간 것 같았다. 첫날 저녁엔 수탉이 돌아오지 않아 은근히 걱정되었다.

다음 날 아침엔 속으로 '큰일 났다' 싶어 찾으러 나섰다. 가까이서 듣던 자연의 알람이 저 멀리 몇 백 미터 떨어진 산 속에서 들렸다. 잘 보이지 않는 산길을 더듬어 수탉 쪽으로 다가갔다. 아, 반갑게도 수탉이 바로 저 앞에 있었다. 내 딴엔 수탉을 잘 몰아 집 쪽으로 올라가라고 유도하려 했다. 아, 그런데 이게 웬걸? 수탉은 내가 작대기 하나로 쫓아가는 것을 아마도 위협으로 느꼈나 보다. 갈수록 엉뚱한 곳으로 달아나는 게 아닌가? 약 한 시간 가까이 그렇게 씨름하다가 내 팔다리에 긁힌 자국만 남기고 포기하고 말았다. '그래, 너와 내가 인연이 되면 다시 만날 것이고 그게 아니라면 할 수 없지'라며 내 마음을 내려놓고 돌아왔다. 그다음 날도 수탉은 돌아오지 않았다. 그리고 우리 가족은 어머니 기일을 맞아 고향에 3일간 다녀왔다. 아, 그런데 놀랍게도 그사이에 수탉이 마치 아무 일 없었다는 듯 닭장 안에 들어와 암탉과 놀고 있는 게 아닌가? 우리 모두는 손뼉을 쳤다. 갑자기 수탉이 위대해보였다.

그 순간 나는 두 가지를 깨달았다.

하나는 우리가 닭이나 좀 둔한 사람을 두고 "닭대가리"라며 무시하는데, 결코 닭이 우둔하지 않다는 점이다. 비록 우리 눈에는 닭도 '실수'할 때가 있는 듯 보일 때도 있지만, 그들끼리 다양한 언어로 의사소통도 잘하며 길을 헤매다가도 사람이 위협하거나 건드리지만 않으면 잘도 찾아온다.

둘째는, 마치 내가 수탉에게, 반은 집착을 포기하고 반은 믿었던 것처럼, 우리 아이들을 그렇게 믿어만 준다면 아마도 아이들이 스스로 잘 자랄 것이라는 점이다. 대개의 부모들은 자식을 사랑한다고 하지만, 그리하여 자식을 위해 헌신적인 사랑을 아끼지 않지만, 정작 제대로 사랑하는 방법은 잘 모른다. 마치 자식을 위해 성공과 출세를 해야 한다고 하지만 사실은 자신이 못 다 이룬 한을 풀고자 하거나 자기도 모르게 자신의 희생을 보상받고 싶은 심리가 작동한다. 정말 자식을 제대로 사랑한다면 '자식의 인생은 자식의 것'이라는 점을 인정해야 한다. 동시에 '내 인생도 내 것'이라는 점을 깨달아야 한다. 소유나 통제의 관점이 아니라 자유와 책임의 관점, 자율성과 주체성의 관점이다. 자신이 아니라 누구를 위해 대신 살아주는 인생은 나중에 후회한다. 아, 우리 닭이 이런 큰 가르침을 주다니, 고마운 일이다.

그런데, 닭장의 닭만 해도 '가축'이다. 한동안 닭장 문을 열어놓고 아침저녁으로 자유롭게 출퇴근하도록 했지만, 그래도 닭은 '닭장'에 갇힌 몸이다. 그런데 하루 종일 날아다니는 저 비둘기, 까치, 꾀꼬리, 딱따구리, 딱새 따위는 정말 자유롭지 않은가. 찌르레기나 매미의 요란한 연주 소리 또한 자연의 야생성을 한껏 뽐낸다. 수탉이 잠시나마 집을 나간 것도 그런 야생성을 조금이라도 보여주려던 것이 아닐까.

한겨울 눈 내린 아침, 어미 고라니가 새끼 한두 마리를 데리고 왼편 산에서 오른편 산으로 부리나케 뛰던 야생의 모습은 지금도 내 눈에 생생하게 남아 있다. 유채꽃, 장미꽃, 호박꽃 전혀 가리지 않고 꽃향기를 좇아 열심히 놀면서 일하던 벌이나 나비 역시 야생이 가진 생명력을 있는 그대로 보여준다. 이런 야생의 생물에게 얼마나 오래 사느냐, 얼마나 빨리 성공하는가, 하는 점은 하나도 중요하지 않다. 그저 그렇게 생명의 운동을 하며 살다 갈 뿐이다.

이런 야생성에 견주면 우리 인간은 얼마나 나약하고 치졸한가. 남보다 좀 더 빨리, 좀 더 높이, 좀 더 많이 성취하려고 '팔꿈치사회'까지 만들지 않았던가. 인생을 값지게 사는 데 별 도움도 안 되는 시험 문제로 싱싱하게 자랄 아이들을 마음의 감옥 속에 가두지 않았던가. 자연적인 수명을 좀 더 연장하려고 억지로 엉터리 약을 먹거나 폭력적 수술도 마다하지 않는 게 아닌가? 모든 사람이 나름의 특이함과 개성으로 자유롭게 살 권리가 있음에도 우리는 특정 잣대를 획일적으로 들이대 '발전'이라는 미명 아래 불필요한 비교와 경쟁, 차별과 굴종, 시샘과 질투를 조장하지 않는가?

어느 공익 광고의 말대로, "부모는 멀리 보라 하고, 학부모는 앞만 보라 한다. 부모는 함께 가라 하고, 학부모는 앞서 가라 한다. 부모는 꿈을 꾸라 하고, 학부모는 꿈꿀 시간을 주지 않는다." 부모의 모습이 자연스러운 사람의 모습이라면 학부모는 인위적인 톱니바퀴의 모습이다. 과연 우리는 부모가 되고 싶은가, 아니면 부모란 이름의 학부모에 머물고 싶은가? 정말 꿈을 꾸고, 멀리 보면서도 옆 사람과 함께 가는 아이들이 많아지려면, 학부모 아닌 부모가 많아지려면, 위 공익 광고는 한 걸음 더 나가야 한다.

그것은 "자연을 닮은 인생은 개성을 존중하지만, 기득권을 좇는 인생은 성적을 존중한다. 자연을 닮은 사회는 고른 대접을 하지만, 인공적 인생은 차별 대우를 한다. 자연을 닮은 사람은 불의에 저항하지만, 권위에 길들여진 사람은 불의를 보고도 침묵한다." 이 모든 것이 자연이 내게 가르쳐준 배움이다.

🍃 과연 대학이란 우리에게 무엇인가?

"지금 경제는 정치를 지배하고 있다. 시민은 소비자가 되고, 동정심은 경멸의 대상이 되었다. 광적인 개인주의와 가혹한 경쟁의 언어가 시장가치와 결부돼 있지 않은 모든 공공성과 연대의 관념을 해체하고 있다."

캐나다 맥마스터 대학의 헨리 지루 교수가 「사라지는 지식인」이란 글(『녹색평론』 2013년 5, 6월호)에서 한 말이다. 이러한 인식은 이미 이리유카바 최가 쓴 『세상을 움직이는 그림자 정부: 경제편』에서도 강조된 바 있다.

흔히 우리는 정치가들만 잘 뽑으면 좋은 정치를 할 것이라 믿는다. 그래서 선거와 투표 때마다 최선을 다해서 훌륭한 사람을 뽑고자 노력한다. 물론 '혹시나'가 '역시나'로 끝나는 경우가 대부분이다. 아무리 진보성 또는 야성이 강한 인물이 대통령이 되고 장관이 되어도 마침내 우리는 실망을 경험하고 만다. 그것도 한두 번이 아니다. 이미 250년 전에 장 자크 루소는 "국민들은 투표하는 순간에만 주인이다. 투표가 끝나자마자 다시 노예로 전락한다"고 일갈한 바 있다.

바로 이런 표리부동의 현실, 뒤틀린 현실을 설명하는 데는 '경제가 정치를 지배'하는 숨은 구조를 해명하는 것이 매우 유익하다. 이윤의 경제를 위해 정치나 사회 전체가 뒤틀리게 된다는 것이다. 그 배경에는 은행가, 기업가, 자본가 등 최고의 기득권층, 특권층이 도사리고 있다. 정치가들은 나름의 '상대적 자율성'에도 불구하고 대체로 이 특권층의 대리인(꼭두각시) 역할을 수행한다. 그래서 정치와 경제를 분리해서 보아서는 안 된다. 겉으로는 분리된 듯 보이지만, 그리고 일시적으로 정치가 경제로부터의 "상대적 자율성"을 보이는 경우도 있지만, 사실은 경제가 정치를 좌우하고 정치는 경제의 반영에 불과한 경우가 대부분이다.

물론, 정치가 경제를 좌우하는 경우도 있지만 이것은 평상시가 아니라 변혁기의 경우에만 해당한다. 한 예로, 차베스의 베네수엘라가 그랬다. 그는 대통령이 되자마자 석유산업을 국유화하여 서방 자본의 지배로부터 해방시켰다. 그는 막대한 석유 수입을 국민 대중의 삶을 향상시키는 데 썼다. 빈곤이 절반으로 줄었고, 극단적 빈곤이 70퍼센트나 감소했다. 수백만의 민중이 생애 최초로 기초적 의료 혜택을 받게 되었고, 모든 수준의 교육 과정에서 학생 수가 증가했다. 대학 등록 인구도 갑절로 늘었다. 나아가 공적 연금 수혜자가 50만에서 100만 명으로 늘었다. 게다가 차베스의 베네수엘라는 카리브해 나라들에게 석유를 싸게 공급하는 '페트로카리베' 프로그램을 통해 이웃 나라들에게 수십억 달러의 지원을 하고 쿠바나 볼리비아와 함께 '민중무역협정'을 체결하여 경쟁과 분열의 경제가 아니라 연대와 협동의 경제, 이윤의 경제가 아니라 필요의 경제를 열었다. 바로 이런 변화야말로 정치가 경제를 결정하는 놀라운 변화이다. 한마디로, 변혁기에 일어날 수 있는 일이다.

그렇다면 평소에는 어떤가? 여기서 평소란 말은 변혁기를 맞이하기 이전의 상태이다. 민중의 인간적 필요보다는 무한정 이윤을 추구하는 경제다. 현재 우리의 상황을 보면 된다. 결론부터 말하자면 기업과 은행이 세상을 지배한다. 기업은 재벌 대기업 또는 초국적기업을 최상위로 하고 그 아래에 계열회사, 하청회사(중견기업), 재하청회사(중소기업), 영세기업 등으로 이어지는 일련의 '가치 사슬'로 편성되어 있다. 이들은 '트리클다운' 효과를 강조하며, 재벌 대기업이나 초국적기업이 잘 되어야 온 나라가 발전한다는 환상이나 '1퍼센트가 99퍼센트를 먹여 살린다'라는 착각을 반복적으로 심으려 한다. 그리고 이러한 환상이나 착각을 대학에서는 그럴듯한 학문의 논리로 포장하여 온 사회로 확산한다. 대학의 권위가 자본화하는 셈이다.

다음으로 은행은 어떤가? 은행의 본질은 이자에 있다고 해도 과언이 아니다. 시간이 가면 이자가 붙는다. 저축을 하면 작더라도 이자를 벌 수 있다. 달콤한 면이다. 그러나 대출을 하면 그보다 더 많은 이자를 내야 한다. 원금과 이자는 시간이 갈수록 눈덩이처럼 불어난다. 쓰라린 면이다. 영화 〈김 씨 표류기〉를 보면 빌린 돈을 갚지 못한 김 씨가 한강에 투신자살을 한다. 오죽하면 그러겠는가? 사실, 이것은 더 비참한 현실을 재미있게 표현한 것에 지나지 않는다. 이렇게 은행이 이자놀이를 통해 천문학적인 돈을 버는 것은 신용창조

또는 승수효과로 불리는 부분지불준비금 원칙 덕이다. 쉽게 말해, 적은 돈만 갖고도 그 10배 이상에 해당하는 돈(사실상 가짜 돈)을 널리 빌려줌으로써 막대한 이자를 거두어들이는 것이 그 본질이다. 그래서 은행들은 개인이나 기업들에게 한사코 "돈을 빌려가라"라고 상냥하게 권유하는 것이다. 나중에 돈을 빌린 개인이나 기업이 돈을 갚지 못하면(경영합리화, 정리해고 등 갖은 노력에도 불구하고 지불불능이나 파산하는 경우), 은행은 가차 없이 압류에 들어가고 집이나 땅과 같은 담보물을 경매에 붙여 헐값에 팔아치워 개인이나 기업조차 빈털터리로 만들고 자신들은 거의 손해를 보지 않는다. 데이비드 하비 교수는 이를 "박탈에 의한 축적"이라고 부른 바 있다.

이러한 기본 구조 속에서 일반 시민들은 단순히 '소비자'로 전락한다. 법정 스님도 소비자란 말은 "쓰레기를 만드는 사람들"이란 뜻이므로 사람을 대단히 경멸하는 말이라 경고한 바 있다. 그렇다. 우리는 소비자로서 늘 쓰레기를 만든다. 게다가 우리 스스로가 기업이나 은행에 의해 쓰레기 취급을 받는다. 정리해고 되거나 경매 처분에 내맡겨지는 경우가 바로 그 쓰레기 신세가 되는 셈이다. 내가 보기에 '소비자' 정체성은 이러한 인문학적 차원을 넘는 면이 있다.

첫째, 소비자 정체성은 생산자 정체성과 분리된 것을 전제로 하는 개념이다. 생산자가 따로 있기에 나는 소비자가 된다. 이제 나는 생산 과정에 별 관심이 없다. 다만, 돈만 벌면 된다. 그 돈으로 백화점이나 마트에서 '왕'이나 '고객'으로 대접 받으며 맘껏 쓰면 된다. 그리하여 나는 생산 과정이나 원료나 원료 채취 과정이나 노동 과정의 고통과 무관한 듯 보이는 존재가 된다.

둘째, 소비자 정체성은 그 소비물을 통해 나의 지위를 경쟁적으로 드러내려는 경향을 보인다. T. 베블렌이 말한 "과시적 소비" 개념이나 P. 부르디외의 "구별 짓기" 개념도 바로 이런 경향성을 지적한 것이 아닌가. 또한 소비물은 소유물이 된다. 소유를 통해 우리는 자유로움, 사회적 선망, 사회적 인정을 노린다. 사회적 선망이나 인정은 일시적인 현상에 불과하고 다시 우리는 공허감을 느낀다. 그럴수록 중독에 빠진다. 자유로움 또한 일시적이며 사실은 소유물에 구속된다. 소비자가 소유물을 소유하는 자유로움이 아니라 소유물이 소비자를 소유하는 부자유 현상이 생기게 된다. 한 예로, 자동차가 있으면 여러 가지 좋은 점도 있지만, 때마다 기름을 넣어야 하고 정비를 해야 하며 고장 난 차를 수리하느라 많은 시간과 돈을 써야 한다. 대형 사고가 나는 경우는 오히려 자동차가 나를 죽일 수도 있다. 내가 소유물을 좌우하는 것이 아니라 소유물이 내 생명을 좌우하는 경우다.

셋째, 소비자 정체성은 결국 우리들이 개별화했다는 것을 말해 준다. 이제 공동체 개념은 서서히 약해진다. 소비자는 개별 관리되며 그 취향이나 능력별로 '세분화'된다. 개인별 신용카드는 그 명확한 증거이다. 지불능력이 없는 사람, 현재나 미래에 자신의 노동력마저 팔 수 없는 사람, 현재나 미래에 현금화할 자산이 없는 사람은 이러한 소비자 범주에서도 제외된다. 그들은 이제 조르조 아감벤이 말한 "호모 사케르"(쓰레기 인간)로 전락한다.

바로 이 부분에서 우리는 다시금 앞의 인용으로 돌아간다.

"시민은 소비자가 되고 동정심은 경멸의 대상이 되었다."

이제 동정심이나 공감과 같은, 인간적 유대감의 기초는 사라지고 오로지 돈으로 상징되는 소비 능력, 곧 구매력이 나의 위상을 표현해준다. 그래서 모든 사람들이 돈벌이에 매달린다. 그리고 그 돈벌이의 광장은 이미 기업이나 은행에 의해 지배되고 있다. 그들은 말한다.

"딴 생각 말고 열심히 노동하라. 그러면 잘 살게 된다."

그들은 또 말한다.

"더 빨리, 더 높이, 더 많이 뛰어라. 그러면 승리할 것이다."

이렇게도 말한다.

"지배하라, 안 그러면 지배를 당하고 말 것이다."

이 모든 이야기의 핵심은 '경쟁적 노동'이다. 우리를 분열로 몰아가는 원동력이다. '사회적 책임'과 같은 차원을 무시하게 만드는, 야만의 힘이다. 이런 면에서 앞서 인용한 헨리 지루의 말은 지극히 타당하다.

사회와 경제, 정치가 이렇게 야만으로 치달을 때 이것을 바로잡을 수 있는 최후의 보루는 대학, 언론, 종교, 예술이다. 그러나 오늘의 대학은, (언론, 종교, 예술과 마찬가지로) 진리탐구의 공동체 또는 민주시민(비판적 지식인)의 양성이라는 본연의 목적을 상실한 채 단순한 취업 준비기관이 되고 말았으며 그것도 모자라 대학 스스로 돈벌이 장사꾼으로 변모했다. 대학이 자본을 위한 톱니바퀴 역할을 하던 단계를 거쳐 이제는 자본이라는 기계 자체가 되어버리고 만 것이다. 어떻게 하면 학생들로 하여금 예민한 예언자적 정의감을 기르고, 비판적인 분석기술을 활용하고, 타자의 권리를 존중하는 윤리적 감성을 계발하도록 할 것인가 하는 질문은 시장논리에 지배된 대학에서 갈수록 무의미한 것으로 되고 있다. 결국 대학은 교육, 자유, 주체, 책임, 민주주의 등과 관련해 책임성 있는 역할을 하기보다는 기업 중심 이데올로기를 강화하고 확산하는 등 '조직화된 무책임'의 한 표본이 되고 있다.

이제 우리의 과제는 대학을 다시금 진리탐구의 공동체로 복원시키는 것이다. 그러기 위해서는 시장 맹신주의와 기업 이데올로기, 경쟁의 허구성, 경제가 정치 및 사회를 지배하는 현실 같은 것을 정면으로 분석하고 비판해나가야 한다. 그러한 학습과 토론이 작은 단위들에서 무수히 생성되어야 한다. 자신의 삶과 타자의 관계 그리고 보다 넓은 세상과의 수많은 관계들을 규정하는 제도, 정책, 가치들을 비판적으로 묻는 교육이 절실하다. 그러한 배움의 작은 단위들이 서로 네트워크로 연결되고 수시로 만나 공동의 경험을 나누고 상호 학습하는 과정도 필요하다. 학생과 학생, 학생과 선생 사이에 인간적 유대감이 두텁게 쌓여야 하고 진리와 진실을 향한 열정과, 현실 변화에 대한 창의적 상상력이 곳곳에서 불타올라야 한다. 때로는 전국적인 관심사를 중심으로 모두가 광장으로 몰려나와 그간의 역량을 자랑스럽게 나누고 느끼면서 새로운 국면을 만들어내기도 해야 한다. 이것이 바로 지그문트 바우만이 말한 "우리의 책임에 대해 책임을 지는" 지적 실천이며, 장 폴 사르트르가 말한 "자기와 무관한 일에 관심을 갖는" 지식인의 참된 모습, 그리고 에드워드 사이드가 말한 "참여적 지식인의 깨어 있음" 그 자체이다. 이제 대학과 대학인들은 권력과 특권에 안주할 것이 아니라 경계를 넘어 영토를 횡단하며 고정되기를 거부해야 한다. 그러한 시도들이 거듭되는 가운데 언젠가 우리는 차베스의 베네수엘라와 같은 변혁기(물론 이것은 상징적인 의미다)를 맞아 마침내 "경제의 지배"를 끝장내고 좀 더 나은 민주주의를 쟁취할 수 있을 것이다. 노예폐지론자 프레드릭 더글러스의 말처럼, "행동하지 않는다면 자유란 공허한 개념일 뿐이다. 투쟁이 없으면 진보가 없다."

강수돌 교수의
더불어 교육혁명

제3부

교육 혁신,
우리도 할 수 있다

🌿 참된 혁신
─ 사랑의 패러다임으로 새 집 짓기

　대한민국은 세계 '최고'의 교육열을 자랑한다. 예컨대 비싼 돈이 들어도 학군이 좋은 곳으로 이사를 가거나 심지어는 자녀 교육을 위해 온 가족이 생이별을 감내하는 '기러기 가족'도 많다. 전국 대부분의 고교에서는 '야간자율학습'이 일상화해 있고 많은 인문계 고교에서는 이른바 일류대 진학을 위해 좋은 시설에 규율이 엄격한, 특별한 기숙사를 운용하기도 한다. 어쩌면 이런 모습은 '고전'에 속할 것이다.

　요즘은 뱃속 아기를 위해 산모가 영어 교육을 집중적으로 받기도 하고, 방학 중엔 초등학생마저 많은 비용을 치르며 영어 캠프에 참가하되, 캠프 도중에 수학 과외까지 해주는 프로그램을 앞 다투어 신청하기도 한다.

　그러나 이렇게 뜨거운 교육열에도 불구하고 도대체 참다운 교육이 뭔지에 대해 성찰하고 실천하는 정도는 어쩌면 세계 '최저' 수준일지 모른다. 부끄러운 일이다. 왜 자식 교육에 이토록 뜨겁게 매달리는지에 대해 근본적인 철학이 정립되지 않은 채 거의 맹목적으로 달리다 보니 결국은 어른과 아이들 모두가 지치고 만다. 심지어 많

은 청소년들이 병적인 일탈을 하거나 자기 목숨까지 포기하는 비상
사태가 드물지 않게 발생한다.

　이런 식으로 5천만 국민들이 공통적으로 매달리는 주제는 아마
도 '교육'과 '경제'라고 해야 할 것이다. 사실 이 두 가지 문제는 결
국 '어떻게 먹고살 것인가'의 문제이기에 따로 분리된 것이 아니다.
생각건대 오늘날 배움터는 즐거움과 기쁨의 공간이 아니라 스트레
스의 공간, 공포의 공간이며, 일터 또한 보람과 행복감의 공간이 아
니라 긴장과 경쟁의 살벌한 공간으로 변질되고 말았다. 이 모든 현
상은 결국 '우리가 도대체 무엇을 배우고 어떻게 살 것인가' 하는 문
제와 밀접하게 연관된다. 그런데, 이런 문제제기야 지금까지 숱한
학자나 책들이 해왔지만 뭔가 뾰족한 변화가 없는 것 같다. 그래서
지금부터 우리는 구체적인 변화들을 추적해보아야 한다. 그리고 실
제로 많은 변화들이 세계 곳곳에서 일어나고 있고 대한민국 또한 예
외는 아니다. 그런데 신자유주의의 기수 국가인 미국에서조차 이런
문제의식이 강한데, 한 예로, 데이비드 오어 교수는 그런 가치 지향
을 보여준다. 구체적인 변화의 시도들을 제대로 읽어내기 위해서라
도 오어 교수와 함께 몇 가지 중요한 지점들을 찾아보자.

　데이비드 오어는 미국 오벌린 대학의 환경학 및 정치학 교수로
재직하면서, 『작은 지구를 위한 마음』(현실문화, 2014)이란 책을 펴냈
다. 그는 이 책에서 오늘날 우리 삶의 현실이 직면한 문제와 관련하
여 임기응변적 대응책이 아니라 근본적 처방을 강조한다.

　도대체 근본적 처방이란 무엇인가? 그것은 교육과 환경과 인간
에 대한 우리의 기본적인 관점을 보다 차분하게 그 뿌리로부터 재

고할 것을 요구한다. 그는 자신이 살고 있는 신자유주의의 맹주국 미국뿐만 아니라 전 세계적 차원에서 인간과 자연의 관계가 갈수록 뒤틀리고 있음을, 그리하여 마침내 인간 생존의 토대가 온통 위험에 놓여 있음을 강조한다.

예컨대, 세계적으로 남성 정자 수는 환경호르몬이나 전자파 등의 영향으로 1938년 이래 50퍼센트나 줄었다. 그리고 유럽 숲의 약 80퍼센트는 산성비 피해를 입고 있으며, 미국의 산업계는 해마다 약 114억 톤의 유해 폐기물을 자연으로 방출해내고 있다. 한편, 엄마의 모유조차 치명적인 유독 성분을 함유하고 있다. 이미 우리 몸도 독성 물질로 많이 오염되었다는 말이다.

사실, 이 문제는 이미 미셸 오당이라는 프랑스의 의사가 『농부와 산과의사』(녹색평론사, 2005)라는 책에서도 충격적으로 제기한 바 있다. 산업영농으로 인한 먹거리의 오염과 영양 손실은 인간의 건강과 정서의 파괴를 초래했다는 것이다. 특히, 그는 임신 중 먹거리에 의한 태내 오염이 아이의 건강에 치명적 영향을 미칠 수 있다고 지적한다. 그리고 병원의 출산 과정에서도 기술적, 물리적, 약물적 개입이 산모와 아이의 건강이나 정서에 해를 끼치게 됨을 날카롭게 지적한 바 있다.

과연 우리는 이러한 눈앞의 현실을 언제까지나 무시하며 맹목적 성장의 논리, 맹목적 점수의 논리로 앞만 보며 달려갈 수 있을까? 바로 이것이 D. 오어 교수가 우리 모두에게 던지는 절실한 질문이다. 그는 교육이 도대체 무엇이길래, 사람들을 엉터리로 키워 세상을 이토록 위험하게 만드는 것인지를 묻고 싶어 한다. 교육이 이제는 사업이 되어 돈벌이를 추구해도 부끄러워하기는커녕 뻔뻔스럽게 자랑하는 현실, 아이들과 꿈과 희망을 이야기하기보다는 점수 경쟁을 부추기면서도 상처와 좌절을 안겨다주는 현실, 바로 이런 현실을 바꾸기 위해 그는 완전히 새로운 접근이 필요하다고 본다. 그러면 그가 말하는 완전히 새로운 접근이란 무엇인가?

오어 교수는 현재의 '점점 전문화하는 교육 과정'과 '인간 조건에 관한 큰 질문을 하는 능력' 사이에 커다란 갭이 존재한다고 본다. '다시금 인간 조건에 대해 큰 질문을 하기 시작하는 것'이 해결의 출발점이라는 것이다. 그것은 결국, 사랑, 지성, 지혜, 미덕, 책임감, 가치, 양식에 관한 질문들이다. 그렇다. 우리가 지금 교육이나 경제나, 아니면 정치나 문화를 하나씩 만들어가고 있지만, 도대체 우리가 왜, 무엇 때문에 그렇게 하고 있는지를 냉철하게 따지고 방향을 정확히 잡은 위에서 하나씩 기술적인 부분들을 해나가야 한다. 그렇지 않다면, 효율적으로 뭔가 목표는 달성하되, 전혀 엉뚱한 방향으로 달려갈 가능성이 높다.

생각건대, 오늘날 우리의 학교도, 초중고교나 대학교를 가릴 것 없이 말로는 사랑과 지혜와 미덕과 같은 아름다운 가치를 얼마나 많이 강조하는가? 그러나 현실은 경쟁과 질투, 단순 암기와 점수 기계가 되기를 강요하고 있다. 이 모든 것이 시스템화해 있고, 이러한 시스템화의 문제점조차 깨닫고 있지 못한 것이 솔직한 우리 현실이다. 많은 전문가들이 '전문가 백치'가 되어가면서도 그렇게 된 것조차 모르고 있는 것이 안타까운 현실이다.

따라서 시스템을 새롭게 디자인하는 것, 사랑과 지혜와 미덕과

강수돌 교수의
더불어 교육혁명

같은 참된 인간의 가치, 생명의 가치를 가지고 사람과 사람, 사람과 자연 사이의 관계를 완전히 새롭게 디자인하는 것, 그러한 새 디자인 위에 새로운 현실을 창조하는 것, 이것이 바로 우리가 차분히 풀어야 할 과제다. 마치 완전히 새로운 집을 짓듯이 말이다. 이것을 오어 교수는 '바이오필리아 혁명'이라 부른다. 생명에 대한 사랑을 기초로 이뤄지는 혁명이라는 것이다.

그렇다. 현재의 교육은 기껏해야 기술관료나 지식기사 정도를 배출하여 자본이 돈벌이하는 데 필요한 인력을 대량 공급하는 기능을 하고 있다. 따라서 생명에 대한 사랑, 모든 살아 있는 존재에 대한 사랑을 기초로 제도나 시스템을 완전히 다르게 바꾸어야 한다. '바이오필리아 혁명', 그렇다. 이런 근본 혁명 없이 부분적 땜질 처방으로는 절대 희망의 길을 만들 수 없다. 여태껏 많은 사람들이 이러저러한 문제제기를 하지만 실제로는 아무 변화가 오지 않는 것도 바로 이런 점 때문이다. 행정 관료들이나 정치가들은 누구 할 것 없이 당장의 성과, 눈에 보이는 성과, 자신의 자리 유지에 도움이 되는 성과를 추구하는 경향이 있다. 그러니 '바이오필리아 혁명'과 같은 근본적이고 장기적인 혁명을 추구할 이가 별로 많지 않다. 설사 내 자리의 유지에 도움이 안 된다 하더라도, 또, 우리 당대에 가시적인 성과가 별로 보이지 않는다 하더라도 그야말로 '백년지대계'인 교육의 희망을 위해 지금부터 기초 공사를 다시 하고 주춧돌부터 새로 놓아야 한다.

결국, 교육의 문제를 교육의 문제로만 풀려고 해서는 안 된다. 교육과 더불어 경제, 생명, 노동, 정치, 문화 등 모든 영역이 서로 맞

물리면서 사랑이라는 주춧돌 위에 새롭게 재구성되어야 한다. 탐욕이라는 기존의 주춧돌을 과감히 빼버려야 교육이나 경제 등 모든 삶의 영역에 비로소 새로운 집을 지을 수 있다. 탐욕 대신에 사랑의 패러다임이 들어서야 한다.

이 세상 모든 책들의 메시지를 여덟 글자로 요약하면 '세상에 공짜는 없다'라고 한다. 탐욕의 패러다임에서는 가능한 한 공짜로 더 많은 것을 얻으려 한다. 그러나 우리는 더 많은 돈과 권력을 탐하다 건강을 잃고 친구를 잃고 이웃을 잃는다. 심지어 마을도 망치고 지구도 망친다. 그러나 사랑의 패러다임에서는 사람과 사람, 사람과 자연이 서로 평화롭고 우애로운 관계를 맺는 데서 보람을 찾고 행복을 느낀다. 탐욕을 버리고 사랑으로 살아도 행복하게 살 수 있는 그런 시스템, 바로 이것이 우리가 적극 만들어야 할 새로운 대안이다. 그것이 희망이다. 우리라고 그런 희망을 만들지 못할 이유가 어디에 있겠는가?

🌿 대안학교의 원조, 서머힐 이야기

서머힐 학교(summerhill school)는 원래 영국의 교육가인 A. S. 닐 (1883~1973)이 제1차 세계대전 이후 혼란스럽던 독일에서 5명의 아이들과 함께 시작한 대안학교(드레스덴 근교의 헬레라우 국제학교)다. 닐 자신도 어린 시절, 학교에 다닐 때 아버지의 기대에 미치지 못했다. 그래서 중등학교로 진학하지 못하고 열네 살의 어린 나이에 직업 전선으로 간다. 그 뒤 아버지가 일하던 학교에서 교생으로 일하면서 뭔가 깨달은 바 있어 스물다섯 늦은 나이에 대학에 들어간다. 서른한 살에 지방 학교의 대리 교장으로 근무하면서 『교사일지』를 펴낸다. 이 무렵 그는 삶과 교육에 있어 '자유'의 문제에 관해 심층 고민을 한다. 그 실천적 결실이 1921년의 국제학교, 그리고 1924년의 서머힐 학교다. 결국, 대안교육 아이디어란 규율과 주입식, 시험과 노동력 양성 등으로 구성된 공립교육 방식에 대한 비판적 성찰에서 비롯된 셈이다.

그 뒤 약 40년간의 실제 경험을 담은 『서머힐』이란 책이 1960년에 미국에서 처음 출간됐다. 기존 공교육의 패러다임에 젖어 있던 세상에 신선한 충격을 주었다. 언론이나 지식인 세계에서 큰 논란을 불러일으켰다. 600여 대학에서 교재로 채택될 정도였다. 일종의 '서머힐 스타일'이 강타했다. 그가 아흔 살에 세상을 뜬 이후에도 서머힐은 대안교육의 모범으로 계속된다.

교육 혁신의 선구자, 서머힐의 교육 철학

그러면 과연 우리는 이 서머힐의 경험에서 무엇을 배울 것인가? 숱하게 많은 관점이 있겠지만, 참된 교육 혁신에 필요한 서머힐 교육 철학을 간략히 10가지로 핵심만 정리하면 다음과 같다.

첫째, 학교를 아이들에게 맞춘다. 보통은 아이들을 학교에 맞춘다. 아이들(대개 초등, 중등 수준)은 군인들처럼 복종하거나 가만히 앉아 있질 못한다. 그래서 일반 학교는 규율이 엄격하고 상과 벌로 다스린다. 때로는 폭력도 용인된다. 그러나 서머힐은 교과과정이나 아이를 보는 눈을 아이를 기준으로 삼는다. 교과과정은 '놀이'를 중시하고 교사는 아이들과 함께 웃는 이다. 학교 평가는 학업 성적이 아니라 아이들 표정을 보라고 강조한다. 아이들이 행복하게 학교를 다닐 수 있는 까닭이다.

둘째, 아이들은 자연스레 자기 모습을 찾는다는 믿음이다. 처음엔 울적한 아이도 자유스러운 분위기가 일관되게 유지된다면 스스로 자아와 접촉한다. 보통은 부모의 기대나 학교의 강압, 사회적 분위기가 아이를 짓누른다. 그래서 아이들은 내면이 공허해지고 방황한다. 줏대가 없고 목표가 없으니 갈팡질팡하는 것이다. 서머힐 아이들은 어디에 가건 중심이 잡혀 있다.

강수돌 교수의
더불어 교육혁명

셋째, 행복하게 자라야 멋지게 산다는 가르침이다. 그렇다. 가정에서부터 '조건 없는 사랑'을 듬뿍 받고 자란 아이는 내면이 평화롭고 자아존중감이 높으며 주변과 조화롭게 어울린다. 서머힐은 가정에서 결핍된 사랑을 듬뿍 준다. 심지어 도둑질을 한 아이에게 닐 교장은 동전을 주면서 뭔가 필요한 것이 있느냐며 다독거린다. 아이를 존중하고 인정한 것이다. 그다음부터 아이는 도둑질을 않았다. 조건 없는 사랑을 통해 아이를 존중하고 행복감을 느끼게 함으로써 아이들은 나름의 멋진 인생을 꾸릴 수 있게 된다.

넷째, 아이들의 이기심은 오히려 아이다운 면모로 여겨진다. 엄마의 뱃속을 나온 아이는 어른들의 절대적 보살핌 없이는 생존이 어렵다. 조건 없는 사랑이 필요하다. 아이의 자연스러운 욕구가 어른 눈에는 이기심으로 비칠 수 있다. 하지만 이것이 조건 없는 사랑으로 충족되면 아이는 안정감을 찾고 주변을 배려하는 이타심도 발현된다. 결국, 이기심이나 이타심은 사회적 관계의 산물이다. 이기적인 아이를 이기적이라고 나무라기 이전에 아이의 충족되지 못한 욕구에 적절히 부응하면 아이는 이타적으로 된다.

다섯째, 서머힐은 놀이를 중시한다. 어른의 눈에 놀이는 시간 낭비일 뿐이다. 그러나 "수능 성적 1점이 당신의 장래를 좌우한다"라는 구호는 서머힐에선 볼 수 없다. 놀이는 창의력과 협동심을 배우는 기회다. 놀이는 아이들 내면의 생명력을 발산하는 통로다. 놀이와 유머는 삶을 재미있게 만듦으로써 살아 있음의 기쁨을 느끼게 한다. 어릴 적에 실컷 논 아이들이 커서도 뭐든지 자신감 있게 해낸다. 놀 줄 모르고 유머를 모르는 이는 죽은 것이나 다름없다. 닐에 따르면 "사람들은 40대에 죽어서 80대에 묻힌다." 재미를 모르는 인생을 빗댄 철학적 유머다.

여섯째, 인생관이 정립되면 직업은 덜 중요하다. 대개 어릴 적에 읽는 위인전의 인물들은 학벌이나 학력이 보잘것없다. 투철한 발명 정신이나 높은 사회적 책임감 같은 것이 위인을 만든다. 그러나 아이들이 성장할수록 어른들은 아이들에게 위인전의 인물을 본받도록 가르치지 않는다. 인생관 자체보다는 학벌과 직업을 중시한다. 그러나 서머힐에서는 버스 안내원이건 벽돌공이건 농부이건 자부심을 갖고 보람을 찾으며 일하는 것을 중시한다. 인성교육이란 바로 그런 것이다.

일곱째, 스스로 할 때까지 믿고 기다린다. 어른이건 아이건 내면에 여러 가지 상처가 있다. 이 상처를 온전히 드러내고 서로 사랑으로 어루만져주면, 그 사람은 자아존중감과 자율성이 회복되고 세상을 달리 보게 된다. 그래서 시간이 필요하다. 아무것도 않고 마냥 기다리는 건 아니다. 인간적 상호작용을 하면서 아이의 내면에서 비롯되는 에너지가 건강하게 솟구치는 것을 지켜보면 된다. 부모가 조급증으로 안달하는 것은, 실은 부모의 열등감이나 피해의식 때문이다. 물론 부모 잘못은 아니다. 사회구조 문제다. 그러나 사회를 제대로 고치기 위해서라도 이 부분을 정면 돌파해야 한다. 아이를 믿고 기다리면서도, 열등감을 조장하는 교육과 사회를 바꾸는 운동이 필요한 까닭이다.

여덟째, 자유로운 아이들은 정직하다. 사랑을 듬뿍 받지 못한 아이들은 생존의 두려움에 떤다. 그래서 가식, 위선, 눈치 보기를 예사로 하며 위신과 체면을 중시하면서 성과를 내기 위해 일 중독자가 될 정도로 과잉 몰입하는 '피로사회'가 생긴다. 자유롭다는 것은 누가 시켜서가 아니라 스스로 원해서 움직이는 것이다. 원하는 것을 원하는 때에 하는 것이 자유로운 것이다. 그러면 부모나 교사, 어른 앞에서도 아이들은 솔직하게 자기 생각이나 느낌을 말한다. 진정 자유로운 만큼 책임감도 있다. 늘 규율 속에서만 살아온 사람은 자유에 대한 두려움이 있다. 규율 받던 사람이 자유를 누린답시고 방종을 일삼는 경우가 있는데, 방종과 자유는 천지차이다. 아이들이 진정 자유롭고 정직하면 사회는 더 건강해진다. 한국 사회가 어느 구석 하나 시원한 곳이 없는 이유는 이런 배경도 있다.

아홉째, 상처 받은 아이에게는 사랑, 공감, 자유가 보약이다. 사실은 어른도 마찬가지다. 여성이건 남성이건 마음 맞는 친구를 만나 수다를 한참 떠는 것은 중요하다. 친구가 해답을 주지 못할지언정 이해를 하며 끝까지 들어주기만 해도 속이 시원해지는 건 공감의 치유력 덕분이다. 교육자는 그래서 치유자이기도 하다. 물론 그 치유가 개인으로 끝나기보다 사회를 건강하게 바꾸는 것으로 가야지만 비로소 완성된다.

끝으로, 삶을 추동하는 힘은 이성보다 감성이다. 기분이 좋고 마음이 편하면 우리는 특정 행동을 자꾸 한다. 갓난아기가 웅덩이에 빠지려 하는 경우 우리는 앞뒤를 가리지 않고 아이를 구한다. 친구를 사귀는 것도 계산이나 이성적 사고의 결과가 아니다. 함께 있으면 기분이 좋을 친구가 진짜 친구다. 사회와 역사를 추동하는 이도 그것이 모두를 행복하게 만들고 그를 통해 자신도 행복해진다고 믿는다. 손익을 계산해 움직이는 것은 장사꾼, 자본가이거나 속물 정치가다. 세상을 행복하게 하는 것은 손익 계산을 하는 이성의 힘이 아니라 타자의 아픔을 나의 아픔으로, 타자의 행복을 나의 행복으로 느끼는 감성의 힘이다.

서머힐에서 배울 수 있는 것을 이런저런 식으로 나열하면 한도 끝도 없다. 중요한 것은 이 가르침 중에서 하나라도 '나부터' 실천하는 일이다. 물론 '나 홀로' 실천보다는 '더불어' 실천하면 힘이 커진다. 시골의 폐교를 '서머힐 스타일'의 대안학교로 만드는 일, 일반 공립학교를 공립 대안학교 내지 혁신학교로 만드는 일, 지금부터 아이를 제2세대 노동력(성공과 출세)의 관점이 아니라 사랑(인격체)의 눈으로 보는 일, 일류대학이나 일류직장을 중시하기보다는 '일류인생'을 중시하는 일, 지역의 작은 모임이라도 적극 참여하면서 작은 변화를 같이 꿈꾸는 일, 바로 이런 일부터 해보자.

설립자 A. S. 닐의 경구는 반드시 기억해야 한다.

"이 세상에 문제아는 없다. 문제가정, 문제학교, 문제사회가 있을 뿐이다."

그렇다. 흔히들 문제아 운운하지만 그런 말을 하는 어른들, 그런 말을 하게 하는 사회 자체가 문제다. 그래서 외친다. '서머힐 스타일'이여, 영원하라!

채은이의 서머힐 체험 이야기

아마도 '서머힐' 학교는 아이들의 내면적 자유가 착실하게 성장

강수돌 교수의
더불어 교육혁명

하도록 돕는다는 점에서 가장 생명력이 긴 '탈학교의 학교'가 아닐까 한다. 여기서는 이론적으로 살피기보다는 구체적인 체험담을 통해 서머힐 학교가 얼마나 대안적인 교육의 싹을 보여주는지 살펴보기로 하자.

이미 청년으로 훌쩍 성장해버린 채은이도 이 서머힐 학교에서 약 10년 정도의 청소년기를 보냈다. 그리고 최근 『서머힐에서 진짜 세상을 배우다』(해냄, 2014)라는 책까지 펴냈다. 채은이의 부모는 아이 셋을 모두 이 서머힐로 보냈고 멀리서 무한대의 지지를 보냈으며 그 사이에 아이들은 당당한 청년으로 성장했다. 모두 28년간이다. 크게 보면, 한국에서도 학원이다 과외다 하여 온갖 사교육비를 지출하는 것과 비교할 때 비슷한 돈이 들지 모르지만, 그럼에도 불구하고 만만치 않을 학비를 감안한다면, 28년간 서머힐 학교가 채은이네 가족의 덕을 입기도 했을 듯하다. 서머힐의 아빠 역할을 하는 토니가 "오랫동안 우리를 믿어준 채은이의 부모님께 정말 고맙게 생각한다"고 말할 정도니 말이다. 『서머힐에서 진짜 세상을 배우다』를 쓴 채은이는 1999년부터 2008년까지 꼬박 9년간 서머힐에서 성장했다.

서머힐에 대해선 일반적으로 대안학교를 바라보는 시각처럼 크게 '문제아들의 집합소'라는 입장과 '자율적인 성장 공간'이란 입장이 있다. 겉보기엔 문제아 집합소처럼 보이지만, 실상은 자율적 성장 공간에 가깝다. 『서머힐에서 진짜 세상을 배우다』를 읽으면, 아이들끼리 또는 선생님들과 다투다가도 화해하고 성장하는 숱한 얘기들이 나온다. 시행착오 속에서 배우고 혼자 고독을 씹다가 배우고 갈등 속에 배운다.

서머힐 학교엔 나름의 제도와 규칙, 문화가 있다. 사소한 문제가 있으면 옴부즈맨을 찾거나 식구총회(미팅)에서 '말'을 한다. 교사가 아니라 아이들이 벌칙을 정한다. 다수의 찬성 의견에 따라 결정이 되지만, 소수의 반대 의견도 경청한다. '가해자-피해자' 도식에 갇혔다가도 서로가 서로의 처지를 이해하면서 마침내 화해한다. 이는 모두 민주주의를 학습하는 과정이자, 나름의 주체성을 형성하는 과정이다. '다름' 속에 '같이' 사는 법을 배우는 과정이기도 하다. 규칙도 200여 가지가 넘는다. 하지만 규칙이 생동하는 소통 과정을 압도하진 못한다. 말하고 들어주고 결정하고 반성하고 화해하고 깨우치는 과정이 총체적으로 원만하게 어우러진다.

물론 한국의 일반 학교처럼 일사불란한 건 없다. 중요한 것은 다른 사람 눈치를 보지 않고 오로지 자신의 느낌에 충실할 뿐인데도, 타인을 무시하거나 상처를 주지 않으려는 문화를 만들어가는 과정이다. 바로 이런 공존의 법칙이 학교생활 곳곳에 녹아 있다.

크게 보면, 서머힐은 배움과 성장의 공간이기도 하지만, 그저 '귀한 인연'으로 함께 사는 공간이기도 하다. '진짜 세상'에서 사는 법을 배우는 곳이란 말이 그냥 나온 게 아니다. 사실은, 자본주의 사회 속에 살아가는 부모의 경험들이 자녀관계를 통해 아이들 속에 일정한 흔적을 남겨 놓는다. 그런 흔적들이 아이들을 매개로 서머힐에 집합한다. 그래서 서머힐 학교 자체가 하나의 사회요 하나의 작은 우주다. 한 명도 아니고 70~80명이 같이 모여 사는 이 공간을 그나마 '사람 사는' 공간으로 변모시키는 힘의 근원은 무엇일까? 그것은 자유와 사랑이다.

자유(自由)란 스스로 느끼고 성찰한 바에 토대해 행위하는 것이다. 자유로운 놀이가 그래서 중요하다. 수업 참여도 자유다. 심지어 1999년에 영국 교육부가 "수업을 강제하지 않으면 폐교시키겠다"고 경고할 정도였다. 아이들은 실컷 놀다 보면 하고 싶은 것도 생기고 책임감도 느낀다. 스스로 움직여 배우게 된다.

랜디 포시 교수는 "학교에서 스포츠를 가르치면, 학생들은 스포츠를 배운다고 생각하지만 사실은 팀워크, 리더십, 전술, 정신력 등을 동시에 배우는 것"이라 했다. 간접적 배움이다. 그렇다. 지금 우리 학교에서는 직접적으로는 모두 입시 공부를 하지만, 간접적으로는 교사에게 복종하고 '딴 생각'을 하지 않는 것을 배운다. 그러나 서머힐은 입시 준비 학교가 아니라 삶을 준비하는 학교, 인간관계를 배우고, 삶 자체를 배우는 학교다.

또, 서머힐 학교가 강조하는 사랑이란 존중과 이해, 공감과 신뢰로 표현된다. 그것은 아이들을 믿고 기다려주는 것이며, 아이가 뭔가 하고자 할 때 아무런 토를 달지 않고 기꺼이 도와주는 것이다. 물론 더 나은 방향이나 내용을 위해 서로 친구처럼 편안한 대화를 할 필요는 있다. 이것이 중요하다. 그래서 가정환경이나 부모, 친구관계에 의해 생긴 상처들이 또 다른 관계나 존재를 왜곡하게 될 때 자유와 사랑이 특효약이 된다.『서머힐에서 진짜 세상을 배우다』는 이를 증명해주는 생생한 보고서다.

"오랫동안 서머힐에 살면 양보와 타협을 연습하게 되고, 신속하게 상황을 판단하고 상대방의 성격을 파악하는 법을 습득하게 된다."

　이것이 바로 '서머힐의 힘'이다. 또, 서머힐은 일반 학교에서 문제아 또는 학습부진아로 '낙인'찍혀 제대로 성장하기 어려운 아이들조차 의젓한 성인으로 자라게 돕는다. "누구에게도 아무런 강요를 하지 않기 때문에 가능했던 일"이다. 그래서 아이들은 서머힐을 "자기 속도로 한 걸음 한 걸음 성장해나갈 수" 있는, "집보다 더 집 같은 곳"이라 부른다.

　『서머힐에서 진짜 세상을 배우다』에는 자유롭고 포용적인 학교 이야기만 있는 게 아니다. 동일한 서머힐 학생도 부모가 어떤 태도를 보이는가에 따라 아이의 성장이 달라진다. 부모가 조급해하거나 불안해하면, 또 부모가 자신의 삶을 제대로 살지 못하거나 행복하지 않다면, 아이의 성장은 지체되거나 왜곡될 수 있다. 오죽하면 채은이가 다른 친구들의 모습을 보며 "육체적으로는 자식을 놓아주어도 정신적으로는 놓지 못하는 부모들"이 있다고 안타까워할까? 반면, 자신의 부모는 "아이들은 스스로 선택하고 결정하면서 자신에 대한 책임감을 배워나가고, 그냥 놓아두면 독립적이고 건강한 성인으로 자란다"는 소신을 갖고 있었기에 별 혼란을 느끼지 않고 책임성 있는 성인으로 클 수 있었다 한다.

　이처럼 아이들의 불안과 불만, 불평과 두려움 같은, 성장 저해 요인들을 자유와 사랑으로 감싸 안아주면서 자존감, 자신감, 자긍심을 드높이는 교사와 부모가 존재하기에, 그런 요소조차 성장 촉진 요인으로 고양되었다. 채은이가 잘 성장할 것을 굳게 믿으며 항상 무한대의 정서적 지지를 한 채은이의 부모가 존경스럽다.

"난 네가 네 길을 잘 찾아갈 거라고 확신해. 넌 특별한 능력을 가진 특별한 사람이야."

혹시라도 학교생활에 실망하거나 자기 스스로 실망하는 경우, 아이의 부모는 이렇게 말했다.

"학교를 절대시하지 마. 그러면 괜찮아."

🍂 세상을 살리는 인간적 능력
— 캐나다 '공감의 뿌리' 사례

　　앞서 언급한 메리 고든이라는 캐나다의 교육자는 캐나다 토론토에서 유치원 교사를 했는데 우연한 기회에 '아무것도 모르는 갓난아기가 가진 힘'을 발견하고 지역에 사는 갓난아기를 초·중등학교에 초대해 아이들로 하여금 한 학년 동안 성장 과정을 지켜보도록 했다. 특히 초중등 아이들 사이의 폭력이나 공격성, 왕따 현상과 같은 문제에 대해 효과적으로 대처하는 방법이 사회적으로 중요한 의제로 대두된 때에 메리 고든의 '갓난아기 요법'은 특별한 마법의 힘을 발휘했다.

　　나는 이 '공감의 뿌리' 이야기를 이미 들은 바 있었기에 몇 년 전 연구를 위해 캐나다 토론토에 머물게 되었을 때, 하루 날 잡아 '공감의 뿌리' 사무실을 방문했다. 운이 좋으면 메리 고든 선생도 직접 만나보고 생생한 이야기도 들을 수 있겠다 싶었다. 사무실은 토론토 시내로부터는 좀 떨어진 한적한 곳에 있었다. 그 주변은 대단히 조용하고 한가했다. 유리로 된 멋진 건물 5층에 자리 잡은 사무실에는 꽤 많은 사람들이 일을 하고 있었다. 아쉽게도 메리 고든 선생은 토론토와는 한참 멀리 떨어진 밴쿠버로 출장을 가고 없었다. 직원한 분이 친절하게도 '공감의 뿌리'를 소개하는 책자를 골고루 챙겨주었다. 그 속에는 앞의 사례처럼 유치원이나 초중등 학교 교실에서 운영되는 프로그램들이 자세히 안내되고 있었다.

'공감의 뿌리' 재단 대표인 메리 고든 선생은 말한다.

"공감의 뿌리 프로그램은 학생들에게 아기가 충동을 조절하는 법을 어떻게 배워나가는지 보여줍니다. 이런 '갓난아기'와의 만남이라는 체험학습을 통해 초등 아이들이나 청소년들은 자신의 충동을 조절하는 능력을 키우게 됩니다."

이런 식으로 '공감의 뿌리' 식의 교육성과가 입소문을 타면서 일반 학교에서 정규과목으로 채택하는 학교가 꾸준히 늘어 지금까지 이 교육을 받은 학생은 30만 명이 넘는다고 한다. 이제는 캐나다는 물론 미국과 호주, 영국, 뉴질랜드 등으로 '공감의 뿌리' 학습법이 확산되면서 학교폭력을 효과적으로 예방하거나 줄이는 대안으로 각광을 받고 있다. 메리 고든은 이미 2010년에 한국에서 열린 '사회적 기업가 정신 국제 콘퍼런스'에 참석해 "공감 능력을 키우지 않으면 갈등을 해결하지도, 이타심을 발휘하지도, 평화를 추구하지도 못합니다"라고 강조했다.

해마다 10대 청소년 300명 내외가 자살하는 나라, 청소년 스트레스 지수가 세계 최고인 나라가 대한민국이다. 경제적 여유만 된다면 아이를 잘 키우기 위해서라도 모두들 떠나버리고 싶어 하는 곳이 대한민국이다. 2014년 4월의 세월호 사고와 그 이후의 과정을 보더라도 더욱 그런 생각이 많이 든다. 그러나 떠난다고 해결될 문제는 아니다. 어디에 살건, 사람답게 살기 위해서는 '공감의 능력'이 필요하다. 사실, 세월호 참사가 벌어진 이후 한국사회, 특히 언론 및 정치권에서 이를 받아들이고 이에 대한 논의가 이루어지는 과정을 지켜보노라면 온 나라가 돈벌이에 혈안이 된 나머지 사회 전체가 공감의 능력을 잃어버린 것 아닌가 하는 생각이 든다.

메리 고든의 '갓난아기 요법'은 앞서 살핀 바, 갓난아기와 어머니를 일반 학교에 정기적으로 초대해 1년이라는 비교적 긴 기간 동안 갓난아기의 성장 과정을 지켜보면서 학생들끼리 생각과 감정, 느낌을 공유하게 하는 프로그램이다. 대체로 이 교육을 받은 학생 중 70퍼센트 이상은 봉사정신과 친사회적 행동이 증가했고, 프로그램 보급이 10년이 지나면서 캐나다 전역에서 집단 괴롭힘이나 따돌림 현상이 90퍼센트나 줄어든 것으로 관찰됐다.

'공감의 뿌리', 과연 무엇이 어떻게 작용해서 마술 같은 효과를 내게 될까? 내가 보기엔 유치원생이건 초중등생이건 이미 어느 정도 성장한 아이들과 '갓난아기'와의 만남이 '뜻밖'이라는 사실이 중요하게 보인다. 유치원 아이나 초중등 아이들은 갓난아기를 보면 '뜻밖에' 자기 동생이 온 것처럼 보일 것이고, 무의식으로나마 자신의 과거를 보게 될 것이다. 그래서 너무나 신기하고 사랑스럽게 보인다. 그런 아기에게 해를 끼치고 싶은 마음은 좀처럼 일어나지 않을 것이다.

다음으로 중요한 것은 갓난아기의 특성이다. 갓난아기는 아직 사회적 편견이나 고정 관념에 노출되지 않았다. 아주 순수한 편이다. 이런 아기를 만나면서 학생들은 자신의 순수한 마음과 따뜻한 감정을 재발견하고 표현하는 능력을 기르게 된다. 곧, 갓난아기와

강수돌 교수의
더불어 교육혁명

의 '뜻밖의' 만남이 결국은 학생들 자신의 순수한 원래 모습과 접촉하게 함으로써, 사람마다 갖고 있는 '공감의 능력'을 발달시키게 되는 셈이다.

이런 면에서 보면 우리는 '강자 동일시'만 하는 게 아니라 '약자 동일시' 곧 '약자와의 공감' 능력도 있음을 알 수 있다. 타자의 고통이나 약자의 아픔에 공감할 수 있는 능력, 그리하여 약자의 내면을 이해하고 약자의 입장에서 사태나 문제를 바로잡고자 하는 역량, 바로 이것이 우리 사회에 절실히 필요한 게 아닐까?

게다가, 공감 능력의 발달과 함께 학습 능력도 향상되었다는 연구 결과도 있다. 그도 그럴 것이, 타인이나 다른 사물에 자신의 감정을 이입할 수 있는 공감의 능력은 집중력을 높이고 이해력을 높임과 동시에 창의성을 북돋우기 때문이다. 이미 900년 전에 중국의 소동파는 이런 말을 했다고 한다.

"대나무를 그리려면 먼저 대나무가 내 속에서 자라나게 해야 한다. 손에 붓을 쥐고 눈으로 집중을 하면, 그림이 바로 내 앞에 떠오른다. 그럼 그림을 재빨리 잡아채야 한다. 그렇지 않으면 사냥꾼을 본 토끼처럼 그림이 잽싸게 사라진다."

로버트와 미셸 루트번스타인이 쓴 『생각의 탄생』(에코의 서재, 2007)에 나오는 말이다. 이것이 바로 '공감의 힘'이다.

제레미 리프킨은 『공감의 시대』(민음사, 2010)란 책에서 고대 신화적 의식의 시대로부터 기독교 문명의 발흥, 18세기 계몽주의 및 19세기 이데올로기의 시대와 20세기 심리학 시대에 이르는 긴 역사의 여정에서 인간의 공감이 어떻게 계발돼 왔는지 고찰한다. 이런 바탕 위에서 그는 앞으로 세계의 경제는 경쟁과 독점의 시대가 아니라 공감과 협력의 시대가 될 수밖에 없을 것이라 전망한다.

"인간 이해에 기초하고 분산 네트워크를 기반으로 하는 협업의 경제 체제에 동승한 개인, 기업, 나라만이 살아남는다"는 것이 그 골자다. 그렇다. 갈수록 석유 문명에 기초한 경제 성장의 신화는 종말로 치닫는다. 자본주의는 사상 유례가 없는 생산력을 발달시켰지만, 마치 '이카루스 역설'처럼, 바로 그로 인해 더 이상 돌파구가 없는 막다른 골목으로 돌진한다. 그 과정 속에서는 우리는 자연이나 타자와의 공감 능력만이 아니라 자기 자신과의 공감 능력마저 잃어버린 게 아닐까?

아이들이 유치원과 초등학교 다니던 시절, 세 아이 모두 내가 직접 경작하는 텃밭에서 지렁이와 함께 놀던 때가 있었다. 보통 도시 아이들은 지렁이를 보면 기겁을 한다. 사실 어른인 나도 지렁이나 뱀을 보면 끔쩍끔쩍 놀란다. 그런데 지렁이는 사실 유기농 농사에서 엄청 중요한 일을 한다. 음식물 등 각종 유기물을 분해하여 마침내 퇴비를 만드는 역할을 하는 것이다. '밥이 똥이 되고 똥이 밥이 되는' 생태 순환형 살림살이 경제에 지렁이는 매우 소중한 존재다. 이런 걸 알고 난 뒤 나는 아이들에게 "지렁이가 없으면 맛있는 상추도 못 먹는다. 지렁이가 큰 일꾼이란다. 지렁이에게 고마워해야 한다"라고 알려주었다. 그 뒤로 아이들은 지렁이를 친구처럼 대하기 시작했다. 행여 지렁이가 밭에서 기어 나와 길가에서 길을 잃고 있으면 아이들은 조심스레 지렁이를 손에 담아 밭으로 넣어주곤 했다. 바로 이런 것이 이 죽임과 혼란의 시대에 절실히 필요한 '공감의 능

강수돌 교수의
더불어 교육혁명

력'일 것이다. 감히 말하건대, 그런 식으로 자연과 교감하며 자란 아이들은 감성이 살아 있고 오감이 살아 있으며 자기 삶의 책임성 있는 주체로 잘 자란다. 이러한 인간적 능력(공감, 소통, 연대)의 회복이야말로 메리 고든이나 제레미 리프킨의 메시지처럼, 나를 살리고 관계를 살리고 경제와 세상을 살리는 토대가 아닐까 싶다.

🌿 토론토 센트럴텍 고교 사례

　몇 년 전, 연구를 위해 캐나다 토론토에 머물 때의 일이다. 그곳의 고등학교 중 하나인 '센트럴텍'은 해마다 6월이면 '오픈 하우스' 행사를 한다고 했다. 좋은 기회다 싶어 현장 관찰을 했다.

　이 행사는 크게 두 가지 목적이 있다. 하나는 1년 간 학생들이 각종 수업 활동이나 동아리 활동에서 해온 것을 종합적으로 발표함으로써 스스로 정리도 하고 대외적으로 자랑도 하는 것이다. 다른 하나는 이런 식으로 학교에서 교사와 학생들이 활동하는 과정을 공개적으로 소개함으로써 앞으로 '관심과 흥미가 있는 학생들은 얼마든지 우리 학교로 오라'는 것이다. 센트럴텍 고교는 평소에도 주말마다 학교 수영장을 일반 시민에게 개방하고 있었다. 학교가 사회와 분리된 것이 아니었다. 그래서 시민들은 누구나 실비만 내고 저렴하게 수영을 즐길 수 있다. 이런 식으로 학교는 일상적으로 지역사회와 관계를 맺고 있다. 한국의 학교가 기껏해야 축구를 위해 운동장 정도 빌려주는 것을 생각해보면 배울 점이 많다.

　센트럴텍 고교는 우선 건물부터 예사롭지 않았다. 마치 유럽의 오래된 성과 같은 분위기를 자아낸다. 그 역사가 이미 100년이 넘는다. 영어권 학생들이 대부분이지만, 비영어권 학생들(ESL)의 학급도 5개 반이나 된다. 학생 수가 2000명이 넘고 선생님도 무려 200명이 넘는다.

그런데 진짜 놀라운 것은 이 학교의 교육 방식과 교육 내용이었다. 한국의 고등학교가 오로지 일류대학만을 위해 새벽부터 밤늦게까지 입시 공부에 목을 매는 것에 비하면, 이 학교는 학생들의 '다양성'을 중심에 두고 교육을 한다. 이 학교는 일종의 '종합고교'이다. 그것은 대학 진학을 기준으로 학생을 나누는 것이 아니라, 학생들이 어떤 소질과 취향을 갖고 있느냐를 기준으로 나누는 것이다. 물론 모든 학생들이 공통으로 받아야 하는 수업도 있다. 그런 공통 과목들이 대략 절반 정도라면, 나머지 절반은 자신의 소질과 취향에 따라 선택하는 것이다. 그다음에 대학 진학을 할 것인지 아니면 바로 취업 전선으로 갈 것인지 하는 것은 학생의 판단에 맡긴다. 그판단 결과에 따라 교사는 대체로 학생의 결정을 존중하여 어떻게 지도할 것인지 결정한다. 무조건 대학에 많이 진학시키려는 것이 아니라, 학생 저마다의 꿈을 실현시키는 데 도움을 주려 노력하는 것이 이곳 교사들의 특징이다.

내가 참여했던 '학교 방문의 날'에 하필이면 비가 와서 야외 전시는 없었고 모두 실내 전시라 좀 아쉽긴 했다. 그러나 각 코너마다 교육 내용의 단면을 볼 수 있었다. "독서는 우리가 어떤 길을 가야할지 알려준다"는 포스터가 붙은 영어 교실을 지나 첫 번째 간 곳은 요리 수업 시간에 학생들이 만든 쿠키를 전시하며 파는 코너였다. "어린이들에게 자유를(Free the Children)!"이라는 시민운동단체를 위해 기금을 마련한다고 했다. 그 수업을 지도하는 선생님이 직접 나와 그 취지를 설명하기도 한다. 특히 학생들이 수업 시간에 직접 만들었다는 점이 부모나 학생들로서는 더욱 뿌듯하게 느껴지도록 하는 부분이었다.

두 번째는 패션쇼였다. 옷 만들기 수업 시간에 학생들이 의류 디자인과 함께 직접 재봉틀을 다룬다. 그 결과 가운데 하나가 패션쇼로 구성되었다. 학생들은 흑인과 백인, 키 큰 아이와 작은 아이, 날씬한 아이와 뚱뚱한 아이 등을 전혀 가리지 않고 골고루 멋진 옷과 맵시를 뽐낸다.

세 번째는 모의법정이다. 실제로 사회 수업 시간에 했던 내용을 그대로 보여주는 것이다. 한국과 다른 점 중 하나는 판사와 검사, 변호사, 방청객 외에 배심원 그룹이 판사의 왼편에 앉아 1차 판정을 내린다는 것이다. 한국의 많은 판검사나 변호사들이 한편으로는 '유전무죄, 무전유죄'의 덫에 걸려 있고, 다른 편으로는 '전관예우'의 덫에 걸려 있는 점을 감안한다면, 시민배심원 제도는 한층 진일보한 제도다.

네 번째는 과학 실험장이었다. 비눗물의 표면장력을 응용한 비눗방울 만들기와 비누카펫 만들기를 하고 있었다. 방문의 날 행사에 참여한 사람들 가운데 꼬맹이들이 신기하다는 듯 가장 많이 달라붙는 테이블이었다.

다섯 번째는 자동차 숍이었다. 놀랍게도 온갖 종류의 자동차들이 모인 넓은 공간에서 자동차 엔진을 비롯한 모든 부분을 분해, 조립, 정비를 하고 있었다. 내 기억으로는 중학교 시절에 교과서의 설명이나 사진으로만 보았던 것인데 여기서는 직접 자동차 정비장 수준으로 수업이 진행되고 있었다.

여섯 번째는 미용 숍이었다. 일종의 미용학원이 학교 안에 있는 셈이다. 관심 있는 학생들은 그 수업 과정에서 이미 미용사 자격증을 딸 정도가 된다. 아이들의 관심사나 취향을 적극 반영하여 이렇게 다양한 현장을 학교 안에 만들어놓다니, 과연 이런 게 선진국의 학교가 아닐까, 싶었다.

일곱 번째는 큰 실내체육관에 장애물 코스를 만들어놓고 참가자들에게 한 코스 돌기를 권유한다. 다 돌고 나면 확인 도장을 찍어준다. 도장을 10개 이상 받아 가면 상을 준다고 했다. 그런데 여기서는 사람들이 상보다 자신이 관심 가는 곳에 가서 느긋이 즐기는 데 중점을 두었다. 아마도 한국 같았으면, 서로 상을 받아가려고 더 경쟁적으로 자기 학대를 하지 않았을까, 생각하니 한국 사회에 변화의 기운이 절실함을 새삼 느꼈다.

여덟 번째는 함석 및 배관 숍인데, 상하수도관, 가스관 등 각종 일상생활에 필요한 부분과 관련된 것을 배우는 것이다. 교사의 지도에 따라 학생들이 직접 용접도 하고 쇠를 녹여 모루를 놓고 담금질도 한다. 이런 기술을 익히고 나간 학생들은 취업 시 시간당 임금 자체가 높을 수밖에 없다.

아홉 번째는 중앙 현관 안쪽에서 방문객을 즐겁게 맞이하는 음악대였는데, 놀랍게도 연주만 멋지게 잘 하는 것이 아니라 드럼 같은 악기들을 학생들이 판금과 용접 등을 통해 직접 만들었다는 것이다. 이 대목에서는 대한민국의 '하자작업장센터'와 거의 유사하다는 생각이 들었다.

열 번째는 일종의 경제 코너였는데, 재미있게 로또 뽑기 형식으로 주제를 하나 정한다. 담당자가 경제 관련 퀴즈를 뽑아 준다. 맞히면 돈 모양의 초콜릿을 하나씩 선물로 주었다.

열한 번째는 미술관이었다. 그림도 있고 판화도 있고 도자기도 있고 인쇄기까지 있었다. 그날 행사 안내 포스터도 모두 교사의 지도 아래 학생들이 만든 것이었다. 놀랍게도 그날도 '모델'을 직접 불러 앉혀 놓고 그림을 그리고 있기도 했다. 또 다른 공간에서는 학생들이 만든 미술 작품을 전시도 하고 팔기도 하는 '아트 숍'이 있었다.

요약하자면, 이 센트럴텍 고교는 한 학교 안에 교과 공부방과 도서실, 자동차 정비장, 미용실, 수영장, 체육관, 배관 및 용접, 미술관 등이 모두 구비된 종합학교였다. 이렇게 학생들은 언어 능력에 따라, 또 소질과 취향에 따라 자신의 학습과 진로를 결정한다. 남은 것은 학생 자신의 꿈과 의지다. 오늘도 무거운 가방을 메고 밤늦게까지 학교와 학원을 돌며 '주요 과목'인 국·영·수에 목을 매는 대한민국의 학생들을 생각하면 마음이 무거워진다. 지금은 척박하나 앞으로는 한국에서도 이런 열린 교육이 현실이 되어 아이들이 즐겁게 생활할 날을 상상해본다.

🌿 작은 학교의 힘, 결코 작지 않다

작은 학교에서 아이들을 가르치는 박찬영 선생님이 쓴 『작은 학교의 힘』(시공사, 2014)은 『서머힐』의 한국 사례, 그것도 사립이 아니라 공립에서의 대안적 사례를 다양하게 보여준다. 시골의 작은 학교 아이들이 창작 로켓 만들기 대회, 청소년과학탐구 대회, 글짓기 대회, 미술 대회, 체육 대회, 생활영어회화 대회 등 각종 분야에서 탁월한 성과를 내는 것을 보고 박 선생은 깜짝 놀란다. 도시의 학교도 아니고, 유능한 교사도 있긴 있지만 그것만으로 설명은 충분하지 않았다.

"얼마 지나지 않아 나는 이 학교 학생들이 가진 특별한 힘이 '강한 자존감'이라는 사실을 깨닫게 되었다."

"나는 '작은 학교 교육'이야말로 아이들에게 높은 자존감을 심어 주는 데 중요한 역할을 한다는 사실을 알게 되었다."

외국의 어느 유명한 의사는 초등 시절의 선생님이 "너는 손이 크고 힘이 세니 훌륭한 외과의사가 되겠구나"라고 말한 것에 자극을 받아 진로를 결정했다 한다. 한창 뛰어놀며 자신의 잠재력이나 소질을 탐색해야 할 시기에 '큰 학교'에 가서 경쟁적인 점수 따기 공부만 한다면 아이들은 자존감을 고양하거나 참된 자아발견에 실패하고 말 것이다. 요컨대, 전교 100명 이내의 작은 학교에서는 아이들이 선생님과의 친밀한 교류 속에 자존감을 고양할 수 있고 또래와의 인간적 관계를 통해 인성 발달도 잘 이뤄지며, 자연스레 학업 성취도도 올라간다.

『작은 학교의 힘』은 이를 증명하기 위해 전국 곳곳의 사례들을 자세히 보여주며, '공교육 혁명'이 가능하다고 말한다. 공교육 혁명이란, 왕따나 폭력, 허세와 경쟁이 치열한 학교 현장을 우정과 환희, 자존감과 협동심으로 가득한 곳으로 만들어가는 것이다.

"교육의 목표가 오로지 '다른 아이보다 잘하는 것'이 될 때, 진정한 배움은 사라지고 오직 경쟁의 논리가 교실을 지배하게 된다."

그 배경은 당연히 경쟁을 부추기는 사회이며 그 매개 고리는 부모들이다.

"경쟁에서 뒤처지는 것에 대해 마음속 깊은 곳에 불안감을 품고 있는 어른들이 아이들을 경쟁으로 내몰고 있다."

부모가 현실(사회나 기업)에서 경험하는 두려움이나 열등감은 아이들에게 최고가 되기를 강요하는 강박증과 조급증을 낳는다. 부모들 또한 어마어마한 '교육 스트레스'에 시달린다. 국내에서는 부모나 아이나 학원이나 과외 등 사교육에 시달리고, 아이를 해외로 보낸 경우엔 거액의 학비를 감당하느라 '기러기 아빠'들의 심신이 소진되며, 친밀한 가족 관계도 파괴된다. 종종 뉴스에 나오는 기러기 아빠의 자살 사건은 결국, 인생이나 교육에 대한 통찰이나 철학의 부재가 삶 자체를 포기하게 만들 수도 있음을 시사한다.

그렇다면 운동장이나 체육 시간까지 없앨 정도로 경쟁 분위기에 압도당한 학교는 어떤 결과를 만들어낼까? 당연히도 일부 학생들은 좋은 성과를 낸다. 하지만 대다수 학생들은 좌절감, 열등감, 절망감, 배신감, 무력감, 죄책감 따위에 시달리다 마침내 자살까지 감행하기도 한다.

문제는 많고 해답은 보이지 않는다. 바로 여기서 '작은 학교'는 만병통치약은 아니지만, 하나의 좋은 해결책이 될 수 있다. 한 예로, '도시의 큰 학교들이 가진 공통적 문제 중 하나가 바로 1, 2학년에 50대 이상의 담임교사 비율이 매우 높은' 점인데, 그래서 '20~30대의 젊고 친절한 여교사'가 많은 유치원에서 세세한 부분까지 살뜰히 챙김을 받으며 자란 초등 아이들이 학교에 가길 싫어하는 경향이 있다. 반면, 작은 학교 아이들은 학교를 세 번씩이나 갈 정도로 학교를 좋아한다. 한 번은 공부, 두 번은 놀이를 위해서다. 시골 작은 학교는 자연 속에 있기에 아이들은 자연을 닮아간다.

"루소의 자연주의 교육론이나 발도르프 교육의 관점에서 보면, 자연에 속해 있고 자연주의적 체험학습을 강조하는 작은 학교 교육이야말로 좋은 교육이다."

자연은 호기심을 자극하고 상상력과 깨달음을 키우는 '새로운 낯섦'이자 아토피 등 질병까지 치유하는 병원이다. 또한, 교직을 '밥벌이'로 보는 '직업 교사'들이 많은 도시의 큰 학교(여기는 업무 부담도 상대적으로 작고 대충 '묻어갈 수 있다')에 비해, 시골의 작은 학교는 잘 가르치려는 의욕이 큰 젊은 교사, 교사 자신의 관점보다 아이나 학부모의 마음을 중시하는 '성직자적' 교사들이 많다. 작은 학교에서는 "한 아이가 잘못된 행동을 하더라도 참고 기다려줄 만한 시간적 여유를 가질 수 있다." 이런 관계 속에 아이들은 책임감, 자존감, 협동심, 배려심을 키운다. 게다가, (농어촌 근무자에게 높은 점수를 주는 인사평가 체계 탓도 있긴 하지만) 작은 학교에 은근히 열정적이고 우수한 교사가 많다는 것은 '공공연한 비밀'이기도 하다. 열정적 교사는 작은 기적을 만들며, 아이 하나라도 놓치지 않고 소중한 꿈을 키워주려 한다. 학업 성취도가 높아질 수밖에 없다.

"작은 학교에서는 모든 아이가 교사의 눈에 들어온다."

교사와 학부모 간의 소통 문제도 있다. 한 예로, 학부모가 교사를 폭행하거나 협박한 건이 2006년 7건에서 2011년에 146건으로 폭증했다. 아이의 행동이나 성격, 또래와의 관계 등과 관련, 소통이 잘안 되고 불신이 큰 결과이다. 특히 '두려움 때문에 자신에게 유리한 상황만 말하거나 아예 거짓말을 하는 경향이 있는' 아이의 말만 듣고 학부모들이 거친 항의를 하거나 교육청에 민원을 넣는 경우도 많다. 심지어 학생들이 선생을 왕따시키는 '선따'도 있다. 교사들의 회의감이나 사기 저하가 상상 이상이다. 도시의 큰 학교일수록 이런 증상은 크다.

"소통이 사라진 교실에서는 교사와 학부모 사이에 오해와 반목의 감정만 생겨난다."

반면, 작은 학교에서는 학생 수가 10명 내외이고 학부모도 학교 근처에 거주하기에 대화가 잦다. 상호 신뢰가 형성되기에 교사와의 대화는 곧 아이를 위한 긍정적 대화가 되고 소통도 잘 된다. 아이와 교사 간은 물론, 부모와 교사 간에도 "갈등은 있어도 왕따는 없다."

『작은 학교의 힘』은 구체적 증거들을 다양한 학교 사례를 통해 보여준다. 일본 학력평가 1위를 기록한 히가시나루세 학교, 충남 논산의 도산초, 경기 광주의 남한산초, 경기 양평의 조현초, 전북 임실의 대리초, 전남 영광의 묘량중앙초, 충남 아산의 거산초 등이 그 증거다.

　공교육 혁명을 이루려면, 아이들이 제 나름의 속도로 자라도록 기다려주는 자세(교사)도 필요하고 인구 변동에 유연하게 대처하는 탄력적 학구제나 교사의 자율성 보장(행정)도 필요하다. 부모들도 아이를 학교에 맡기고 '끝'이 아니라 부단히 '참여'하며 혁신을 같이 만들어가야 한다. 학교운영위원만이 아니라 학부모회라든지 학부모 자원봉사단, 나아가 학부모 독서 모임 같은 것도 열심히 참여하면 좋다. 도시의 큰 학교라 해서 포기할 순 없다. 경기 분당의 보평초는 혁신학교로서 안전과 신뢰의 학교 문화를 만들어 '전문적 학습공동체'를 구축하고자 교사 및 학부모가 각기 '3무 3행 운동'▪을 펼쳐 큰 효과를 냈다. 공교육이 무너진다고 걱정만 할 일이 아니라 구체적이고 체계적으로 접근하면 희망을 만들어낼 수 있다는 얘기다.

▪ 교사 3무: 뇌물, 체벌, 태만 / 3행: 공평 배움, 친절 안내, 학생 지원
　부모 3무: 수업 중 출입, 지정 급식 외 음식, 청소 위한 출입 / 3행: 협력학습 지원, 부모 교육 참여, 명예 교사 봉사

🌿 교육 혁신과 학부모
— 제천 간디학교 사례

큰 아이 한결이는 산청 간디고등학교를 2004년에 입학하여 2006년 말에 졸업했다. 둘째 아롬이와 막내 한울이는 제천 간디학교(중고교 통합 과정)를 각기 2007년, 2008년에 입학, 모두 2013년 말에 졸업했다. 아롬이는 2011년 내가 연구년을 보낼 때, 일종의 전문계 학교인 캐나다 토론토의 '센트럴텍' 고교에서 1년 동안 머무는 바람에 1년을 '쉰' 셈이다. 큰 아이부터 막내까지 치면 대안학교 과정을 꼬박 10년 간 함께 경험했다. 그 과정에서 대안학교 학부모로서 신나는 경험을 많이 했다. 하지만 동일한 대안학교 학부모라 해서 모두 같은 생각을 갖고 모두 같이 움직이는 것은 아니다. 물론 서로 다름을 인정하고 이해하려 노력하며 가능한 한 전체의 흐름에 잘 맞추고자 노력하는 편이다.

원래 이 부분은 제천 간디학교 10년의 기록을 위해 썼던 글을 기초로 한다. 2012년 당시 운영위원장이던 내가 제안한 뒤 '기념책자 발간위원회'가 구성되었고 그 위원회를 중심으로 많은 학부모와 교사들이 합심, 1년간의 노고 끝에 2013년에 『흔들리며 피는 꽃, 제천 간디학교』(궁리, 2013)가 나오게 되었다. 원래 그 글을 쓴 동기는 대

강수돌 교수의
더불어 교육혁명

안학교 학부모의 역할이나 자세를 좀 차분히 따질 필요를 느꼈기 때문이다.

나의 기본 입장은, 대안학교나 혁신학교 등 교육 혁신은 교사, 부모, 학생이 모두 함께 '만들어'가는 것이 핵심이기 때문에, 특히 부모들이 대안학교를 '소비자의 관점'으로 대해서는 안 된다는 것이다. 그러면 부모들이 어떤 자세를 취해야 하는가? 그것은 참여와 협력을 통해 함께 만들어가는 '생산자' 역할을 해야 하는 것으로 압축된다. 생산자 역할을 하게 되면 소비자로서의 누림은 저절로 달성된다. 그러나 생산자 역할이 전혀 없이 소비자 역할만 하고자 하는 경우엔 대안학교나 혁신학교는 결코 성공할 수가 없다는 것이 나의 기본 입장이다.

"지인들로부터 (초등) 대안학교 설립에 함께하자는 제안을 받았을 때 많이 설렜다. 의무교육인 초등교육을 거부해서 고소당할지도 모른다는 협박을 들으면서도 전혀 두렵지 않았다. 오히려 행복했다. 학교를 설립한 후 우리 부모들이 한 일은 거의 매일 회의하는 일이었다. 학교 철학을 어떻게 실현할 것인가를 두고 밤새 토론했다."(A 유형)**■**

두 딸을 제천 간디에서 키운 한 엄마(권 씨)가 그 이전에 초등 대안학교를 만들 때 경험한 내용이다. 대개의 경우, 일반 공립학교 시스템에 대한 불평불만을 털어놓다가도 막상 직접 만들어보자 하면

■ 이하, 제천 간디학교, 「흔들리며 피는 꽃, 간디학교: 제천 간디학교 10년의 기록」(궁리, 2013).

아무도 선뜻 나서지는 못한다. 그러나 권 씨는 "설렜다"고 하며 "두렵지 않았다"고 했다. "오히려 행복했다"고 한다. 놀라운 일이다. 거의 매일 회의하고 밤새 토론을 하면서도 행복할 수 있었던 까닭은 무엇일까? 내가 보기에 두 가지 요인이 중요했을 것이다. 하나는 기존 학교 시스템은 더 이상 믿기 어렵다는 확신, 전혀 다른 식의 교육을 해야 하고 할 수 있다는 믿음이 확실했기 때문이다. 다음은 그런 비슷한 생각을 가진 사람들이 여럿 모여서 함께 할 수 있었기 때문이다. 더불어 혁신적 대안의 꿈을 꾸는 것, 이것만큼 신나는 일이 어디 있겠는가?

반면, 이런 부모도 있다.

"어떤 부모는 자기 아이가 일반 학교에서는 왕따를 당할 가능성이 높기 때문에 일단은 대안학교로 보내지요. 몇 년 지나 아이가 친구들과 잘 어울리기도 하고 어느 정도 자신감을 되찾으면 기숙사 생활을 하는 아이에게 학습지 같은 것을 보내기 시작해요. 인성교육을 위해 아이를 대안학교에 보내긴 했지만 지식 교육도 놓치지는 않고 싶은 것이죠."

같은 대안학교에 아이를 보내면서도 전혀 다른 생각과 실천을 보이는 부모의 사례를 압축 인용한 것이다.(B 유형)

이 경우 부모는 대안학교를 하나의 소비물로 본다. 아이의 부모로서 자신은 일정한 돈을 내고 자신의 욕구를 충족하고자 하는 소비자 정체성을 지닌다. 인성교육과 지식 교육이라는 두 마리 토끼를 한꺼번에 잡으려는 경우라고도 할 수 있다. 이 유형의 부모들은 학교 행사 참여에 우선순위를 두지 않는다. 설사 참여하더라도 같이 만드는 사람들이라기보다는 멀찌감치 구경만 하는 이들인 경우가 많다. 어쩌다 대화에 참여하더라도 비판이나 비난은 많되 공동의 책임감을 갖고 어떻게 해보자는 이야기는 잘 하지 않는다. 요구는 많고 기대 수준은 높되, 정작 자신의 참여나 실천은 빈약하다. 다른 부모들과 의견 충돌이 일거나 가치관의 격차가 확인되면 슬그머니 아이를 빼내간다. '비싼 돈' 내며 억지로 아이를 보내고 싶지는 않다는 뜻이다.

물론, 제천 간디의 부모들이 모두 깔끔하게 'A 유형'이나 'B 유형'으로 분류되는 건 아니다. 대부분은 그 중간에 위치할 것이다. 문제는 경향적으로 어느 쪽에 더 접근하고 있는가 하는 점일 것이다. B 유형을 대안교육의 소비자라고 표현한다면, A 유형은 대안교육의 혁신가라고 표현할 수 있을 것이다. A 유형은 강한 확신감의 전형을 보여준다면 B 유형은 강한 불안감의 전형을 보여준다. 물론, 제천 간디도 형성 초창기일수록 A 유형이 훨씬 더 많았을 것이며, 10년이 지난 오늘날에 가까울수록 B 유형이 점차 늘어난 경향이 있다. 그러나 제천 간디 학부모들을 이분법으로 나누기는 어렵다. 예나 지금이나 우리들 대다수는 확신감과 불안감이 뒤섞인 상태 속에 살아간다. 아침에 확신을 갖더라도 저녁이면 불안해질 수 있고, 평소에 불안에 떨며 우왕좌왕하다가도 학교에 가서 총회나 1박 2일 행사를 하고 나면 뭔가 확신이 생기기도 한다.

심한 경우 이런 일도 생긴다.

"간혹 집단으로 학교를 떠나는 경우도 있지요. (아이가 학교 다니는 걸 재미있어 함에도 불구하고) 처음에 기대한 학교 모습과 많이 다름을 알고 부모님들이 집단행동을 하게 되는 경우인데, 학교를 떠나기 전에 문제제기도 하고 애써보지만, 학교 측과 소통이 안 될 때 마지막 수단으로 집단 자퇴를 선택하기도 합니다. 학교 측에서는 학교의 정신을 이해하지 못한 데서 비롯되는 일이라고 주장하고, 부모들 입장에서는 학교가 애초에 말한 대로 교육을 제대로 안 하거나 못하고 있다고 주장합니다."

제천 간디에서 이런 '집단 자퇴' 사태는 없었지만 다른 대안학교들에서 왕왕 일어난 일들이다. 다만 제천 간디에서는 개별적으로 학교를 떠난 경우가 제법 있다. 학년이 올라갈수록 빈도수는 늘어나 졸업할 무렵이면 입학 당시에 비해 반타작을 하는 경우도 있다. 설사 학교를 떠나지 않는다 하더라도, 또 그럭저럭 아이가 졸업을 한다고 하더라도, 앞의 인용문에서처럼 학부모와 학교 사이에 미묘한 시각차가 상존하기도 한다.

결국, 문제는 어떻게 하면 확신이나 줏대를 바로 세우고 동시에 불안이나 두려움을 이겨낼 수 있는가이다. 나는 여기서 크게 세 가지 점이 중요하다고 본다.

첫째, 아이의 성장과 관련해서, 우리는 아이들이 저마다 나름의 속도와 방식으로 성장함을 인지할 필요가 있다. 조급증에 휩싸인 부모의 통제 시도는 별 도움이 되지 않는다. 부모가 자신의 기대나 욕망을 구현하기 위해 아이를 통제하려 들면 오히려 아이의 행복한 성장에 해롭다. 아이는 아이대로, 부모는 부모대로 서로 믿고 지지하면서도 각자 최선을 다해 행복하려 노력하는 가운데 함께 성장할 것이다. 일례로, 다른 학교들에서와 마찬가지로 제천 간디에서도 도난 사건이 종종 발생한다. 나는 도난 얘기를 들으면 버럭 화가 날 때도 있지만 '범인' 개개인의 색출보다 전체가 모여 자성하고 고백을 기다리는 '공동체' 문화가 아이들의 참된 성장과 성숙에 밑거름이 될 것이라 믿는다.

"졸업한 뒤에 아이가 그러더라. 지내놓고 보니 그런 과정들이 큰 교육이었고 공동체를 고민하는 구체적인 계기가 되더라고."(학부모 G)

"큰애가 이번 학기에 초등 대안학교에서 인턴십을 하게 됐다. 그러더니 집에 와서는 '초등 애들이 생각이 없고 왜 다 그 모양인지 모르겠다.'고 푸념을 늘어놓더라. …… '내가 널 보면서 그랬다'고 속으로 혼자 웃었다. 내가 원했던 생각과 가치들이 아이 입에서 조금씩 나오는 걸 보면서, 눈에 보이진 않았지만 그동안 차근차근 가치가 쌓여갔구나 싶었다."(학부모 N)

둘째, 일류대학이나 일류직장을 삶의 목표로 설정해선 희망이 없다. 굳이 그런 식으로 설정하자면 일류인생을 내걸어야 한다. 멋진 인생이라는 의미에서 일류인생이다. 일류대학이나 일류직장은 극소수에게만 성공이 가능한 것이지만, 일류인생은 의지만 굳세면 누구나 살아갈 수 있다. 그것은 크게 세 요소, 곧 꿈의 발견, 실력 증진, 사회 헌신으로 이뤄진다.

"예식장을 예로 들어보자. 비슷비슷한 공장식 예식장들이 주위에 얼마나 많은가? 그런 거 말고 너희들이 대안적인 예식장을 한번 만들어봐라. 또 생태학교 경험을 살려서 야생초 회사를 만들어볼 수도 있고, 그 밖에도 새롭게 찾아 할 수 있는 일은 무궁무진하다."(학

부모 Y)

셋째, 우리가 대안교육을 고민하고 대안적 삶을 고민하는 까닭은 우리가 경험하는 자본주의 사회경제가 희망이 없기 때문이다. 사람과 사람, 사람과 자연 사이의 평화롭고도 조화로운 관계를 깨면서 무한 이윤을 추구하는 경제는 결코 지속가능하지 않다. 기존 교육이나 기존 경제는 바로 그러한 파괴적 시스템을 문제 삼지 않은 채 다만 상대적으로 특권적인 자리만 차지해 자신이나 자기 가족만의 편협한 이익만 추구한다. 우리의 꿈은 바로 이 뒤틀린 사회경제를 넘어 사람과 사람, 사람과 자연이 더불어 사는 행복한 세상을 열어내자는 것이다.

"경쟁과 적대와 자기 독립의 시대를 넘어 우정과 환대와 상생의 시공간을 만들어내는 것, 곧 소멸되고 있는 '사회'를 다시 만들어내려는 시도이지요. 이제 대안학교를 그런 원리로 움직여가야 한다고 봅니다. …… 그 잉여질이 실은 새로운 사회를 만들 노동이자 놀이죠. …… 나의 노동과 자원을 잘 활용하는 공간과 그것을 연결하는 그물망이 만들어져야 해요. …… 더 이상 학교라는 틀, 어떤 교육과정으로 아이들을 키울 수 있다는 생각을 버려야 해요."(학부모 C)

경기도 어느 혁신학교가 모범적으로 잘 운영된다는 소문이 나자 수많은 학부모들이 기꺼이 이사까지 하면서 그 학교에 아이를 보내려고 대거 몰려들었다. 집이나 방을 구하기 어려울 정도가 되기도 했다. 학교 측은 행복한 비명을 질러야 했다. 바로 그 시점에 교장 선생님이 학부모들 앞에서 말했다.

"다들 이 학교만 바라보고 경쟁적으로 몰려오지 마시고, 원래 자

신이 사는 마을에서 다양한 모습으로 새로운 혁신학교를 만들어보
시기 바랍니다."

그렇다. 우리는 교육의 소비자로서 돈이 들더라도 좋은 학교를
선택할 권리도 있지만 교육의 혁신자로서 좋은 학교를 만들 권리나
역량도 있다. 어디 이것이 교육뿐이랴? 경제도 마찬가지고 온 사회
도 마찬가지가 아닐까? 나 혼자 하려고 하면 불가능하지만, 여럿이
함께하면 가능하다. 비록 멀고 힘든 길이라 할지라도, 함께 걸으면
즐겁고 행복하지 않던가. 바로 그 길 위에서 우리는 생산과 소비, 창
조와 파괴의 경계를 넘어 자유롭게 횡단하며 혁신하게 될 것이다.

🌿 공립 대안학교 태봉고 사례

태봉고는 2010년에 개교했다. 비교적 보수적인 교육 분위기가 지배하는 경상도에서 공립 대안학교가 탄생한 것은 신선한 충격이기도 했다. 초대 교장으로는, (이미 오래 전부터 특성화학교로 지정되어 교육청의 지원을 받고 있던) 산청 간디고등학교의 교감 여태전 선생님이 초빙되었다. 그렇게 해서 태봉고에서는 2010년부터 2013년까지 꼬박 4년 동안 공립 대안학교로서, 혁신교육감이 없는 지역에서도 사실상의 혁신학교 실험이 이뤄졌다.

공립 대안학교의 탄생 배경에는, 각 중학교에서 대량으로 방출되는 이른바 '문제아' 내지 '부적응아'들을 학교 밖으로 내쫓기보다는 그래도 학교라는 공간 안으로 품어야 하지 않는가, 하는 '교육적' 문제의식이 있었다. 아이들이 느끼는 불행과 불만족을 행복과 만족으로 돌리자는 것이다. 그래서 태봉고는 반드시 입학생의 일정 비율을 그런 학생들로 충원할 것을 요구받았다. 당연히 사람들은 일종의 선입견을 갖게 되었다. 아마도 아이들이 우울한 표정을 짓거나 풀이 죽어 지낼 줄 알았나 보다. 그런데 많은 방문자들이 교장 쌤에게 이렇게 말한다.

"생각보다는 학생들의 표정이 밝고 명랑하네요."▪

학교가 변하고 교사가 변하니 아이들의 기운이 살아나는 것이다.

일종의 사립 대안학교에서도 근무를 했던 공립 대안학교 교장 여태전 쌤은 이렇게 말한다.

"무에서 유를 만들어내야 하는 사립 대안학교보다 공, 사립 일반학교가 갖추고 있는 인적·물적 자원이 훨씬 풍부하다. 시설만 좋은 게 아니다. 열정과 사랑이 넘치는 교사도 더 많다. 학생 수만 비교해봐도 그렇다. 도회지의 일반 학교 한 곳이 제대로 돌아간다면, 시골 대안학교 열 곳보다 더 많은 희망을 줄 수 있다."

그렇다. 일반 학교들이 제대로 혁신만 된다면 굳이 힘들게 대안학교를 따로 만들 필요가 없지 않을까?

그러면 과연 이 공립 대안학교 태봉고에서는 어떤 실험들이 이뤄졌는가? 과연 이 실험들은 일반화 또는 벤치마킹이 가능할까?

우선 공립 대안학교 설립의 배경을 볼 필요가 있다. 경남에서만 1년에 약 3000명의 아이들이 학교를 떠난다. 전체 초중고 학교가 900개 정도이니 그중 3퍼센트인 30개 학교, 곧 초중고 대안학교를 10개씩만 만들면 탈학교 아이들을 모두 받아들여 성장을 도울 수 있다. 그런 분위기가 무르익을 무렵, 2007년 말 대선과 함께 경남 교육감 선거가 있었는데, 공립 대안학교 설립을 공약으로 내건 진주교

▪ 여태전, 「공립 대안 태봉고 이야기」(여름언덕, 2014), 269쪽. 이하 인용은 같은 책.

대 출신의 권정호 교수가 교육감으로 당선되었다. 경남 최초의 진보 교육감이었다. 도의회가 보수 일색이라 부정적인 분위기가 강했고 공립 대안학교 설립이 다소 지체되었다. 마침내 2009년에 T/F 팀이 꾸려졌고 2010년에 개교했다. 2002년 경기 대명고 이래 두 번째의 공립 대안학교다. 공립 대안학교의 기본 모델은 미국의 공립 대안학 교 성공 사례인 메트스쿨(Met School)이다. 메트스쿨의 기본 철학은 '맞춤형 교육'(one kid at a time)이다. 이것이 LTI(Learning Through Internship), 곧 '인턴십을 통한 학습'으로 발전한다.

학생 선발은 성적이 아니라 아이들의 성장 배경이나 경험을 두 루 반영하여, 날라리와 범생이를 골고루 뽑는다. 학생이나 부모의 면접도 중요하다. 정원에 비해 두 배 이상 몰리는 바람에 절반 이상 탈락시켰다. 첫해 면접 때 같은 고교를 같이 자퇴한 학생 두 명이 지 원해 면접을 했는데, 학교가 형편상 두 명 다 뽑긴 어렵다고 했다. 이에 한 학생이 자기 친구를 뽑으라고 했다. 그 이유는 자기 부모는 다 있지만, 곁의 친구는 조부모랑 살아서 꼭 합격해야 한다고 했다. 이 말에 그 친구가 눈물을 흘렸다. 모두 울컥했고, 고민 끝에 둘 다 합격시킨 일도 있다.

여태전 선생님이 공모 교장이 된 뒤 개교 6개월 전에 교사들과 함께 '대안교육의 이해'라는 직무연수를 열었다. 매주 토요일 오후 시간마다 모였다. 뜻밖에 60여 명이 모였다. 연수자 중 태봉고 지원 자는 적었지만, 직무연수 등 준비를 철저히 한 덕에 태봉고를 성공 리에 이끌 수 있었다. 개교 직전엔 전체 교직원들이 2박 3일간 강도 높은 워크숍을 열었다. 철학과 비전을 공유하고 핵심 교육과정과 방법을 토의했다. 상호 배움의 과정이었다. 개교 이후 교장실은 늘 아이들에게 개방하여, 교장과 아이들이 함께 수다를 떤다. 그렇게 격의 없이 서로 친구처럼 지낸다. 교장이 '상머슴' 역할을 해야 한다는 인식 덕이다. 교장은 손님이 와도 행정실 직원을 시키는 대신 손수 차를 끓인다.

교육과정에서 LTI(Learning Through Internship)가 중요한데, 꿈을 찾는 과정이다. 아이들이 자신의 가슴을 설레게 하는 일을 찾은 뒤 그것을 제대로 배우기 위해 대학을 가라는 것이다. 매주 화요일과 목요일 오후에는 점심 직후에 학교 밖의 멘토를 찾아 마산이나 창원으로 나간다. 미용실을 가기도 하고 요리사나 작업장, 방송국을 찾아가기도 한다. 학기 말엔 LTI PT Day를 진행한다. 한 학기 진행한 배움을 15분 안에 발표하는 것이다. 모두 각자 자기 삶의 주인공이 되었던 시간을 주인공 입장에서 발표하는 것이다. 또 교사나 다른 학생, 부모도 그 주인공의 말에 귀를 기울인다. 몸만 기울이는 게아니라 삶을 기울인다. 우열이나 서열을 매기는 자리가 아니라 '한번에 한 아이씩' 모든 아이들 각자의 삶의 고민에 공감하고 동참하여 성장을 축복하는 자리다.

평소 수업은 결코 문제풀이식의 입시 공부를 하지 않는다. '사랑과 배움의 공동체'라는 학습 과정을 통해, 꿈을 키우고 줏대를 세우고 시민 소양을 드높이는 배움을 추구한다. 자율성과 공동체성을 배운다. 또 텃밭 가꾸기, 음식 만들기, 옷 만들기, 뇌 활성 명상 등 자립 교과, 곧 살림살이 교육도 한다. 일례로, 학생회장을 한 학생은 해외 선교사를 꿈꾸었다. LTI를 통해 꿈을 구체화했는데, 집을 지어

주면서 선교활동을 하기로 방향을 잡았다. 학교에 건의해서 건축 관련 책을 많이 구입해 읽었다. 마침내 건축학과로 진학했다.

그 외 체험활동도 중시한다. 1학년은 7박 8일 동안 제주도 걷기, 2학년은 15일 동안 네팔 이동학습, 지리산 종주, 3학년은 일주일간의 인턴십 심화학습과 통합 기행 등이 그것이다.

아이들은 4명이 한 방을 쓰는 기숙사 생활을 하기 때문에 인간관계상의 어려움을 겪는다. 도난, 술, 담배, 폭력 등 여러 사건이 일어난다. 학생 생활과 관련한 가장 중요한 의사결정 기구인 공동체 총회에서는 교사와 학생이 모두 1인 1표를 행사한다. 학생 대표가 회의를 주재한다. 민주주의를 체득하는 과정이다. 교사들은 가능한 한 개입하지 않고, 귀 기울여 듣기, 적극적으로 듣기 훈련을 한다. 여기서 아이들은 종종 '정의가 바로 서는' 경험을 한다.

개교 후 얼마 지나지 않아 폭력 사건이 생겼다. 이미 부모들끼리는 친해졌기에 별 탈 없이 극복할 수 있었다. 아이들은 원래 싸우면서 자란다고 하며, 피해자 측 부모가 먼저 문제 삼지 말자고 했다. 가해자 어머니가 병원비에 보태라며 돈을 주었다. 피해 학생 부모는 이를 끝내 받지 않고 담임께 드리면서 아이들 장학금으로 써달라고 했다. 담임은 2년간 잘 보관했다가 첫 졸업생 1명에게 '학부모 장학금' 명목으로 전달했다. 감동의 순간이었다.

아이들은 2~3년이 지나면서 공동체의 날 행사조차 학생회 차원에서 스스로 기획하고 준비하며 집행한다. 교사들은 측면에서 지원만 한다. 그러니 학부모의 참여도가 높다. '그린나래'라는 학교 홍보 동아리는 신입생 오리엔테이션까지 주관한다. 동아리 '끼모아'

는 연극 소모임으로, 전국에 이름을 날리기도 했다.

교사들은 배움의 공동체 연구회를 중심으로 매월 독서 모임도 하고 배움의 공동체 분위기를 만들어간다. 독서지도에 관심이 많은 쌤들은 학교 밖에서도 '아름다운 시간'이란 모임도 한다. 체벌 금지는 태봉고의 기본 규칙이다. 프란시스코 페레의 평전 『꽃으로도 아이를 때리지 말라』가 필독서다. 그 덕에 4년 동안 태봉고에서는 체벌이 한 번도 없었다. 성장이 멈춘 사람을 '꼰대'라 하고 한평생 배움과 성찰을 멈추지 않고 성장해가는 사람을 '어른'이라 할 때, 태봉고 교사는 어른이 되고자 몸부림친다. 가르치는 전문가보다 배우는 전문가를 강조하는 까닭이다. 아이들은 교사를 엄마, 아빠라 부른다. 입학식 때 한 명씩 안아주는 '프리허그'가 한 가족처럼 아이를 대하는 행사이며, 교사들이 아이들의 발을 씻겨주는 세족식도 한다.

개교 2년차에 부임한 국어교사 한 분은 배움의 공동체 공개수업 직후에 이런 글을 올렸다.

"태봉고에 오기 전에 제가 벌인 교육활동은 사실은 '협박'이 아니었나 생각합니다. 평가와 체벌로 말입니다. 그러나 태봉고에서는 그것이 통하지 않습니다. 배움의 기쁨을 느끼게 하고 의지를 불러일으켜야 했습니다. 여태껏 아이들에게 공부를 시켰지, 배움이 일어나도록 하지 못했던 것입니다."

그렇게 태봉에서는 교사도 함께 성장한다.

태봉고 학부모회는 "끈끈한 우애"로 뭉쳐 있다. 일반고에서 학부모회가 공부 잘하는 아이들의 학부모 모임인 경향이 있지만, 태봉고에선 자녀 성적 때문에 부모가 기죽는 일은 없다. 서로 위로하고 격려하며 힘이 되어주는 형제자매 관계다. 지역모임 같은 경우에도 학교가 오라 하니 마지못해 모이는 게 아니라 부모들끼리 서로 연락해 자발적으로 모인다. '길동무'라는 인터넷 카페에서도 학부모들은 개방적인 소통을 하고 좋은 아이디어가 나오면 힘을 합쳐 실행에 옮긴다. 또 '먼동'이라는 학부모 독서모임이 매월 한 번씩 교육사랑방에서 배움을 나눈다. 학부모회장 겸 운영위원장을 맡은 학부모대표의 헌신적인 역할도 큰 구심점이 되었다. 이들은 아예 공식 개교 전부터 1박 2일의 학부모 연수까지 실현해냈다. 교직원들이 오히려 초청을 받고 감동을 받을 정도였다. 특히 겨울방학 연수 때는 재학생 학부모들이 신입생 학부모들을 초청해 특강도 듣고 경험담이나 생각, 정신을 공유했다. 그 과정에서 사람들은 이기주의와 개인주의적인 삶의 태도를 반성적으로 성찰하게 되었다. 그리고 새로운 공동체로 거듭났다.

2014년 초에 첫 졸업식을 했다. 모두 44명이 졸업했는데, 37명이 대학 진학을 했다. 태봉고 진학지도 원칙은, '나의 가슴을 설레게 하는 것이 무엇인가?', '내 꿈이 무엇인가?' 등의 질문을 생각하고 진로와 일을 찾으란 것이다. 졸업생은 한 명도 빠짐없이 논문이나 작품을 통해 자기 삶의 내밀한 이야기를 하고 떠났다. 일종의 성장 일기다.

졸업식은 '눈물'의 졸업식이었다. 정든 학교, 정든 쌤들과 이별해야 하는 슬픔과 더불어 내면의 성장을 도와준 감사함의 눈물이었다. 3년 동안 있었던 수많은 일들이 마음속에 교차하면서 모두들 울컥하는 순간이었다. 고마운 마음, 미안한 마음, 아쉬운 마음이 모두

강수돌 교수의
더불어 교육혁명

뒤엉켰다. 학생, 교사, 학부모가 모두 울음바다가 되었다. 공동체 눈물이었다. 그 눈물의 절정은 '세족식'이었다. 세족식 진행자 2학년 학생대표는 이렇게 작성한 멘트를 읽었다.

"졸업생 여러분, 지난 3년간 태봉인으로 지내며 얼마나 힘들었습니까? 얼마나 아팠습니까? …… 발을 씻겨 드립니다. 학생이 선생님의 발을 씻겨 드립니다. 얼마나 아름다운 모습입니까? 3년 전, 선생님들이 무릎 꿇고 학생 여러분의 발을 씻겨 주셨습니다. 학생 여러분을 섬긴다는 의미였습니다. 이제, 학생 여러분의 차례입니다. …… 이 순간만큼은 당신 앞에 있는 사람이 인생의 가장 큰 은인이자 스승입니다."

🌿 산청 간다고 이야기

"아빠, 꿈이 생겼어요!"

반가운 소리였다. 큰아이 한결이가 자신의 꿈이 생겼다니, 정말 귀가 솔깃했다. 중학교 2학년 초(2002년)의 일이다.

"뭔데?"

"중학교 교장 선생님이요."

"왜?"

"애들이 학교 늦게 온다고 쌤들이 종아리 때리지 않고, 머리 좀 길다고 바리깡으로 고속도로 밀지 않는 그런 학교를 만들고 싶어서요."

"……."

할 말을 잊었다. 잠시 후 내가 다시 입을 열었다.

"그렇지. 요즘 네가 좀 힘든 모양이구나. 그 모든 일들이 너희들이 미래에 잘되라고 하는 것이지만, 사실 문제가 많지. 중학교도 그런 지경인데 나중에 그 근처의 고등학교에 진학하면 더 힘들지 않을까? 근데 아빠가 아는 대안학교가 하나 있는데, 나중에 고등학교를 거기로 가보면 어떨까?"

강수돌 교수의
더불어 교육혁명

나도 아내도 생각은 비슷해서 별 갈등은 없었다. 고마운 일이었다. 아이도 고개를 끄덕였다.

그해 여름, 한결이는 산청 간디고에서 개최한 4박 5일 캠프에 다녀왔다. 갔다 오자마자 아이는 "아빠, 내가 만들고 싶었던 학교가 바로 거기에 있던 걸요" 했다.

이것이 한결이가 '사랑과 자발성'을 핵심으로 하는 산청 간디학교와 인연을 맺게 된 과정이다. 다만, 중3 과정 1학기를 마칠 무렵, 내가 일하는 대학에서 맞이한 연구년 때문에 아이도 미국에서 1년을 지내고 왔던 터라 한결이는 동급생보다 한 학기 늦게 출발했다. 그러나 하나도 어색해하지 않고 친구들과 금세 잘 어울렸고 선생님들과도 좋은 관계를 맺어나갔다.

"배운다는 것은 자신을 낮추는 것이요, 가르친다는 것은 다만 희망을 이야기하는 것"임을 거듭 강조하는 그 학교에서 아이는 가끔 방황하기도 했지만, 대체로 3년 내내 행복한 생활을 한 듯하다. 고3 여름방학 무렵부터 아이는 진짜 꿈이 생긴 듯했다. 재즈 피아니스트가 되는 것이었다. 나도 아내도 처음엔 어리둥절했으나, 당시 음악 선생님과 면담을 하고 나서 아이가 예사롭지 않음을 알게 되었다. '실력'이 아니라 그 '의지'가 말이다.

그렇다. 따지고 보면, 하겠다는 의지가 확고하다면, 실력은 시간이 가면서 열심히 기르면 된다. 그리고 부모는 경제적 후원은 무리하지 않은 범위에서 최선을 다하되, 정서적 지지와 후원은 무한대로 해주면 된다. 혹시 경제적 형편이 어렵다면 솔직하게 말하면 된다. "너도 알다시피 우리 집 형편이 어렵단다. 그러나 절대 네 꿈을 접지는 마라. 열심히 하다 보면 길도 생기겠지." 이런 정도로 격려하면 된다. 그러면 아이는 날개를 단 듯 열심히 할 것이고 장학금을 탈 수도 있고 정 안 되면 막노동이라도 할 수 있다. 두 번 오지 않는 인생, 뭐가 무서워 꿈을 죽일 것인가?

아이가 고3이던 시절(2006년) 나 또한 조치원 신안리에서 고층아파트 저지 투쟁을 위해 마을 이장직을 수행(2005년 5월부터 2010년 6월까지)하던 와중이었음에도, 산청 간디고에서 덤으로 '학부모회 회장' 겸 '운영위원장'이라는 대표 일꾼 자리를 맡게 되었다. 동료 학부모들이 나에게 사실상 떠맡긴 것이었다. 내가 잘해낼 적임자라는 것인데, 나로서는 부담도 되지만 나를 그 정도로 신뢰하는 것이라 감사한 일이기도 했다. 분위기로서도 결코 피해갈 수 없는 입장이라 그렇게 2006년 1년 간 정신없이 학교 일에 참여했다. 사실은, 부모들이 열심히 학교에 참여하는 만큼 아이도 믿음과 기쁨 속에 더 잘 큰다고 생각했기에 이중 삼중의 역할 수행조차 무난히 해낼 수 있었던 것 같다.

운영위원장직 수행 과정에서 잊히지 않는 일은, 고3 학생 1명이 담배를 피다가 3번이나 거듭 적발되는 바람에 학교 규칙대로 퇴학시켜야 하느냐 마느냐 하는 문제로 씨름했던 일이다. 일반 학교라면 당연히 규칙대로 그렇게 했겠지만, 간디에서는 아무리 식구총회에서 만든 규칙이라 하더라도 거의 졸업을 앞둔 학생을 꼭 퇴학시켜야 하느냐 하는 갈등에 빠져들었던 것이다. 물론 식구총회에서 만든 규칙은 민주주의를 실천하는 과정으로서의 의미도 있고, 또 모두가 만든 규칙을 요리조리 빠져나간다면 스스로 만든 규칙의 의미

강수돌 교수의
더불어 교육혁명

도 없지 않는가, 하는 지적도 있었다. 그래서 이 사안을 다루기 위해 학부모 모임과 교사, 학생, 부모 전체가 모이는 식구총회 등 모두 합해서 최소한 3번 이상은 더 모였던 것 같다. 퇴학 위기에 빠진 학생 하나를 살리기 위해서였다. 살릴 마음이 없었다면 아무 갈등 없이 퇴학을 권하고 말았을 것이다. 그렇게 밤샘 토론도 하고 이런저런 의견들을 나눈 끝에, 그 학생은 졸업 직전 때까지 정학 처분을 내리되, 졸업은 시킨다는 뜻에서 졸업식에만 참여하도록 하는, 나름의 고통스러운 중징계를 내리는 것으로 결론을 냈다. 당시의 교장 선생님도 그 모든 과정에서 학부모들과 꼭 같은 마음으로 참여하셨고 같이 마음 아파하셨다.

그렇게 해서 구사일생으로 졸업을 하게 된 그 청년은 아마도 다시는 규칙을 함부로 어기지 않겠다는 결심을 했을 것이다. 그리고 자기가 원하는 공부를 하기 위해, 시간은 좀 걸렸어도 진학을 했고 열심히 자기 길을 가고 있다.

돌이켜 보면, 바로 이런 게 진정한 학교의 모습이 아닐까 싶다. 최대한 규칙을 준수하려고 하되, 전후의 맥락을 살피면서 융통성 있게 대처하는 것, 특히 모든 규칙이나 제도의 궁극적 목적도 결국은 아이들의 성장을 돕는 것이란 점을 잊지 않는 것이 중요하다. 규칙이나 제도의 완벽함을 추구하는 그 자체가 결코 목적이 될 수는 없는 것이다.

마침내 2007년 1월, 산청 간디고등학교 제7회 졸업식 날, 한결이는 다른 동 학년 친구나 후배들과 그 부모들, 또 여러 멋진 선생님들 앞에서 이렇게 말했다.

"부모님이 저에게 간디학교를 다닐 수 있게 도와주셔서서 정말 감사합니다. 또 선생님들께서 그동안 잘 키워주셔서 정말 감사합니다."

그렇게 진심 어린 감사의 말을 하며 아이는 눈물을 글썽였다. 나와 아내 또한 저절로 눈물을 흘렸다. 그동안 아이가 잘 자라서, 또 아이가 잘 자라도록 멋진 학교를 만든 데 대해 선생님과 동료 학부모들에게, 그리고 아이에게도 감사한 마음이 들었다. 그 눈물은 감사와 기쁨과 만족의 눈물이었다. 아이들 하나하나 나름의 고교 인생 3년을 정리하는 과정에서 웃다가 울다가를 반복했고, 부모들 또한 울면서 웃고 웃으면서 울었다. 그게 간디학교다운 졸업식 진풍경이다.

한결이는 졸업 후 곧 대학으로 가지 못하고 (재즈 음악을 가르치는 학교인 서울재즈아카데미가 있는) '대학로'로 달려갔지만, 아이도, 나와 아내도 전혀 불안하지 않았다. 간디학교를 거치며 다지고 다진 내면의 힘이 아이가 자기 꿈을 이루는 데 반드시 큰 도움이 될 거라 믿었기 때문이다. 그리고 몇 년의 시간이 더 흘렀다. 크게 보면 일종의 '진로 탐색 기간'이었다.

그러나 그사이 한결이는 힘겹게 알바 생활을 하면서도 재즈아카데미를 무난히 마쳤고, 대학 진학을 하지 않은 상태에서 군복무까지 다 마쳤다. 그게 모두 한 5년은 걸린 것 같다. 그 뒤 한결이는 동기 여학생들이 대학교를 졸업할 무렵, 대학 진학을 본격 준비했고, 그 와중에 "엄마 아빠, 합격했어요!"라고 했다.

"어디에 합격했다는 것이냐?"

"버클리 음대요!"

자초지종을 물으니, 미국 보스턴의 버클리 음대 사람들이 세계를 돌면서 음악에 재주가 있고 열정이 있는 아이들을 오디션을 보아 뽑아간다고 했다. 그 테스트에 합격한 것이다. "20퍼센트 장학금도 준대요."

당연히 아이가 잘 해서 장학금도 받았겠지만, 약간의 '낚시' 같은 느낌도 들었다. 그래야 비싼 학비에도 불구하고 아이를 보낼 것이니까. 생각보다 비싼 학비에 걱정이 됐지만, 아빠 월급에서 뒷받침해줄 정도야 되지 않겠나 하는 생각으로 한결이의 합격을 축하했고 지원을 약속했다.

2012년에 마침내 한결이는 버클리 음대로 공부를 하러 떠났고, 1~2년 뒤엔 장학금이 50퍼센트로 올랐다고 했다. 그동안 열심히 한 결과였다. '아, 그렇구나. 자기가 좋아서 열심히 하니 실력도 쑥쑥 올라가고 학교로부터 장학금도 더 받게 되는구나. 그래, 잘 하고 있구나. 고맙다.' 그렇다. 이렇게 아이가 가고자 하는 길을 온 맘으로 지지해주니, 아이도 신이 난 듯 잘 해나가고 있다. 앞으로도 한결이는 재즈 피아니스트로서의 자기 꿈을 향해 더 열심히 갈 것이다.

한편, 주변에서는 우리 아이들이 과천에서 청주, 또 청주에서 조치원으로, 그리고 다시 지리산 자락의 산청 골짜기로 가서 공부하는 것에 대해 '역이동'을 하는 것이라며 한편으로는 걱정을, 다른 편으로는 의구심을 보였다. 그러나 아이에게나 우리(부모)에게나 가장 중요했던 점은, '아이가 행복하게 자라는 것'이었기에 누가 무슨 소리를 하건 우리는 흔들리지 않았다.

둘째인 아롬이와 막내 한울이도 당시 초등학생들이었는데, 큰아이 한결이가 대안학교로 가서 스트레스 없이 잘 지내는 걸 보고서는 "나는 중학교부터 대안학교 가고 싶어요"라고 노래를 불렀다. 그래서 둘째와 셋째는 충북 월악산 자락의 제천 간디학교로 가게 되었다. 비록 비인가 학교라 교육부로부터 학력 인정은 되지 않지만, 아이들이 행복하게 학교를 잘 다니니 우리도 행복했다. 인생의 목적은 학벌이 아니라 행복이 아니던가.

그러면서도 나는 마음 한구석으로 우리 사회의 비뚤어진 가치관(특히, 일류대학 강박증, 조급증, 그리고 '옆집 아줌마'의 위력 등)이나 언행불일치, 그리고 권위적이고 입시 중심인 일반 교육체제가 걱정되었다. 그래서 대안학교만으로는 부족하고, 일반 공교육이 대안학교의 경험을 개방적으로 수용하여 '혁신학교'가 되기를 바란다. 경기도로부터 시작된 혁신학교 붐은 이제 전국으로 번져나가고 있다. 바람직한 일이다. 물론, 한편으로는 교육부가 대안학교들, 특히 비인가 대안학교를 법제화하여 직간접의 탄압을 하려고 하기에 걱정도 된다. 하지만 전국의 대안학교 교사, 학부모, 학생들이 모두 힘을 합쳐 무난히 이겨내리라 믿는다.

이제 큰아이 한결이가 스물일곱 살이 되는 시점에서 최소한 나의 판단으로는 이렇게 '대안적으로' 걸어온 길에 대해 '참 잘했던 일'이라 감히 평가한다. 이제 막 20대에 접어들어 빵 학교에 진학한 아롬이와 유기농 농사일을 배우고 있는 한울이도 그렇게 믿음직스러운 인격체로 잘 클 것이라 믿는다.

그렇게 산청 간디학교는 1997년부터 지금까지 한창 자라나는 청소년에게 행복한 인격적 배움터가 되고 있다. 또, 그 참여하는 부모들에게도 교육 현실은 물론 자신의 삶을 새롭게 성찰하게 하는 소중한 시공간이다. 나아가 선생님들에겐 자율성과 비폭력, 사랑과 공동체 교육의 실현지였다. 물론 아이, 부모, 교사 등 교육의 3주체에게 시행착오나 미숙함이 전혀 없는 것도 아니다. 그러나 그런 점을 숨기기보다 솔직히 드러내고 개방적인 대화나 토론으로 풀어가는 과정에서 더디지만 한걸음씩 나아가는 모습, 바로 이것이 '대안' 교육다운 모습이다. 이러한 점은 앞으로도 변함이 없으리라 믿는다. 다만, '수월성'을 중시하는 교육 당국의 규제나 통제가 강할수록 처음의 교육 이념을 구현하는 데 어려움이 커질 수 있어, 적잖이 걱정이 되기도 한다.

나는 일반 학교의 교육 모델을 간디학교의 모습에 견주어 일종의 '인질 모형'으로 규정한다. 그것은 아이들이 학교나 교육 당국에 일종의 인질로 붙들려 있는 것이나 다름없고, 부모들은 학교나 당국 앞에 절절매기 때문이다. 생각해보라. 대한민국의 대부분 부모들은 초·중 교육과정이 '의무 교육'이기 때문에 아이들을 '강제'로 학교에 보내야 한다. 일단 보내고 나면 학교나 당국이 요구하는 각종 시험, 심지어 일제고사, 그리고 대학 입시 과정을 거쳐야 비로소 사람대접을 받는다. 그것도 이른바 '일류' 대학을 가야 남들로부터 인정을 받는다. 그러니 부모들은 아이가 고3 과정을 무사히 마칠 때까지도 좌불안석이다. 그 불안감을 억지로 잠재우기 위해 학교 외에 학원을 보내거나 과외를 억지로라도 시켜야 한다. 그래야 마약이라도 주입한 듯 덜 불안한 것처럼 여겨진다. 맞벌이 부모가 느는 것도, 또 직장인들이 잔업, 철야, 특근을 밥 먹듯 하며 한 푼이라도 더 벌고자 하는 것도 이런 부분과 연관된다. 그러나 학원이나 과외에 의존할수록 불안과 두려움이 바로 극복되기보다는 내면 깊은 곳으로 억압될 뿐이다. 그 결과 인질인 아이들을 붙들고 있는 학교나 당국은 물론, 그 보호자인 부모조차 자신도 모르는 사이에 인질범과 공범이 되고 만다.

그런데 이 인질 모형에서 가장 안타까운 것은 인질로 붙잡힌 아이들이 일종의 '스톡홀름 신드롬'처럼 '공격자 동일시' 또는 '강자 동일시'를 하기 쉽다는 점이다. 스톡홀름 신드롬이란, 원래 1970년대 초반, 스웨덴 스톡홀름의 한 은행에 강도가 들어 직원 4명을 인질로 잡은 사태에서 유래한다. 긴장된 날들이 3~4일간 흐르고 사태가 진정된 뒤, 뜻밖에도 일부 인질들이 기자들에게 "인질범들이 생각보다 친절했다"며 인질범에게 친근감을 드러낸다든지 "경찰들이 왜 우리를 빨리 구출하지 않았느냐?"며 오히려 테러범이 아니라 경찰에게 화를 내기도 했다. 요컨대, 아군이 적군 되고, 적군이 아군 되는, 기이한 현상이 벌어진 것이다.

원래, 이것은 1930년대 이래 안나 프로이트나 산드로 페렌치 등 유럽의 심리학자들이 학대받은 어린이들의 심리 구조와 대응 방식을 연구하는 과정에서 나온, '공격자 동일시' 개념과 상통한다. 어른이나 주변으로부터 가혹한 폭력을 경험한 아이들은 나름의 생존 전략으로 '공격자 동일시'를 행한다는 것이다. 자기를 괴롭힌 자와 자신을 동일시함으로써 억지로 괴로움을 잊을 수 있고 또 살아남을 수 있기 때문이다. 브레멘 대학의 홀거 하이데 교수도 자본주의 노동사회의 본질을 설명하는 과정에서 이 개념을 차용하여, 초기 자본주의의 여러 폭력을 경험한 노동 대중은 그 생존전략으로 '체제와의 동일시' 또는 '공격자 동일시'를 행한다고 설명한다. 나는 이런 메커니즘이 가정이나 학교, 직장이나 일반 사회 등 우리 삶의 모든 과정에서 보다 쉬운 말로 '강자 동일시' 형태로 관철된다고 본다. 학교나 당국에 인질로 붙들린 학생들도 1등이나 100점, 또는 몸짱, 얼짱 등 각종 '짱'에서 드러나는 것처럼 '강자 동일시'를 한다. 나이키나 아디다스, 노스페이스 따위가 일종의 권력을 휘두르는 것도 결국 '강자 동일시' 메커니즘과 연결되어 있다.

이 사태가 안타까운 이유는 모두가 최강자가 될 수 있다는 착각 아래 앞만 보고 달리는 사이, 정작 문제의 근본은 회피된 채, 소통하고 연대해야 할 주체들이 서로 경쟁과 분열로 원자화, 고립화, 황폐화한다는 점이다. 물론 1퍼센트 미만의 극소수는 그 경쟁에서 승자가 된다. 일류대학을 가고 일류직장을 얻지만 진짜 행복한가 하는 점은 별개의 문제다. 나아가 그런 사람들이 과연 자신의 참된 꿈을 이루는지, 그리고 자기와 가족의 행복을 넘어 과연 사회의 행복을 위해 얼마나 이바지하는가 하는 차원에서는 대단히 회의적이다. 이 사회를 망가뜨리는 사람들 대부분이 안타깝게도 '일류대학' 출신이거나 '일류직장' 구성원이 아니던가.

이런 면에서 나는 지난 20년 가까운 세월을 꿋꿋이 걸은 산청 간디학교의 교육 모델을 '인격 모형'이라 부르고 싶다. 그것은 아이들을 인질로 잡은 채 (1등과 100점을 향한) 단순한 '점수 기계'나 돈벌이에 유용한 '인적자원'으로 길러내는 것이 아니라 사랑과 자발성, 공동체 등의 가치를 배우고 실천하는 인격체로 커나가도록 돕기 때문이다. 그래서 이 학교는 부모와 아이 사이, 교사와 아이 사이도 인격적 만남, 인격적 관계가 핵심적인 특징이다. 교육청의 지원을 받기에 그에 뒤따르는 여러 가지 제도적 제약 조건 속에서도 가능한 한 아이들의 자유로운 선택을 존중하며, 부모와 교사들의 의견이나 주장도 아이들의 눈높이에서 거듭 검토한다. 시간과 돈, 에너지가 좀 들더라도 지혜로운 대안을 찾고자 몸부림친다. 이 모든 과정이 인격적이다. 요컨대, 부모, 아이, 교사가 힘을 합쳐 사랑과 자발성, 비폭력 및 공동체적 배움터를 함께 만드는 혁신 공간이 바로 이 인격 모형이다. 그러나 산청 간디학교의 이 모델을 지나치게 신화화하거나 절대화할 필요는 없다. 그것은 일반 공립학교의 혁신학교와 마찬가지로, 부단히 현실과 부대끼며 좀 더 나은 길을 찾아야 하는, (내적으로나 외적으로) 미완의 자기 혁명이기 때문이다.

지난 세월 동안 이러한 간디학교의 새로운 교육 모형이 자극제가 되어 수많은 대안학교들이 다양하게 생성되었고 지금도 생성 중이다. 나는 이러한 '인격 모형'이 전국 곳곳에 더 많이 생기기를 바란다. 하지만 더 간절히 바라는 것은, '인질 모형'에 기초한 기존 학교나 교육제도가 최소한 산청 간디고교와 같은 '인가 받은 대안학교' 정도로까지 혁신돼야 한다는 것이다. 그리하여 '유별난' 부모들만이, 또는 '유복한' 부모들만이 보낼 수 있는 '특수한' 학교가 아니라, 동네마다 지역마다 모든 학교에서 우리 아이들 누구나 '인격 모형'에 기초한 교육을 받을 수 있는, 그리하여 자기만의 꿈을 발견하고 즐겁게 실력을 갈고 닦은 뒤 나중엔 자신의 행복을 넘어 사회의 행복을 위해 빛과 소금이 되는 그런 인격체, 곧 '일류 인생'의 주인공이 되도록 도와주는 그런 학교로 거듭나야 한다.

그리고 이런 교육 혁명이 실효성을 발휘하려면 '고교 평등화'를 넘어 '대학 평등화' 그리고 '직업 평등화'를 향한 사회 혁명이 계속되어야 한다. 제1차 5개년계획을 세우고, 그게 부족하면 제2차 5개년계획을 세워서 하나씩 해나가면 된다. 될 때까지 하면 된다. 그리하여 아이들이 자신의 개성과 적성, 꿈과 사명에 따라 어떤 길을 선택하더라도, 그것이 자기 행복과 사회 행복에 도움이 되는 한, 누구나 비슷한 대접을 받는 세상을 만들어야 한다. 부모, 아이, 교사의 울타리를 넘어 모든 사회 구성원들이 소통하고 연대해야 하는 까닭이다. 그래야 일류대학이나 일류직장의 서열화 구조를 타파하고 모두 '일류인생'을 살 수 있다.

갈 길은 멀다. 그러나 '천릿길도 한 걸음부터'라지 않던가. '우공이산'이란 말도 있다. 천천히, 그러나 질기게 걸어가자. 그러면 마침내 해낼 수 있다. 함께 걸으면 험한 길도 즐겁다. 가야 할 곳도 행복한 곳이지만, 가는 도중의 한 걸음 한 걸음도 느긋하고 행복하게 걷자. '나부터' 변하는 순간 이미 세상의 변화는 시작된다. 그리고 '나부터' 소통하기 시작하면 '더불어' 혁명은 시간문제다. 바로 이 생각을 하는 순간, 산청 간디학교 도서관에 걸린 간디의 명구, "세상의 평화를 원한다면 네 자신이 먼저 평화가 되어라"라는 간디의 말이 귓전을 때린다.

🌿 혁신은 가능하다
— 청소년 인문학의 두 경험

2012년 런던올림픽 때 발라스 바지라는 남자 육상선수가 있었다. 그는 110미터 허들 넘기 경주(예선)에 참가했다. 당시 강력한 우승후보로 간주되던 류상 선수가 첫 번째 허들에서 넘어지자 '옳거니, 찬스다' 하며 혼자 달리기는커녕 그를 부축해 휠체어까지 안내하고선 다시 달렸다. 결국 그는 꼴찌로 들어왔지만 경기장을 가득 채운 관중들의 박수갈채를 받았다. '꼴찌에게 보내는 또 다른 갈채'였다.

말도 많고 탈도 많았던 1988년 서울올림픽에서도 비슷한 일이 있었다. 로렌스 르뮤라는 선수는 부산 해운대에서 열린 요트 경기에 참여 중이었다. 그는 2위로 달리고 있었는데 갑자기 바람이 강하게 불었다. 그때 싱가포르 선수 둘이 강풍에 넘어져 바다에서 허우적거렸다. 이를 본 르뮤는 바로 레이스를 중단하고 물속으로 뛰어들어 경쟁자들을 구해냈다. 그 덕에 자신은 22위로 밀려나버렸다. 대신 그는, 메달보다 값진 쿠베르탱 상을 받았다.

한참 더 오래 전인 1932년 미국 로스앤젤레스 올림픽에서도 감동적인 일이 있었다. 펜싱 여자 플뢰레 개인전에 출전한 주디 기네

강수돌 교수의
더불어 교육혁명

스는 결승전에서 엘렌 프라이스를 맞아 판정승으로 금메달을 확보했다. 하지만 기네스는 "실은, 경기 도중에 프라이스 칼에 두 차례 찔렸는데 판정에는 반영되지 않았다"며 양심선언을 했다. 그 바람에 기네스는 은메달을 받았고, 금메달은 프라이스에게 돌아갔다.

우리가 이런 선수들을 기억해야 하는 까닭은, 인생의 본질은 승리하는 데 있는 게 아니라 최선을 다하는 데 있기 때문이다. 여기서 말하는 최선이란, 자신의 잠재력을 최대한 발휘하려고 노력하되 꼭 1등을 목표로 삼기보다 앞의 선수들처럼 다른 이가 어려움에 빠졌을 때 돕는 것, 거짓으로 1등하기보다는 진실을 추구하는 것이다.

과연 이런 훌륭한 아이들이 우리나라에서는 자라날 수 없는 것인가? 경쟁보다 협동을, 1등보다 공존을 선택할 수 있는 교육은 불가능한 것인가? 아니다, 얼마든지 가능하다. 나는 그것의 가능성을 '청소년 인문학대회'에서 확실히 확인한 바 있다. 그렇다. 개념이 바뀌고 실천이 바뀌면 우리 교육에도 얼마든지 희망이 생긴다.

사례 1 김해 모델

2013년 8월 8일부터 9일까지 김해대학에서는 '제5회 청소년 인문학 읽기 전국대회'가 열렸다. 2009년부터 해마다 열리는 이 대회는 전국의 수많은 고등학생들이 지도교사와 함께 참여하여 인문, 사회, 과학, 기술 방면의 여러 저자를 모시고 1박 2일 동안 '끝장 토론'을 벌이는 행사다. 나도 책을 낸 작가의 한 사람으로 초청되어, '데미안'으로 유명한 경남대의 김선형 교수, '기생충'으로 유명한 단국대의 서민 교수, '민중사'로 유명한 전주대의 오항녕 교수와 함께 알찬 시간을 가졌다.

김해시는 전국의 141개 고교로부터 참가 신청을 받은 뒤 고심 끝에 40개 학교를 선정했고, 기본으로 김해 시내 4개 고교를 더했다. 그리하여 44개 학교(각기 학생 4명 및 지도교사 1명)에서 무려 220여 명이 참여했다. 이 행사를 위해 주최 측인 김해시와 책읽는사회문화재단은 물론, 전국국어교사모임, 전국학교도서관교사모임, 책으로따뜻한세상을만드는교사모임과 한국출판인회의, 그리고 인제대 인문학부 교수 등이 운영위원회를 구성, 처음부터 끝까지 철저한 준비를 했다. 식사와 숙박은 김해대학의 구내식당과 학생 기숙사를, 전체 행사는 동부스포츠센터 대형 강당과 김해대학 강의실을 활용했다. 덕분에 인기 연예인이나 가수를 불러 행사 참여자를 구경꾼으로 만들거나, 최고급 뷔페와 호텔 등 천문학적 돈만 쓰고 실질적 토론은 거의 없는, 통상적인 외화내빈 식 행사와는 전혀 달랐다. 모든 참여자가 자율성과 협동심으로 함께 만드는, 진짜배기 행사였다. 모두에게 진심의 박수를 보낸다.

한편, 전국적 열풍으로 부는 '인문학 바람'에 대한 우려의 목소리도 크다. 한 예로 문화평론가 문강형준 씨는 2013년 8월, 『한겨레』에 기고한 글에서 오늘날 인문학이 정작 "인간에 대한 사랑과 관심"을 기초로 한다면 "무엇보다 한을 품고 죽음을 택하는 노동자들, 일에 치여 값싼 엔터테인먼트밖에 즐길 줄 모르는 대중, 상상력 대신 수량화된 평가 일변도인 교육 현실 등을 먼저 고민해야" 한다고 경고했다. 인문학 열기가 치솟자 책 시장도 '광고 인문학' '사장 인문학' '돈 인문학' '연애 인문학'처럼, '묻지 마 인문학'으로 변질되

강수돌 교수의
더불어 교육혁명

기도 한다. 원래 인문(人文)이란 '삶의 결'을 다루기에, 참된 인간성에 대한 고뇌가 기본이지 않던가?

바로 이런 맥락에서 나는 이 김해 청소년인문학대회가 그런 천박성을 극복하고 신선한 바람을 일으키는 촛불이 될 것을 믿는다. 이 김해 모델이 시사하는 바, 크게 세 가지를 말하고 싶다.

첫째, 이 대회는, 비록 당초에 지원한 고교생이 모두 참여하진 못했지만, 최종 참여자들끼리는 '비경쟁' 방식이었다. 그래서 '모든' 참여자가 상을 받았다. 최선을 다한 참여에 대한 존중과 인정의 징표였다. 만약, 올림픽 대회처럼 그 인문학 대회조차 금, 은, 동메달을 걸고 경쟁적으로 했다면, 사전행사인 토크쇼나 본 행사인 질문과 토론의 전 과정들이 그렇게 재미있고도 생산적으로 진행되진 못했을 것이다. 이 말을 증명하기라도 하듯, 한 참여 학생은 "이 대회가 비경쟁 방식이라 친구들과 협동을 하면서 모두 더 성숙해진 것 같다"고 했다.

둘째, 이 대회에서 선정된 책들은 주최 측과 운영위원회의 집단적이고 민주적이며 투명한 공동결정의 산물로, 한창 주체적인 삶을 고민하는 청소년들에게 대단히 유익한 나침반 역할을 할 것이란 점이다. 대상 서적은,『헬리콥터를 위한 변명』,『조선의 힘』,『데미안』, 그리고『팔꿈치사회』였다. 책도 책이지만 저자들도 본연의 학식과 경험에다 나름의 유머와 재치까지 섞어 행복한 대화를 나눌 수 있었다. 한 지도교사는 "아이들이 저자들을 네 명이나 한꺼번에 만날 수 있는 기회를 갖게 된 것이 너무 좋다"고 했다.

셋째, 이 대회는 단순히 '누가 책을 정확히 읽었는지' 또는 '누가 말을 잘하는지' 따위를 재는 게 아니라 '성숙한 삶을 위해 우리는 무엇을 할 수 있는가?'와 같은 공동 화두를 갖고 함께 고민하는 것이었다. 토론도 자율적이고 협력적이었다. 첫날 저녁엔 각 책마다 11개 조로 편성된 학생들이 한 강의실에 모여 저자와 함께 기본 질문 셋으로 심화토론을 했다. 짧은 답변 강의를 듣고서는 또 즉문 즉답을 했다. 다음 날 오전엔 학생들이 네 그룹을 만들고 각 그룹마다 질문 네 개를 자체 선정하고 토론했다. 한 책에 대한 토론이 끝나면 학생들은 다른 그룹으로 이동, 모두 네 가지 책에 대한 토론을 다 할 수 있었다. 그 과정에 교사와 저자들은 가능한 한 직접 개입하지 않고 아이들끼리 해나가는 과정을 묵묵히 지켜보았다. 물론, 아이들이 도움이나 조언을 요청하는 경우에만 짧게 도움말을 해주는 정도로 그쳤다. 교사나 저자들이 덜 개입할수록 아이들은 훨씬 자주적으로 토론을 이끌었다. 아이들은 믿는 만큼 자란다는 말이 확실히 맞는 말이란 생각이 들었다.

사례 2 평창 모델

2014년 9월 19일부터 20일까지 국립평창청소년수련원에서 강원도 고교생 인문학 대회가 열렸다. 공식 명칭은 '인문학 독서토론 캠프'였다. 강원도 전체에서 독서 동아리 35개 팀 140명의 학생들과 지도교사 35명, 그리고 운영위원 선생님 6명과 교육청 장학사 선생님들까지 해서 약 200명 정도가 참여하는 큰 행사였다.

이 행사가 좋았던 점은 아이들과 선생님들이 학교라는 울타리를 벗어나 맑은 하늘, 맑은 공기, 푸른 자연을 음미하며 자유로운 분위기 속에서 '삶의 의미'를 다시 한 번 되새기는 자리를 가질 수 있었다는 것이다.

원래 공부는 그래야 한다. 우리 자신의 성장을 돕고 꿈을 키우는 데 도움을 주는 것. 그러다가 진짜 내 자신의 끼나 소망이 무엇인지 언뜻언뜻 깨달아가는 과정이 곧 배움의 과정이 아니던가.

게다가 지금까지 우리가 경험한 각종 대회들과는 달리 이 인문학 캠프는 '비경쟁 방식'으로 행해졌다. (2009년부터 김해도서관과 책읽는사회문화재단이 주최해 온 '김해 청소년인문학전국대회'가 기본 모델이다.) 그렇다. 굳이 책을 읽고 토론하면서 같이 성장하는 데 무슨 경쟁이 필요한가? 토론을 경쟁적으로 하다 보면, 말도 안 되는 이야기들, 질문을 위한 질문들, 반론을 위한 반론들이 판을 치고, 목소리 크고 두뇌 회전이 빠른 이들이 승리하는 것처럼 보인다. 그러는 사이에 진심의 목소리로 말하고 싶은 참여자들은 상처받기 쉽고, 또 좀 천천히 가더라도 올바른 깨달음을 얻고자 하는 참여자들은 참된 배움의 기회도 놓친다. 그래서 비경쟁 방식이 인문학 캠프는 물론 모든 삶의 방식에 적합한 스타일이다.

사실, 우리는 시험을 치고 석차를 내는 경쟁 방식을 통해서야만 배움이 일어난다고 (헛되이) 믿어왔다. 물론, 시험과 경쟁이 없을 때보다 있을 때 좀 더 많이 공부하는 친구들도 있긴 하다. 그러나 진짜 공부가 좋은 아이들은 굳이 시험을 치지 않아도 공부를 한다. 무슨 일이건 자기가 좋아하는 일이면 (적정 대우만 해준다면) 열심히 하게 되어 있다. 게다가 시험이나 석차, 그리고 상장 같은 '외재적 동기'를 통해 자기 실력을 더 많이 발휘하는 사람보다 그 과정에서 상처받고 열등감이나 좌절감에 시달리게 되는 사람이 훨씬 더 많지 않은가. 그런 일이 수십 년 반복되면 온 사회는 상처투성이가 된다. 사실, 지금의 한국 사회가 해방 이후 70년 가까이 온갖 경쟁이 벌어지는 가운데 그렇게 되어버렸다! 지금 우리 사회는 그런 경쟁을 통해 실력 있고 멋진 사람들이 모여 사는 행복 사회가 되었는가, 아니면 모두들 모래알처럼 뿔뿔이 흩어진, 외로움과 공허감에 시달리며 두려움에 찌든 사회가 되고 말았는가? 지난 70년, 아니, 경제개발 시기부터 보더라도 약 50년 정도 진행된 사회적 실험(경제성장 과정)의 결과 우리는 누구도 원치 않는 '병든 사회' 속에 살고 있다. 사실, 2014년 4월의 '세월호 사태'도 결국은 병든 사회가 낳은 한 부산물이 아니던가.

희망은 없는가? 중국의 루쉰 선생은 말했다.

"희망은 있다고도 할 수 없고 없다고도 할 수 없다. 마치 땅 위의 길과 같다. 그것은 우리가 걸어가면서 만드는 것이다."

그렇다. 우리는 이런 멋진 캠프를 통해 희망을 만들어가고 있다. 그래서 희망적이다.

"보편적으로 행복해야 진짜 행복"이라 말씀하신 『사물과 사람 사이』의 저자 이일훈 선생님, "남들이 하지 않는 연구를 하느라 기꺼이 이중정체성으로" 사시는 『이슬람』의 저자 이희수 선생님, 그리고 "우리 몸이 농락당하지 않도록 절대 성형수술 같은 것 하지 말자"고 하신 『개 같은 날은 없다』의 저자 이옥수 선생님과 함께, 나 또한 『팔꿈치사회』의 저자로서 강원 고교생인문학대회에 참여한 것이 무척 자랑스러웠다. 그것은 '나는 다르게 생각한다. 고로 존재한다'고 소개할 만한 훌륭한 작가 선생님들이 심금을 울리는 깨우침을 주시기 때문이기도 했지만, 이번 캠프를 통해 돈벌이와 외형적 성장에 중독된 우리 사회의 고질병을 고치려 노력하는 분들이 곳곳에 많이 있음을 발견할 수 있었기 때문이기도 하다. 특히, 나는 숨 막히는 대입 위주의 교육 분위기 속에서도 평소에 아이들에게 참된 삶을 가르치고자 말없이 독서 동아리를 이끌어 오신 일선학교 샘들이 너무나 고맙고, 또 그런 분들의 노고를 알아주신 교육청의 장학사님들이 너무나 고맙다.

동시에 이번 캠프에서 가슴 아팠던 일도 하나 있다. 그것은 '전교 1, 2등 할 정도로 공부 잘하는' 한 친구가 캠프에 꼭 오고 싶어 했는데, "중간고사가 얼마 남지 않아 마음에 부담이 되어" 오지 못했다는 말을 들었을 때였다. 아마 나 자신도 고등학생 시절에 바로 그 친구의 마음과 같은 갈등을 했을 것이다. 여기서도 뚜렷이 드러나듯이 대학 입시로 상징되는 우리의 경쟁사회가 우리 모두의 삶을 은근히 짓누르고 있다. 따지고 보면, 경쟁이 정당화되는 것도 결국은 '잘살기 위해서'가 아닌가? 그렇다면 우리는 경쟁을 통해 정말 잘살고 있는가? 그리고 어느 정도까지 경쟁하면 더 이상 경쟁을 안 해도 될까? 이런 질문에 우리는 결코 만족스런 답을 얻을 수 없다. 한도 끝도 없는 경쟁은 '우리 밖에서' 자꾸 강요되고 그 속에서 우리는 조그만 떡고물이라도 더 붙들려고 나도 모르게 자신을 혹사한다. 그 결과는 어둡다. 산 것도, 죽은 것도 아닌 존재, '좀비' 같은 존재는 결코 우리가 원하는 삶이 아니다.

나는 학생들과 선생님들이 모두 모인 자리에서 토끼와 거북이 이야기, 그리고 개미와 베짱이 얘기를 했다. 원래의 얘기는 경쟁과 승자를 강조하는 것이지만 나는 이야기를 적극 비틀어서 서로 돕고 사는 이야기로 재구성했다. 같은 맥락에서 '도덕' 교과서에 나오는 말 두 마리 이야기가 생각난다. 서로 묶인 말들이 각기 좌우 양쪽으로 당기면 아무도 먹이를 먹지 못하지만, 서로 협동해서 같이 왼쪽부터 먹고 다음에 오른쪽 먹이를 먹으면 행복하다. 전자가 지옥이라면 후자는 천국이다.

그렇다. 지옥의 식당에서는 길이가 1미터나 되는 긴 젓가락을 들고 각자 음식을 먹으려 하지만, 천국의 식당에서는 그 긴 젓가락으로 서로 상대방을 먹여준다. 아프리카 말 '우분투', 곧 '네가 있어 내가 있다'는 정신이야말로 우리 모두를 살리는 지혜의 길이다. 무한 이윤을 추구하는 자본, 그 자본이 (은근히) 강요하는 경쟁과 분열의 패러다임을 정직하게 직시하고, 결코 이것이 사람의 길이 아니기에 정치, 교육, 경제, 문화, 종교 등 우리 삶의 모든 영역을 공감과 소통, 연대와 협동의 패러다임으로 바꾸는 '틀 깨기 노력'이 절실히 느껴지는 시간이다. 이번 행사 구호처럼, '청소년이여, (결코 가만히 있지 말고) 늘 푸르러라!' 그리하여 모두, '더불어 숲'이 되자!

강수돌 교수의
더불어 교육혁명

제4부

사회 혁신 없이
교육 혁신 없다

🌿 세월호 참사

— 사회 혁신을 호소하다

　무려 300명 이상의 목숨을 앗아간 세월호 참사, 이것은 한국 사회가 독일의 U. 벡 교수가 말한 '위험사회'(risk society)를 넘어 '재앙사회'(disaster society)로 치달았음을 입증한다. 그것은 단순히 수백 명이라는 희생자의 숫자만이 아니라, 해경이나 해군의 사후 대처 방식, 정부의 '이상한' 자세, 그 뒤에 숨어 있던 정치경제적 유착과 부정부패, 나아가 지금까지의 교육 방식이나 우리 모두의 삶의 가치관 등 총체적인 문제 속에 이미 '재앙적'인 요소가 곳곳에 스며 있고 이와 비슷한 재앙들이 언제 어디서 또다시 발생할지 모르기 때문이다.

　아니나 다를까, 그 직후에도 서울 지하철에서 터무니없는 추돌 사고가 나 수십 명이 다치고, 고양시 터미널에서도 터무니없는 화재로 8명이 귀한 생명을 잃었다. 서울 신사동에선 가로수길이 갑자기 붕괴하여 가스관이 터지는 사고가 났으며, 당인리 화력발전소가 폭발하기도 했고, 장성에서는 노인요양병원에서 불이 나 무려 21명이 사망하기도 했다. 그 외 사고들도 하도 많아 대한민국이 '재앙민국'이 될까 두려울 정도이며, 사고 자체를 일일이 나열하기가 겁난다.

그런데 보다 차분하게 생각해보면, 우리가 경험하는 대부분의 사건과 사고들 뒤에는 한 가지 공통된 원리가 존재함을 알게 된다. 그것은, 돈벌이를 위해 살림살이 또는 삶이 희생되고 있다는 것이다. 여기서 말하는 삶이란 사람의 목숨만이 아니라 자연의 생명까지 포함한다. 사람이건 자연이건 수많은 생명의 힘들이 모두 돈벌이를 위해 희생된다.

　'세월호' 사건을 보라. 그 사고 원인이 무엇이건, 청해진해운과 하청 계약관계에 있는 '언딘'이라는 (구조 전문도 아닌) '인양' 전문회사가 오기만을 기다리며 그 소중한 '골든타임'을 다 놓쳤다는 것 아닌가? 게다가 언딘이 온 이후에도 단 한 명의 생명도 구해내지 못했다는 것은, 이것이 단순한 사고가 아니라 범죄임을 말해준다.

　국민들이 정부의 무능을 탓하고 그것이 약 한 달 반 뒤에 치러진 6·4 지자체 선거 결과에도 일부 반영이 되긴 했지만, 그 무능한 정부가 사실상 돈벌이와 관련해서는 결코 무능하지 '않다'. 돈이 된다 싶으면 한 켠에서 사람이 죽어가도 계약을 체결하러 비행기를 타고 나라를 떠나기도 한다. 2011년 3월, 후쿠시마 사태가 터진 그 시점에 이명박 대통령이 아랍에미레이트의 원전 수주 계약을 하러 떠난 것도 그렇고, 2014년 4월 16일 세월호 사고가 난 뒤 한 달이 지날 때까지 단 한 명의 생명도 구하지 못한 시점에 박근혜 대통령이 아랍에미레이트 원전에 원자로 설치 행사에 다녀온 것도 그러하다.(그 원전 폐기물을 다시 한국으로 들여와 처리한다는 계약 내용은 얼마나 당혹스러운지!)

　밀양 송전탑 사태는 어떠한가? 고리 원전에서 생산되는 전기를 대구 등 대도시로 보내는 과정에서 정부와 경찰은 청도나 밀양의 농민들이 오랫동안 살아온 삶의 터전을 한꺼번에 파괴하고 있지 않은가?

한편, 대한민국 대표 기업으로 꼽히는 삼성은 어떠한가? 우리가 흔히 쓰고 있는 삼성 휴대폰이나 가전제품을 보라. 영화 〈또 하나의 약속〉에서도 잘 드러나지만, 휴대폰은 단순한 휴대용 전화기라기보다는 생명의 에너지를 머금고 탄생한 상품 자본이다. 바로 그 휴대폰을 만든 당사자는 백혈병으로 죽어갔다. 한둘이 아니다. 보고된 경우만 해도 수십, 수백 건이다. 나아가 생산 과정에서만이 아니라 판매 및 서비스 과정에서도 노동자들은 죽어간다. 열악한 노동조건을 개선하기 위해 삼성전자서비스 노동자들은 2013년 7월에 노조를 결성했다. 노조 결성권은 헌법과 노동법에 따른 당연한 권리이다. 그러나 노조 결성과 관련된 노동자들이 다양한 탄압과 압력에 시달리다 죽어갔다. 2013년에 최종범, 2014년에 염호석, 이 두 노동자의 죽음이 그것이다.

그런데 한국거래소와 한국상장사협의회가 2014년 4월 1일에 발표한 '12월 결산법인 2013 사업년도 결산실적 분석'에 따르면 삼성전자는 2013년에 유가증권시장 상장사들(494개사)이 거둔 순이익의 절반을 가져갔다. 삼성전자를 제외한 상장사의 수익성은 그만큼 나빠졌는데, 그 영업이익은 2012년 대비 4.6퍼센트 줄고, 순이익은 22퍼센트나 급감했다. 반면, 삼성전자의 (연결 기준) 순이익은 30조 4747억 원으로, 2012년 23조 8454억 원에 비해 무려 6조 6295억 원이 늘었다. 이는 494개사 전체 순이익의 49.35퍼센트에 해당한다.

전체 상장사 중 삼성전자가 차지하는 순이익 비중이 2009년에만 해도 19.5퍼센트, 2010년 19.9퍼센트 정도였지만, 2012년 들어 30.4퍼센트로 급증했고, 2013년에 50퍼센트에 육박하는 참으로 놀라운 증가세를 보여주고 있다. 반면, 시가총액 2위 기업인 현대자동차의 경우 2012년에 비해 2013년의 매출액(87조 3076억 원)은 증가했지만 영업이익과 순이익은 각각 1.48퍼센트, 0.75퍼센트 줄었다. 상장사가 모두 그런 것은 아니지만, 현대자동차처럼 노동조합이 상대적으로 힘을 발휘하는 경우는 삼성전자처럼 초고속 성장을 지속하기가 어려운 것이 현실이다. 달리 말해, 자본이 스스로 몸집을 불리기 위해 노동을 필요로 한다면 일정한 부분, 노동자 측에 양보를 하거나 협상을 해야 함에도, 삼성의 경우는 그런 협상이나 양보가 없이 일방적 명령이나 시혜 정도로 대응하며 이윤은 천문학적으로 거두어들인다. 그들조차 강조하는 '경영윤리'나 '기업의 사회적 책임'(CSR)을 감안할 때, 이것은 앞뒤가 맞지 않는다. 노동자의 자주적 결사체인 노동조합을 인정하지 않는 '무노조 경영'이란 초일류 경영이 아니라 '원시 경영'에 불과할 뿐이다.

원전이나 송전탑이건, 전자 산업이나 자동차 산업이건, 나라나 분야를 가리지 않고 사람이나 자연의 생명력을 짓밟고 그 위에 건설되는 경제는 한마디로, '죽임의 경제'다. 우리가 열심히 공부하고 열심히 일하는 것도, 모두 잘살아 보려고, 행복하려고 하는 것인데, 체험되는 현실은 죽음과 파괴다. 사회경제 체제가 죽임의 경제이기 때문이다.

다시금, '재앙사회' 대한민국으로 돌아가보자. 세월호 참사로 상징되는 정치경제적 무능함과 부정부패는 이러한 죽임의 경제와 결코 무관하지 않다. 따라서 죽임의 경제 그 자체나 그것을 떠받치고 있는 정치·사회, 교육·문화 시스템을 전반적으로 크게 수술해야 한다. 이것이 재난사회를 행복사회로 만드는 지름길이다. 그러기 위해서라도 국가건 시민이건 모두가 '정상'과 '비정상'을 정확하게 구별하고, 비정상을 정상으로 바꾸는 일에 힘써야 한다. 잘못된 것에 비판하고 저항하는 건 비정상이 아니고 정상이며, 전체 인류에게 재앙인 원자력 발전이나 전쟁 훈련을 강행하는 건 정상이 아니라 비정상이다. 또, 대국민 서비스를 해야 할 철도나 의료 분야를 민영화 또는 사유화하여 돈벌이 경제를 도와주는 것은 정상이 아니라 비정상이며, 그에 반대하여 시위를 하는 것은 비정상이 아니라 정상이다. 노동법을 지키기 않는 기업을 비호하는 것은 정상이 아니라 비정상이며, 헌법 정신에 충실하여 인권이나 노동권을 주장하는 사람들은 비정상이 아니라 정상이다.

이렇게 상식이 통하는 세상을 만들어야 '세월호' 같은 재앙이 재발하지 않는다. 제발, 대한민국이라는 배의 선장은 세월호 선장과 전혀 달라야 한다. 그것이 '살림의 경제'를 창조하는 길이며, 후손들에게 자랑스럽게 물려줄 수 있는 행복사회를 창조하는 길이다.

🌿 교육은 혁명의 미래다

스탠리 아로노위츠의 『교육은 혁명의 미래다』(이매진, 2014)는 그 람시가 말한 '유기적 지식인'이나 파울로 프레이리의 '문제 제기식 교육'을 제대로 하기만 하면 이것이 결국은 사회 혁명에 결정적인 도움이 된다는 입장을 갖고 있다. 1933년생인 스탠리 아로노위츠는 "학교 교육은 받지 않았지만 교양 수준이 높은 '노동귀족' 가문 출신"이다. 조상들이 차르 통치의 횡포를 피해 러시아와 폴란드에서 미국으로 이민을 갔고, 특히 외가 어른들은 혁명적 사회주의 정신을 갖고 있었다. 그 어른들이 미국으로 간 뒤 '계급 사다리'를 성공적으로 오른 숙련 노동자들이었지만 결코 반반한 학교 졸업장은 없었다. 그가 어른들을 "교양 수준이 높다"고 한 까닭은 별 졸업장도 없는 여러 언어를 구사하고 클래식 음악을 즐기며 삶의 지식도 폭넓게 지녔기 때문이다. 특히 노동조합이나 대학의 노동자교육센터에서 진행한 수업들이 노동이나 사회주의에 관한 글, 소설, 신문 같은 것을 다루었기에 노동자의 교양 수준이 상당히 고양되었던 것이다. 그의 어머니도 좋아하는 문학과 정치를 주제로 노동자교육센터에서 공부를 할 수 있었다.

강수돌 교수의
더불어 교육혁명

"그 무렵 학교의 주된 가치는 직업 준비가 아니라 바로 그런 나눔이었다."

아마도 이런 삶의 경험들이 아로노위츠로 하여금 노조 활동가로, 대안교육 운동가로, 교육 및 노동문제 연구자로 삶을 디자인하게 도왔을 것이다.

그의 책『교육은 혁명의 미래다』는 *Against Schooling: For An Education That Matters*(2008)를 번역한 것으로, 원제를 직역하면 '학교 교육에 대항하여: 참된 교육을 찾아서' 정도가 될 것이다. 이미 책의 제목이 암시하듯이 그의 핵심 명제는 "학교 교육은 참된 교육을 하고 있지 못하다"라고 요약할 수 있다. 이미 파울로 프레이리나 이반 일리치 같은 선각자들이 브라질이나 멕시코에서 체험적으로 보여주었듯, 기존의 학교 교육은 '죽었다.' 왜냐하면 기존의 학교 교육은 아이들, 특히 가난한 아이들이 자신의 삶의 상황을 주체적으로 이해하고 더 이상 자본과 권력의 부속품이 되지 않도록 살아가는 데 도움을 주고 있지 못하기 때문이다. 오히려, 학교는 아이들에게 열심히 공부하면 정치경제적 계급 질서의 더 높은 곳으로 올라갈 수 있다는 환상을 심거나, 아니면 아예 처음부터 지배구조의 부속품으로 잘 기능할 톱니바퀴 같은 존재로 사육하는 일을 한다.

이 지점에서 아로노위츠의 통찰이 돋보인다. 그것은 아이들이 학교 교육을 통해 신분 상승을 할 수 있느냐 없느냐의 문제가 아니라, 이미 차별적 계급 질서가 존재하고 있는 상황 자체가 근본 문제라 보기 때문이다. 이런 질서를 당연시하는 학교는 그래서 '죽은 학교'라 할 만하다. 그러니 아이들이 학교나 사회의 질서에 얼마나 잘 적응하고 탁월성을 드러내는가 하는 문제는 그에게 차라리 지엽적이다.

이러한 시각은 대학 교육으로도 확장된다. '공공재'여야 할 대학 교육조차 갈수록 사유화, 시장화, 기업화하는 현실은 미국을 넘어 세계화한다. 등록금, 장학금, 연구비, 커리큘럼, 수강 인원, 정년보장심사, 대학 간 비교평가, 취업 등 여러 측면에서 대학은 더 이상 '진리탐구를 위한 학문공동체'가 아니다. 교수들은 갈수록 프롤레타리아로 변하고 신분이 불안정한 시강 강사들이 강의실을 채운다. 어머니 세대가 향유했던 대학 부설 노동자교육센터 같은 것들도 예산 부족을 이유로 하나씩 사라진다. 일부 예외적인 경우를 제하면 대학의 교직원노조나 교수평의회도 별다른 영향력을 발휘하지 못한다.

이런 현실 진단 위에 아로노위츠는 나름의 대안을 모색하는데, 안토니오 그람시의 '유기적 지식인'이나 파울로 프레이리의 '문제 제기식 교육'이 혁명적인 미래를 준비하는 데 도움이 된다고 본다.

그람시의 『옥중수고』(거름, 1999)는 "하위 주체를 지식인으로 바꾸는 대중 교육"의 중요성을 강조한다. 대중이 참된 교육을 통해 능동적 사회적 행위자로 거듭나는 과정, "평등주의 사회 질서를 형성하는 데 관심을 갖는 사회 집단, 곧 노동 계급이 주도하는 불만 세력이 모인 사회 집단"으로서 유기적 지식인으로 성장하는 과정을 중시하는 것이다. 이들이 "지배적 상식에 의문을 제기하고 시민사회의 제도와 다른 사회 공간에 퍼뜨릴 수 있는 '지적, 도덕적 블록'을 형성하는 일"이 사회 변화의 열쇠다.

한편, 프레이리의 '문제 제기식 교육'은 주입식 또는 은행저금식 교육과는 달리, 학습의 주체가 더 이상 교사가 아니라 학생이며, 교육 공간이 교실을 넘어 온 사회로 확장됨을 강조한다. 그의 페다고지(피억압자를 위한 교육론)는 "억눌린 자에게 내재돼 있는 본질적 인간성을 해방시킬 임무"를 띠고 있다. 이러한 시각은 더 이상 영리하고 역량 있는 지도자나 전위에 의한 계몽이나 해방이 아니라, 피억압자 자신이 스스로를 변화의 주체로, 그리하여 보편적 인간화 과정의 주체로 정립할 수 있게 "함께 일하는" 방법론이란 점에서 전복적이다. 구체적으로 그것은 노동계급 또는 그 자녀들이 "자신의 내부에서 억압자의 권력을 표상하는 자신의 두려움과 대화하게 해서 심리적 억압의 고리를 깨는" 방식으로 작동한다. 학생들조차 교육의 대상이 아니라 자유로운 주체로서 살아 있는 생명력을 발휘해야 하므로 교사와 학생이 상호 존중하는 가운데, 더불어 성장하는 것이 참된 교육이라는 시각이다.

"영적 해방뿐 아니라 경제적, 정치적, 물적 해방을 포함하는 의미에서 자유의 성취는 영원한 혁명이며, 영원한 혁명의 여정에서 정치권력을 성취하는 일은 단지 예비 단계일 뿐이다."

🌿 교육 현실이 변하지 않는 까닭

"많은 사람들이 너도나도 '입시 위주 교육'이 문제가 많다며 울분을 토하는데도 왜 정작 현실은 변하지 않는 걸까요?"

어느 고등학교에서 특강을 했을 때 질의·토론 시간에 한 학생이 던진, 안타까운 마음이 담긴 질문이다. 나도 그런 울분을 토하는 한 사람으로서 몹시 부끄럽고 미안했다. 나의 대답은 이랬다.

"크게 두 가지입니다. 하나는, 입시교육이 문제가 많다고 울분을 토하는 건 맞는데, 그 문제를 제기하는 사람들조차 자기 자식만큼은 일류대학에 꼭 보내고 싶다는 마음을 가진 경우가 많기 때문입니다. 둘째는, 이미 우리 사회의 기득권층을 이루고 있는 사람들이 기존 교육에 혁신을 일으켜야 한다는 문제의식보다 자신의 기득권을 지키는 일에 더 많은 관심을 갖고 있기 때문입니다."

이 말에 다른 학생이 손을 들었다.

"그러면 왜 일류대학을 나오고 일류직업을 갖고 살아가는 그런 사람들은 선생님이 말씀하신 '일류인생'을 살지 못하는 걸까요?"

정곡을 찌르는 질문이었다. 내가 강조한 일류인생이란, 일류대학이나 일류직업과는 무관하게 첫째, 자신의 꿈을 찾고 둘째, 그에 걸맞게 실력을 쌓은 뒤 셋째, 자기 행복을 넘어 사회에 헌신하는 삶을 가리키는 것이었다.

나는 그 질문을 받고 얼떨결에, "일류대학을 나오고 일류직업을 가진 사람들 대다수가 모두 '자신이 잘 나고 유능해서 엄청난 대우를 받는 것'이라고 마치 당연한 것처럼 여기면서 특히 그런 사람들끼리 선후배 관계로 얽히고설켜 일종의 '마피아 집단'을 이루고 있기 때문이죠"라고 '진실'을 말해버리고 말았다. 사실, 50대 중반인 나에게도 여태껏 '일류인생'을 살아야 한다고 강조한 선생님은 없었다. 오로지 어른들의 말씀은 "좋은 대학을 나와야 사람대접을 받는다"는 냉혹한 현실 논리뿐이었다.

그런데 지금 와서 내 대답을 곰곰 생각해보니, 마음이 비교적 순수한 학생들에게 너무나 강력한 사회적 벽을 성급하게 폭로함으로써 오히려 좌절감이나 절망감을 안겨준 것은 아닐까 하고 적잖이 우려된다. 사회경제적 기득권층의 보수성이나 유사 '마피아' 집단의 존재는 도무지 넘을 수 없는 위력을 지니고 있기 때문이다.

그런데 또 다른 학생 하나가 기발한 질문을 했다.

"선생님 같은 분이 정치가로 나서서 지금 말씀하신 그런 내용들을 그대로 실현하면 좋을 것 같은데, 혹시 출마하실 생각은 없으세요?"

사실, 이 질문은 내가 하는 대부분의 다른 시민 특강에서도 종종 나오는 질문이라 당황스럽지는 않았다. 내가 학생들에게 강조한 내용은 크게 두 가지인데, 하나는 생계에 매달리는 삶보다 꿈을 실현하고자 하는 맥락에서 자기 '삶의 디자인'이 매우 중요하다는 점, 다른 하나는 그런 꿈의 길을 가기 위해서라도 '사회의 디자인'이 결정적이라는 점이었다.

여기서 그 '사회의 디자인'이란 사회라는 집을 멋지게 짓기 위해 필요한 튼튼한 주춧돌 네 가지를 핵심으로 한다. 그것은 첫째, 유기농 중심의 식량자급률 향상과 농촌 공동체 활성화, 둘째, 모든 직장의 노동시간 단축과 일자리 나누기, 셋째, 주거·교육·의료 문제 등의 사회공동체적 해결, 넷째, 개성 있는 고교, 대학, 직업 평등화의 실현 등이다. 이 네 가지 주춧돌 위에 멋지고 튼튼한 기둥을 세우고 자연스러우면서도 아름다운 지붕을 올리면 멋진 사회의 집이 될 것이다.

아마도 학생들은 내 강의를 들으면서 "이 사람이 정치가가 되어서 그런 사회적 집을 잘 지어준다면 우리는 좀 더 행복하게 살 수 있겠다" 싶어서 출마 의사를 물었을 것이다.

그 질문에 대한 나의 답은 이랬다.

"저는 솔직히 마을 이장 이상의 권력을 탐하지 않는다고 이미 책에다 선언해버렸는데요." 그 말에 아이들이 "우하하~"하며 크게 웃었다. 그러면서 말했다.

"소수의 똑똑한 사람이 높은 자리에 올라간다고 해서 세상이 바뀌지는 않아요. 중요한 것은 우리 일반 사람들이 참된 사회의 변화나 교육의 변화를 위한 내용을 공부하고 토론하여 사회적 분위기를 스스로 바꾸는 것이지요. 무엇이 옳고 그른지, 어떤 부분에서 잘못된 것이고 어떤 부분을 어떻게 고쳐야 하는지 따위에 대해서 우리

강수돌 교수의
더불어 교육혁명

풀뿌리 민초들이 늘 깨어 있어야 비로소 세상은 변화한답니다."

이 말에 학생들도 고개를 끄덕였다. 결국은 '나부터' 실천을 하면서 '더불어' 변화를 추구하는 것이다. 그래서 학생들에게 동아리나 소모임 활동의 중요성을 강조했다.

"나 홀로 꿈꾸면 꿈으로 남지만, 여럿이 같이 꿈꾸면 현실이 된다. 또 오늘만 꿈꾸면 꿈으로 남지만, 매일 꿈꾸면 현실이 된다. 종합하면, 더불어 매일 꿈을 꾸면 꿈을 현실로 만들 수 있다."

이 말에 학생들은 박수를 쳤다.

사실, 우리 교육 현실을 바꾸는 데는 갈 길이 참 멀다. 게다가 이반 일리치 선생의 말처럼 "학교 교육이 사라져야 비로소 인간 교육이 제대로 될 수 있다"고 할 수도 있다. 그러나 그렇다고 해서 현 상황에서조차 두 손 놓고 아무 일도 하지 않을 순 없지 않은가.

지금의 공교육 현실은 크게 두 측면이 바뀌어야 한다. 첫째, 학과 공부는 '시민 소양'을 기르는 데 필요한 정도만 하면 된다. 매일 오전만 공부해도 좋다. 평가는 60점 정도를 기준으로 절대평가만 해도 된다. 그래야 공부 압박도 없어지고 경쟁 교육이 아닌 협동 교육이 된다. 둘째, 점심시간 이후 오후에는 '자아 발견'을 돕는 교내외 프로그램을 다양하고 풍성하게 마련해주어야 한다. 악기도 좋고 독서 토론도 좋고 축구나 배구·수영도 좋다. 음악·미술도 좋고 기술이나 목공도 좋다. 개성이나 꿈에 맞게 자아를 찾아가도록 도와야 한다. 그렇게 되면 아이들은 날마다 신나고 행복하게 생활할 수 있을 것이다.

내 강의에 졸지도 않고 눈빛이 초롱초롱하던 아이들, 좋은 강의에 감사하다며 겸연쩍게 웃던 학생, 책에 사인을 받고자 줄을 서서 기다리던 우리의 자녀들, "꼭 네 꿈을 이루렴!" 하고 사인을 해줄 때 휴대폰 사진을 찍으며 좋아하던 아이들, 뭔가 골똘히 생각하느라 입술을 깨문 아이들, 이 모두가 나름의 색깔과 속도로 성장하길, 특히 오늘 행복을 내일로 미루지 않고 매순간 행복하게 생활하기를 바랄 뿐이다. 나아가, 이 아이들이 좀 더 성장해 앞서 말한 '사회의 디자인'을 새롭게 하기 위해 어깨동무를 하고 함께 걸을 수 있기를 소망한다.

강수돌 교수의
더불어 교육혁명

🍃 피터 뭉크와 '노블레스 오블리주'

수백만 명의 유대인이 학살당하던 나치 시절, 히틀러 세력은 헝가리의 부다페스트까지 몰려갔다. 얼마 지나지 않아 처참히 죽을 것을 짐작한 헝가리 유대인들은 갖은 방법으로 목숨을 구하려 했다. 그 와중에 나치의 고위 간부에게 천문학적인 뒷돈을 주고 밤기차를 타고 스위스로 탈출한 부자가 있었다. 그 뒤 그 아버지는 새 삶을 찾으라며 아들을 캐나다로 보냈다. 영어도 미숙하던 아들은 마침내 1952년, 캐나다의 토론토대 전기공학과를 졸업했다. 그에게 캐나다와 토론토대는 '평생의 은인'이다. 그 뒤 온갖 사업에 성공하면서 큰돈을 벌자 그는 "이제 돈을 좀 벌었으니 사회에 돌려주려 한다."며 사상 유례 없는 기부금을 내놓기 시작했다. 그가 바로 피터 뭉크다.

피터 뭉크 자선재단은 1992년에 설립한 뒤로 20여 년 동안 약 1억 달러(원화 약 1200억 원) 이상을 기부해왔다. 가장 큰 두 분야는 건강 및 교육이다. 건강과 관련해서는, 토론토 제너럴호스피탈에 심장 센터를 세우도록 1997년에 600만 달러를 기부했다. 획기적이었다. 센터 이름도 '피터 뭉크 심장센터'다. 그 뒤 재단은 2006년에 또 3700만 달러를 냈다. 교육 분야에서는 2000년, 저명한 '뭉크 국제학 센터'를 설립하도록 토론토대에 650만 달러를 내놓았다. 2010년 4월엔 이를 '뭉크 글로벌 스쿨'로 바꿔, 석사학위를 주는 대학원으로 격상시키는 대신 2017년까지 연차적으로 3500만 달러를 기부하기로 약정했다.

2011년 3월, "이익공유제 같은 건 듣도 보도 못했다"고 큰소리치던 한국의 글로벌 기업 회장에 견주면, 뭉크는 마치 '사회주의자'처럼 보인다. 물론, 가장 자본주의적인 기업가들도 가정에서는 '능력에 따라 일하고 필요에 따라 쓰는' 사회주의나 공산주의의 원리를 실천하고 있지만 말이다. 이런 면에서 자본주의냐 공산주의냐 하는 색깔 논란은 무의미하다. 특히 '레드콤플렉스'를 통해 이득을 얻는 세력은 자본주의 옹호 세력임에 주목할 필요가 있다. 그러나 정작 중요한 것은, 우리가 구체적으로 어떻게 사는 것이 진정 행복하게 사는 길이냐 하는 점이다. 여기서 말하는 피터 뭉크처럼 부자가 될수록 사회에 좋은 일을 하기 위해 많은 돈을 내놓는 것은 참 아름다운 일이다. 이런 것이 이른바 '노블레스 오블리주', 곧 가진 자의 책무 같은 것 아닌가?

그러나 이렇게 관대하고 멋진 그도 다른 얼굴이 있다. 그 막대한 돈의 원천이 문제다. 그 천문학적인 돈은 흥미롭게도 그가 1983년부터 운영한 배릭(Barick) 금광회사가 아프리카, 파푸아 뉴기니아, 호주, 아메리카 등 세계 각지의 금광에서 노다지로 건진 것이다. 배릭 금광회사의 홈페이지엔, 금광 개발과 지역 발전은 하나로 통합되어 진행된다고 홍보한다. 하지만 그 지역 개발의 이면엔 반드시 자연환경의 훼손과 야생 동식물 서식지의 파괴, 전통적인 토착민 공동

284   강수돌 교수의
          더불어 교육혁명

체의 파괴, 정겨운 인간관계의 소멸, 강제 이주, 광산 독극물로 인한 질병과 식수의 오염, 농업 파괴, 생태 및 인권운동가의 암살과 공포 분위기의 조성 등이 필연적으로 따른다.

한 예로, 2009년 5월, 아프리카 탄자니아 광산의 유독 폐기물이 인근 강으로 흘러들어서 그 물을 마신 20명이 죽고 약 1000마리의 가축이 죽은 일이 있다. 격렬히 항의하던 다수의 사람들이 회사의 용역 깡패에 의해 무참히 살해당하기도 했다. 더욱 극적인 일은, 남미에서 벌어졌다. 칠레와 아르헨티나 접경 지역인 파스콰-라마 금광 인근엔 토착민 약 5000명 정도가 사는 알토 델 카르멘이란 소도시가 있다. 2008년 가을, 그 시장을 뽑는 선거에서 배릭 사의 사회 책임 담당 여성 관리자 노라 로하스가 출마해 당선됐다. 이런 식으로 자본은 인명과 자연을 훼손하면서도 권력과 여론을 장악함으로써 천문학적인 돈을 벌려고 한다.

그런데, 피터 뭉크의 배릭 자본과 토론토 대학의 관계는 여기서 그치지 않는다. 그것은 천문학적 기부금을 통해 학문의 자유를 침해할 수 있고 나아가 대학의 상업화에 기여하기 때문이다. 일찍이 이를 깨달은 토론토대 해럴드 이니스 교수는 "기업이 대학을 산다는 것은 대학을 파괴하는 것이며 마침내 대학 존립의 이유인 문명을 파괴하는 것"이라 일갈한 바 있다. 대학은 곧 '공익체'란 말이다.

바로 그런 이유로 2011년 4월 초, 토론토 대학 학생회는 뭉크 재단이 '뭉크 글로벌 스쿨'을 통해 학문의 자유를 침해할 수 있다며 시위를 벌이기도 했다. 그때 미국 MIT 대학에서 왔던 촘스키 교수는 "비교적 가난한 멕시코 국립대학에서는 무상 교육이 이뤄지는데, 미국이나 캐나다 등 부자 나라에서는 등록금만 해도 1년에 수만 달러나 된다"고 한탄하며 이건 "돈의 문제가 아니라 우리가 어떤 사회에 살고 싶은가 하는, 사회문화적 문제"라고 강조했다.

그렇다. '미친 등록금' 문제로 몸살을 앓는 대한민국, 그리고 점점 '장사꾼'이 되어가는 대학, 과연 어떻게 살아야 자손 대대로 인간다운 삶이 가능할지, 정신을 차리고 지혜롭게 결단해야 한다.

학문의 자유 없인 '선진국' 불가능하다

사람들은 어떤 결정이나 과정이 불공정하다고 여기면 그 결과에 동의하지 못하고 대단한 불만족을 느끼게 된다. 하물며 어떤 조직적 결정이 객관성, 투명성, 공정성에 의거하지 않고 뭔가 명쾌하게 해명되지 않은 요인에 의해 이뤄진다면 이것은 개인의 불만족뿐만 아니라 조직적 역기능을 고양하게 된다. 만일 그것이 양심의 자유나 사상의 자유에 토대를 두는 학문 세계의 문제라면 더욱 예민한 파장을 일으킬 것이다.

한 예로, 2009년 인문한국지원사업(HK) 선정 과정에서 1차 전공심사 및 2차 면접심사를 거친 결과 월등한 1위를 차지했던 중앙대학교 독일연구소가 마지막 순간에 석연치 않은 이유로 탈락하고 말았다. 이 사태는 학계에 큰 충격을 던진 바 있다. 이 연구소는 2009년 HK 해외지역연구 소형 분야에 지원해, 객관적이고도 엄정한 심사를 거친 결과, 총 12개 과제 중 1위를 차지했다. 2위와도 현저한 차이를 보였다. 그런데 한국연구재단의 최종 결정에서 놀랍게도 탈락했던 것이다. 정부의 인문사회 분야 학술연구 지원사업에서 1위 후보 과제가 탈락한 일은 과거의 군사 독재정권 시절조차 없던 일이라, 사회적 논란이 일기도 했다.

명실상부, 지행합일, 언행일치……. 이런 표현들은 모두 말과 실천의 일관성을 강조한다. 그런데 요즘 한국 사회를 보면 이런 가치들과는 거꾸로 달리는 일이 한두 가지가 아니다. 예컨대, 말로는 '섬김의 리더십'을 이야기하면서 용산 참사나 쌍용차 사태에서 보듯 실제로는 '섬뜩한' 리더십이 많이 보이고, 나라 경영의 '선진화'를 강조하면서 여전히 공권력 투입과 일방통행 식 의사결정이 이뤄진다. 4대강 '살리기' 사업을 한다면서 사실상 4대강 생태계를 죽였음이 '녹조 라떼'나 '큰빗이끼벌레'로 증명이 되고 있다. 국토의 '균형 발전'을 한다고 말하면서도 실제로는 수도권 집중을 강화하며, 노사 간 '상생의 문화'를 이야기하면서도 실제로는 노동 탄압을 일삼는다. '선진 일류'를 앞세우는 국세청의 수장이 실제로는 비리와 부패로 얼룩지고 있음도 드러났고, '세계 최고의 환경생태 도시'를 만들겠다던 세종시조차 이제는 아파트 건설업자들의 잔치판으로 돌변했다. 이에 질세라, 교육부는 '미래를 위한' 교육과 학문의 '국제 경쟁력'을 강조하면서도 실제로는 학습자나 연구자의 내재적 동기를 짓밟고, 참된 교육을 하려는 전교조 교사와 노조를 노골적으로 탄압함과 동시에 대안교육을 해옴으로써 교육 혁신의 분위기를 확산해 온 대안교육 진영을 규제하려 든다. 한마디로, 가끔 뉴스를 장식하는, 위험천만한 고속도로 '역주행' 사태를 상기시킨다.

독일연구소의 HK 지원 사업 최종 탈락 사태도 바로 이러한 '역주행'의 생생한 사례가 아닐까 싶다. 세계적으로도 부끄러운 일이다. 그런데, 이 역주행의 주인공은 2009년 예산 규모가 2조 7000억

강수돌 교수의
더불어 교육혁명

원에 이르는, '한국연구재단'(National Research Foundation of Korea)인데 그 홈피엔 이렇게 외치고 있다: "창의적이고 다양한 연구 및 인력양성 활동을 지원함으로써 국가의 연구경쟁력을 제고하고 나아가 선진국가로의 발돋움에 초석이 되겠습니다." 한국연구재단은 2009년 6월 26일, 기존의 한국과학재단, 한국학술진흥재단, 국제과학기술협력재단 등이 통합되어 "국가 기초연구지원시스템의 효율화 및 선진화"를 위해 새로이 출발한 교과부 산하 국가 기관이다.

그런데 중앙대 독일연구소 사태는 그 좋은 구호와는 달리 "창의적이고 다양한 연구 활동"을 지원하기는커녕 방해하며, "연구 경쟁력"을 제고하기보다는 억압하며, "선진화"보다는 후진화의 가능성이 높다는 비판을 받았다. 비판의 지점은 크게 두 가지였다. 하나는 절차적 공정성의 문제이고, 다른 하나는 학문의 자유라는 문제다.

절차적 공정성이란 모든 의사결정 과정에서 관련된 당사자들이 납득 가능하게 객관적이고 투명하며 합리적인 기준과 절차를 지키는 일이다. 한마디로, 어느 누구도 그 최종 결과에 대해 '억울함'이나 '부당함'을 느끼지 않도록 그 과정을 진실하게 만드는 것이라 할 수 있다. 절차적 공정성을 제대로 지키려면, 한편으로는 내재적으로 결정 기준의 일관성, 투명성, 객관성이 유지되어야 하며, 다른 편으로는 외재적인 영향력 변수, 예컨대, 정치적 고려나 연고 관계, 로비나 뇌물 등을 철저히 배제해야 한다. 그런데 이번 사태는 1차 전공심사와 2차 면접심사까지 합리적으로 종결한 결과에 대해 겉으로 내세우는 해명('제3세계 우대 원칙' 또는 '단일국가 연구 불리')과는 달리 '정치적 고려'에 의해 비일관되고 비합리적인 결론을 내고 말았다.

이런 점에서 절차적 공정성을 심대하게 훼손했다는 여론이 비등했다. 비단 학교나 학문 세계만이 아니라 우리 사회의 모든 영역에서 이런 절차적 공정성을 복원해야 한다.

다음으로, 학문의 자유는 대한민국 헌법 제22조에서 보장하는 국민의 기본권에 속한다. 학문의 자유란 보다 구체적으로, 학자적 양심에 따른 학문의 독자성을 보장함과 동시에 국가의 간섭이나 침해로부터 보호받을 권리를 말한다. 2009년 중앙대 사태도 그 이면엔 연구 책임자인 김 모 교수가 2009년 6월 3일, 중앙대 교수시국선언을 주도했다는 점이나 공동 연구자들 대부분이 시국선언 참여자들이라는 점에서 '정치적' 고려가 작용한 것으로 추정된다. 법적인 정당성의 문제도 문제이거니와, 학문의 자유 관점에서 심각한 사태가 아닐 수 없다. 학문의 자유는 이 세계 모든 나라에서 보장해야 하고 추구해야 하는 기본 인권에 속한다. 오죽하면 '세계적 투기꾼'이라는 오명까지 가진 조지 소로스조차 2001년 6월, 러시아 정부가 과학원의 (대외 접촉을 규제하는 등) 학문의 자유를 탄압한 데 대해, "러시아 내 투자와 박애주의 활동을 재고할 것"이라며 경고까지 했겠는가? 이렇게 학문의 자유란 대한민국만이 아니라 전 세계가 존중하는 가치다. 그런데 아무리 말로만 강조하면 무엇 하나? 또, 아이들에게만 '지행합일' 하며 '언행일치' 하라고 가르치면 무엇 하나? 국가기관부터, 기업부터, 학교부터 먼저 모범을 보이면서 사람들에게 '언행일치' 하라고 해야 설득력이 있는 것 아닌가?

이런 점에서 위 사태에 드러나듯 한국연구재단은 스스로 내세우는 구호와는 달리 학문의 자유를 침해하며 절차적 공정성을 훼손함으로써 학술 연구의 선진화나 경쟁력 제고에 '디딤돌'이 아니라 '걸림돌'이 될 가능성을 보여주었다. 잘못된 결정을 바로잡는 데는 '시기'가 따로 없다. 2002년까지만 해도 '합헌'이라 결정되었던 '혼인 빙자간음죄'가 2009년 들어 양성 평등 및 성의 자기 결정권 원칙, 사생활 국가 간섭 배제라는 관점에서, 또 간통죄 역시 2015년 2월 말에 '위헌'으로 결정된 것은 그나마 다행스러운 일이었다. 또, 과거 박정희 시절에 억울하게 죽음이나 형벌을 받아야만 했던 '인혁당' 사건이나 '민청학련' 사건 연루자들도 2007년, 2009년에 걸쳐 모두 무죄로 판명되었다. 뒤늦었지만 환영할 만한 일이었다. 그리고 다시는 그런 일이 일어나지 않아야 바른 나라가 된다. 학문이나 교육, 학술의 영역도 마찬가지다.

미국의 철학자인 헨리 데이빗 소로우는 『시민의 불복종』에서 이렇게 말했다. "가장 좋은 정부란 가장 적게 다스리는 정부" 또는 "가장 좋은 정부란 전혀 다스리지 않는 정부"라는 것이다. 새삼 가슴에 와 닿는다. 다스리기보다는 겸허하게 배려하는 정부야말로 그 존재 가치가 있다. 대통령을 비롯한 정치가나 행정가들 또한 군림하기 위해 존재하는 게 아니다. 백성들의 일꾼이어야 한다. 헌법에 "모든 권력은 국민으로부터 나온다"고 되어 있는데, 이것은 국민이야말로 권력의 원천, 곧 권력의 집이라는 것이다. 그러니 국민에게서 나온 권력을 대통령이나 정치행정가, 그리고 입법부나 사법부가 국민들에게 잘 되돌려주는 행위가 곧 '민주주의'다. 그들이 위임받은 권력을 민주적으로 되돌려주지 않고 자기들 맘대로 행사한다면 그건 민주주의가 아니라 독재라 해야 한다. 마찬가지로 한국연구재단과 같은 연구지원 총괄 기관도 학문의 민주주의를 위해 힘써야 한다. 비단 위 사태에 드러난 중앙대 독일연구소만이 아니라 다른 모든 이슈에서도 실질적인 민주주의를 고양하기를 바랄 뿐이다. 또, 양심적인 학문 세계의 모든 관계자들도 교육부 및 한국연구재단이 학문의 자유와 절차적 공정성을 고양할 수 있도록 더욱 많은 관심을 기울이고 진정한 자유인으로서 주체적으로 참여하는 모습을 보여야 한다. 아무리 작은 사건이라도 결코 '남의 일'이 아니기 때문이다.

강수돌 교수의
더불어 교육혁명

🌿 양심의 자유가 있어야 좋은 나라

"○○○ 살인마"라고 말하면 '유언비어 유포죄'이니 조심하라 하고 "○○○ 멍청이"라고 하면 '국가기밀 누설죄'이니 말조심하라며 웃던 때가 있었다. 내가 다른 대학생들과 함께 그런 농담을 하며 쓴 웃음을 짓던 당시, 실은 엄청난 사건이 조작되고 있었다. 안타까운 건, 사태가 진행된 것과 진실이 밝혀지는 것 사이엔 너무나 큰 시간차가 존재한다는 점이다. 약 30년의 세월이 흐른 뒤에 밝혀지는 진실, 당사자는 이미 청춘을 다 지났거나 자식들이 이미 다 자란 시점에 밝혀지는 진실……. 물론 영원히 감추어지는 것보다야 천 배 만 배 낫지만, 그래도 '때늦은 진실'은 너무나 야속하지 않은가.

"5·18 광주민주화운동 유언비어 유포."

"제2의 김대중 내란음모 기도."

"전두환 대통령 시해 모의."

……

이런 것들이 그 정치 조작의 실체였다. 내가 대학 새내기였던 1981년의 일이다. 그런 사건이 터지면 나는 아무 죄도 없었지만 괜스레 무서웠다. 행여 나도 그런 사건에 연루될까 두려웠다. 어디, 나만 그랬는가? 대부분 국민은 그런 사건과 거리를 두려 했고, 동시에 자신도 걸려들지 않기 위해 몸조심, 말조심하며 공포정치 아래 주눅이 들었다. 바로 이것이 독재정치, 권력집단이 정치공작을 통해 노리는 '군기잡기 효과'다.

과연, 위와 같은 엄청난 죄를 범했다고 낙인찍힌 이들은, 정해숙(당시 서울 봉천국교 교사), 황보윤식(대전공고 교사), 박해전(서울 용문중 교사), 김난수(육군 대위), 김창근(천안경찰서 순경), 이재권(금산 신용금고 직원), 김현칠(대전검찰청 직원) 등 7명이었다.

이들은 1982년 2월, 대전지검 1심에서 징역 10년에서 2년까지 실형을 선고받았다. 그러나 1982년 6월, 고등법원은 '반국가단체 구성' 부분을 무죄로 판결, 5명에게 징역 6년에서 1년 6월을 선고, 2명을 집행유예로 결정했다. 하지만 1982년 9월, 고법 판결은 대법원에 의해 파기됐고, 1983년 2월, 고법은 다시 징역 10년에서 1년 6월을 선고, 대법원에 의해 형이 확정되었다. 1983년 6월이었다. 본인과 가족, 친지, 친구, 동료들의 속을 까맣게 태운, 5번의 긴 재판이 끝난 지 6개월 뒤, 1983년 12월, '반국가단체 구성원 5명'은 모두 형집행정지로 석방됐다. 몸은 자유로워졌지만, 평생 씻지 못할 상처를 입은 당사자들은 사회 민주화 투쟁이 어느 정도 진전된 2000년, '인생'을 걸고 국가를 상대로 싸움을 시작했다. '재심' 청구 소송이다.

순박하고 건전한 시민이 국가 폭력으로 몸과 마음, 가정과 관계들이 망가지던 시대, 제도적 폭력과 국가적 살인이 공공연하게 일어난 어이없는 때가 바로 1980년대였다.

강수돌 교수의
더불어 교육혁명

1981년 5월 17일, 당시 정훈장교(국민대 학군단 15기)로 충남대 대학원에 수학 중이던 김난수 대위의 집에서 딸 아람이의 백일잔치가 열렸다. 고교 동문이나 지인들이 모였다. 결국 '아람이 백일잔치 모임(친목 계모임)'이 독재 권력에 의해 '아람회'라는 반국가단체로 둔갑하고 말았다.

　실은 이것만이 아니었다. 군사 독재 정권은 아람회 외에도 부림 사건, 오송회, 한울회 등 사건을 조작, 한편으로는 국민을 길들이고 다른 편으로는 권력욕을 정당화했다. 『역사의 심판은 끝나지 않았다』(살림터, 1997)라는 책은 이런 사건들의 진실을 파헤친다.

　그리고 2009년 5월 21일, 진실이 밝혀졌다. 모두 '무죄'로 판명되었다. 무죄에서 무죄로 오는 데 무려 28년이 걸렸다. 담당 판사는 "경찰이 박해전 등 아람회 관련자들을 지하 대공분실에 가두고 거꾸로 매달아 놓고 얼굴에 수건을 씌워 물을 붓는 물고문, 차가운 바닥에 앉혀놓고 무릎 사이에 곤봉을 끼운 채 깔아뭉개고 4~5명이 달려들어 집단적으로 구타하기 등을 통해 허위진술을 강요하고 유서까지 작성하게 한 것이 인정된다"고 하며 "선배 법관을 대신해 억울하게 고초를 겪은 시민들에게 위로의 말씀을 드리며 고인이 된 이(재권) 씨가 하늘나라에서 평안하기를 바라며 나머지 피해자들도 평화와 행복을 찾기 바란다"고 했다.

　모든 당사자와 가족은 기립박수를 치며 진실 앞에 눈물을 흘렸다. 그나마 다행이다. 진실이 밝혀져 다행이고 "선배 판사들을 대신해 사과한다"는 후배 판사(이성호 서울고법 부장판사)의 정직과 용기가 다행스럽고 참 고마운 일이다. 원래 사법부란 이래야 한다. 진실을 진실대로 밝히는 것, 죄가 있는 사람은 제대로 단죄하고 억울함을 당한 사람은 억울함을 시원히 풀어주는 것, 이것만이 사법부와 법률가의 존재 이유가 아니던가.

여기서 몇 가지 생각들이 떠오른다.

첫째, 2009년 들어 기존 촛불시위 관련자에 대해 엄한 처벌을 지시한 사법부의 사례에서 보듯, 아직도 정치권력과 그 눈치를 보는 자들에 의해 사법 정의가 훼손되고 있다는 점이다. 다행스러운 것은 '광우병' 촛불시위 이후나 2012년 대통령 선거 이후에 개인적으로건 소모임 차원에서건 사법부 일각에서 각종 토론이나 회의가 열리고 잘못된 부분을 지적하는 목소리가 나오는 등, 그래도 진실의 목소리가 죽지는 않았다는 점이다. 그러나 많은 재판정에서는 아직도 돈과 권력, 혈연 등에 휘둘린 판결이 심심찮고 '전관예우'나 '유전무죄, 무전유죄' 현상도 여전히 관찰된다. 정말 안타까운 일이다.

둘째, 사법적 불의나 국가 폭력에 의한 피해자에 대해 그 가해 행위에 참여한 당사자들(고문 경찰, 검사, 판사, 탐욕 정치가 등)이 '무한 책임'을 져야 하지 않을까, 하는 점이다. 정작 피해자와 가족들은 평생 고통으로 살아가는데, 가해자들은 언제 그런 일이 있었냐는 듯이 버젓이 활개치고 살아가는 게 오늘날 현실이다. 이래서는 안 된다. 피해자와 가족의 한을 풀고 상처 치유와 생활 보장을 위해 비록 수백억이 들더라도 그 책임 있는 당사자들이 대를 이어가며 갚아야 한다. 그 정도 강력한 역사적 처벌이 있어야 비로소 '진실 앞에 거짓을 조작하는' 국가적 폭력 행위가 없어질 것이다. 그래야 우리 사회에도 진정한 '평화와 행복'이 깃든다. 그리고 이런 정치사회적 행위야말로, 전 국민을 대상으로 한 참된 사회교육이다. 특히 이제 막 자라나는 아이들이 이런 역사적 과정을 반복적으로 체험할 수 있을 때, 비로소 역사와 사회에 대한 올바른 시각을 획득할 수 있을 것이다.

셋째, 위 사건만이 아니라, 그동안 수많은 '조작' 사건들이 결국은 조작임이 밝혀진 데서도 알 수 있듯이, '진실은 언젠가 밝혀진다.' "진리는 반드시 따르는 자가 있고, 정의는 반드시 이루는 날이 있다" 하신 도산 안창호 선생의 말씀이 새삼 생각난다. 그러니, 정치가나 행정가, 법률가들이시여, 제발 대선 부정 사건이나 세월호 같은 사태의 진실을 모든 국민들 앞에 명명백백 밝혀주시라. 그 뒤에 벌 받을 자 제대로 벌 받게 하시고, 억울한 자 억울함을 풀어 줌으로써 모든 이가 '두 다리 쭉 뻗고 잘 수 있게' 해주소서.

독일 교원노조와 한국 전교조

선생님을 존중해야 교육 혁신이 가능하다

2014년 6월 19일은 또 한 번의 사법 살인 사건이 일어난 날이다. 15년 동안 합법적 지위를 누려온, 6만 조합원의 전교조가 하루아침에 법의 울타리 밖으로 쫓겨났기 때문이다. 서울행정법원은 "전교조에 대한 고용노동부의 '법외노조' 통보는 정당하다"고 판결했다. "전교조는 교원노조법에 따른 노조로 볼 수 없다"는 것이 그 근거다. 설상가상으로, 헌재는 2015년 5월 28일에 이 교원노조법이 위헌이 아니라 결정했다. 또 그 이유는 전교조 규약에 해고자도 조합원이 될 수 있다는 내용이 들어 있기 때문이고, 실제로 현재 전교조에는 9명의 해고된 교원이 가입하여 활동하고 있다.

그렇다면 교원노조법에 해당 조항은 무엇인가? 핵심 쟁점 두 가지는, "근로자가 아닌 자의 노조 가입을 허용할 경우 노조로 보지 않는다"라는 조항과 "설립신고서 반려 사유가 발생한 경우 행정관청이 시정을 요구하고 이행이 안 되면 법외노조로 통보한다"라는 시행령 조항이다.

교원노조법 제2조의 취지는 원래 노동자가 자주적으로 단결하도록 하고, 사용자의 입김이 미치는 어용노조를 막고자 하는 게 목적이다. 그렇다면 실질적으로 노조의 자주성을 침해하는지 여부를 기준으로 판단해야 할 것이다. 6만 여 조합원 중 9명의 해고자로 인해 노조의 자주성이 침해되는지 여부를 따지는 게 올바른 논법이다.

원래 노조의 자주성 침해는, 경비의 주된 부분을 사용자로부터 원조 받거나 노조가 사용자의 이익을 대표하여 행동하는 자의 참가를 허용하는 경우에 대표적으로 일어난다. 왜냐하면 노조가 주요 활동 경비를 사용자로부터 지원받거나 사용자 대리인을 조합원으로 허용하는 경우엔 애초의 노조가 지녀야 할 자주성과 독립성이 심대하게 침해되기 때문이다. 그런데 해고된 교원도 노조에 가입하도록 한 것은 노조의 자주성이나 독립성을 침해한 것이 아니라 오히려 이를 고양시키는 조항이라 보아야 한다. 왜냐하면, 9명의 해고된 조합원은 전교조가 추구하는 참교육의 가치에 걸맞게 실천하다가 교육 당국으로부터 부당하게 해고되었기 때문이다. 게다가 탄압받은 조합원을 따뜻하게 품어주는 게 원래 노조가 해야 할 일 아닌가?

원어민 강사로 고교생을 가르치는 미국인 마이클 데커는 한 인터뷰에서 이렇게 말한다. "한국은 국가공무원법으로 교사 등 공무원의 중립을 강조한다고 들었다"며 "그렇지만 개인으로서 말할 자유, 표현의 자유는 기본권으로 보호받아야 하는 것 아니냐?"고 반문했다. 또 그는 "해고자를 내쫓지 않았다는 이유로 전교조를 법외 노조로 내몬 한국 정부는 비난받을 만하다고 생각한다"며 "노조의 기능 중 하나는 일하다가 해고된 동료를 지지하고 동료애를 보여주는 것"이라고 말했다.

이것이 상식이다. 교사는 학교나 교실에서는 공무원으로서 일정한 제약을 받지만 학교 밖에서는 한 시민으로서 표현의 자유, 행동의 자유를 누릴 수 있다. 게다가 이들 해고자들은 잘못된 교육정책이나 잘못된 교육행정을 바로잡기 위해, 또, 아이들을 올바른 인격체로 키우기 위해 참교육, 행복교육을 기치로 노력하다가 해고된 이들이 아닌가? 도대체 어느 구석에 "노조의 자주성이나 독립성을 침해"하는 부분이 있는가? 국제노동기구(ILO)와 국가인권위원회 등이 이미 여러 차례 교원노조법의 개정을 권고한 사실은 이번 판결 자체가 시대착오적임을 방증한다. 게다가 위 교원노조법이나 이번 판결은 노동자의 단결권, 교섭권, 행동권을 명시적으로 보장한 헌법에도 위배된다. 위헌 소송마저 제기해야 할 판국이다. 지극히 상식적인 일로 재판에 재판을 해야 하니, 나라가 '사회적 낭비'만 부추긴다.

바로 여기서 나는 이런 생각이 든다. 이것은 법리의 문제가 아니라 권력의 문제라는 것이다. 현재의 정치경제적 기득권 세력은 전교조가 굉장히 위험한 세력이라 본다. 그것은 자기들이 독점적으로 누려온 기득권이 전교조에 의해 무참하게 균열이 가고 자기들의 부정부패한 정체성이 탄로 나는 게 두렵기 때문이다. 그렇다. 이것은 권력의 문제요, 두려움의 문제다.

그렇다면, 6만 조합원, 아니라 60만 민주노총 조합원 모두가 궐기해야 할 사안이 아닌가. 헌법에도 나오듯이 대한민국은 민주공화국이요, 모든 권력은 국민으로부터 나온다. 그렇다. 권력의 원천은 국민이다. 그런데 왜 정치경제적 기득권 세력이 그 국민의 권력을

강수돌 교수의
더불어 교육혁명

독점하려 하는가. 그래서 이번 사태는 또한 민주주의의 문제이다.

민주주의, 그 핵심은 민중이다. 일반 민중이 중요한 결정의 주체로 나서서 책임성 있게 행위하는 것이다. 우선, 전교조에 대해서는 2014년 6·4 지방선거에서 국민의 심판이 내려졌다. 곧, 전국 17개 시·도 교육감 중 진보 교육감이 13명이나 당선됐고 그 가운데 8명이 전교조 출신이다. 전국의 초·중·고 학생의 85퍼센트가 진보 교육감이 당선된 지역에서 공부하게 된 게 현실이다.

'혁신학교' 또는 '교육 혁신'을 통해 아이들을 행복하게 만들어 달라, 바로 이것이 민중의 뜻이다. 아마도 기득권 세력들은 이러한 현실 변화가 지극히 당혹스럽고 마음으로 수용되지 않을 것이다. 속으로 분노와 두려움에 떨고 있을 것이다. 이번 판결 또한 그러한 두려움의 한 결과가 아닌가 한다. 선거 민주주의를 부정하는 작태는 당장 그만두어야 한다.

다음으로, 교사들이 교사로서 안정된 지위나 수입, 사회적 신망을 누리긴 하지만, 단순히 '좋은 직장'이라는 틀에 갇히지 않고 참교육을 위해 노력하는 일, 곧 제대로 된 민주주의 교육의 책임성 있는 주체로 행위 하는 일은 온 사회가 지지하고 감사해야 할 사안이지 탄압해야 할 사안이 아니지 않은가? 최소한 자기들이 하지 못한다고 해서 (지지하지는 못할망정) 방해 세력이 되어서는 안 되지 않는가? 도대체 전교조를 탄압하는 세력들은 아이의 행복이나 교육의 미래를 어떻게 만들고자 하는가? 교육의 민주주의를 부정하는 교육 정책이나 행정은 제발 이제 그만!

끝으로, 노동의 민주주의 문제도 있다. 곧, 노조가 규약 속에 해고자나 퇴직자를 조합원으로 할지 말지를 정하는 것은 노조 자체의 문제다. 정부나 법원이 판단할 문제가 아니다. 이미 이런 사안으로 노조 설립을 반려하거나 취소하려는 시도 자체가 반민주적인 행위다. 게다가 지난 15년 동안 합법성을 인정받아온 전교조를 이제 와서 '법외 노조'라고 판결한 것은 자가당착이 아니고 또 무엇인가? 자기들 논리대로라면 지금까지 저들이 지극히 멍청했거나 직무유기를 한 셈이 아닌가? 그에 대한 책임성 있는 태도는 노동부, 교육부, 사법부 책임자들이 스스로 물러나는 일이다. 전교조는 누가 뭐래도 '참교육의 파트너'이다. 진정으로 노조의 자주성과 독립성을 강조하고자 한다면, 더 이상 국내적으로나 국제적으로 창피를 당하기 전에, 제발 이제 손 좀 떼라!

독일의 교원노조는 어떻게 다른가

나는 자본의 입장을 대변하는, 노동부나 교육부의 이 한심한 처사에 대해 실로 서글픔을 느끼면서 내가 공부했던 독일의 교원노조는 과연 어떠할까 궁금해졌다. 그래서 독일노총(DGB) 사이트를 찾아 그 산하 산별조직인 독일 교원노조(GEW) 규약을 찾았다. 조합원 27만 명을 자랑하는 독일 교원노조는 공공 또는 사설 교육기관이나 연구기관 종사자 모두를 대변한다. 구체적으로는, 유치원, 초중등 학교, 대학, 사설 학원, 직업훈련원, 연구기관 등에 종사하는 노동자, 공무원, 전문직, 자유직, 파견직, 휴직자, 연금생활자, 실직자가 다 가입할 수 있다. 심지어 교육훈련이나 연구관련 분야를 공부하

강수돌 교수의
더불어 교육혁명

거나 취업 준비 중인 학생은 물론, 위 직업들에 간접 연관된 자들도 해당한다. 놀랍게도 일반인이나 법인체까지 노조를 지지하는 의미에서 '특별 조합원'이 된다. 이 모든 것은 유엔인권조약과 독일 기본법(헌법)에 바탕을 둔다. 이렇게 독일 교원노조는 조합원의 이해관계와 민주교육 증진을 위해 조합원 자격 기준을 포괄적으로 정하고 있다.

게다가 헌재 또한 전교조 법외 노조화에 동조했으니, "과연 대한민국이 민주공화국인가?" 하는 의구심이 인다. 1987년 이후의 민주화란 것이 이 정도밖에 안 되는가? 그동안 수많은 선배들과 선구자들이 흘린 피와 땀과 눈물의 결과가 이토록 초라한가? 역사가 진보한다고 믿어왔던 내 신념이 진정 잘못된 건가? 양심이 아니라 탐욕이 승리하는 것이 현실인가?

물론, 이반 일리치 선생의 말마따나, 오늘날 학교/교육 시스템이란 민중의 자율적 학습 역량을 박탈한 채 사람들에게 오로지 소비 욕망을 불어넣는 타락한 제도에 불과하다고 할 수도 있다. 그럼에도 나는, 정치사회적 민주화의 결과 그래도 예전보다는 살기가 나아지지 않았나, 학교조차 각종 혁신 노력으로 조금씩 나아지고 있지 않나, 하는 느낌을 갖고 있다. 그러나 작금의 사태는 여태껏 이뤄진, 손톱 밑 때만큼의 진보조차 깡그리 70년대식으로 되돌리려는 역사적 폭력이다.

한편, 독일 교원노조 규약 그 어디를 찾아보아도 '해직자'도 조합원이 된다는 구절은 없다. 하지만 나는, 독일에서 참교육이나 민주적 실천으로 인해 해직된 교사를 본 적이 없다. 그래서 노조 규약에는 그냥 '실직자'로만 되어 있다. 그렇다면 과연 한국 노동부가 문제 삼은 9명의 해직 교사들은 어떤 사람인가?

P 선생님은 2003년 모 외고에 새로 부임한 교장이 우/열반을 나눠 학생을 차별하고 사관학교식 벌점 제도를 도입하자 교직원 회의에서 반기를 들었다. 수차례 경고를 받은 뒤 파면 당했다. L 선생님은 사립재단과 맞서 싸우다 해직됐다. 교장이 학부모로부터 거둬들인 찬조금과 보충수업비 17억 원을 유용했다가 퇴진한 뒤 그 친인척들로 새 이사진이 구성되자 저항했다. 또 H 선생님은 자료집을 만들어 동료들과 통일 관련 세미나를 했는데, 그 자료집에 북한 역사책의 일부가 포함되어 국보법 위반으로 해직됐다. S 선생님을 비롯한 6명은 2008년 서울교육감 선거 때 조합원들로부터 기부금을 모집했다가 '기부금 모집 관여 금지' 규정 위반으로 해직되었다. 결국, 9명의 선생님들은 교사라는 안정된 직장에 안주하기보다 평등교육, 자유교육, 민주교육, 통일교육, 혁신교육을 위해 헌신하는 과정에서 억울하게 해직된 셈이다.

이제 결론은 뻔하다. 노동부는 전교조에 대한 편견이나 선입견을 거두고 참된 인간 교육의 구현을 위해 교육부와 함께 '뼛속까지' 거듭나야 한다. 이 사태는 단순히 법규 조항의 문제가 아니라 민주주의의 생사가 걸린 문제다.

1989년 5월, 전교조 깃발을 들고서 참된 교육민주화를 열망하던 선생님들이 부른 노래는 이렇게 시작한다. "굴종의 삶을 떨쳐 반교육의 벽 부수고 침묵의 교단을 딛고서 참교육 외치니……" 그렇게 일어선 선생님들은 당시 노태우 정권의 탄압을 받아 무려 1500명이 해직을 당했다. 그 힘든 와중에도 선생님들은 서로를 껴안고 상부 상조하며 고통의 시절을 견뎠다. 그리고 또다시 참교육의 깃발을 걸고 전진한다. '배움의 공동체'를 주창한 일본 동경대의 사토 마나부 교수의 말처럼, "교육은 상품 서비스가 아니라 아이들에 대한 어른들의 공동책임"이란 의식을 가진 조직이 참교육을 외치는 전교조다.

경쟁과 독선이 판치는 척박한 한반도에서 아이들의 미래를 위해 그리고 온 사회의 미래를 위해 참교육을 실현하려는 이런 선생님들께 우리는 고마워해야 한다. 더욱 용기를 내고 더욱 단결하도록 격려해야 한다. 설사 그들과 함께 투쟁의 깃발을 들진 못하더라도 마음으로 지지해야 한다. 그러지도 못한다면 그냥 입을 닫고 가만히 있기라도 하면 좋겠다. 괜스레 문제가 성립되지도 않는 문제를 제기해놓고, 온갖 사회적 분란을 조장하여 사회적, 경제적, 정신적 비용을 유발하지 말았으면 좋겠다.

닫힌 교문과 교실을 활짝 열어젖히고 아이들과 함께 행복하게 웃으면서도 아이들이 주체적이고 공동체적인 사람으로 성장하도록 도우려는 선생님들, 이들의 조직이 전교조가 아닌가. 내가 아는 한, 전교조 선생님들은 아이들과 역사 앞에 떳떳한 사람이 되려고 몸부림치는 분들이다. 이런 선생님들이 모인 조직을 '쩨쩨하게' 규약 조항 하나에 딴지를 걸어 존재 자체를 부정하려는 음모를 꾸미는 자들은 도대체 누구인가? 과연 저들도 생각이 있는 인간일까? 생각 없이 민주주의 없고, 민주주의 없이 '창조경제' 없다는 사실을 저들은 알기나 할까?

내가 아는 전교조 선생님들

지금 한국의 교육 현실은 팔팔해야 할 십대 청소년이 평일 하루 평균 한 명꼴로 자살하며, 사회 전체로 매일 40명씩 자살할 정도다. 죽지 않고 산다고 결코 만족스러운 건 아니다. 내가 지금까지 많은 사람들에게 물어본 결과, 우리네 삶의 목적이 분명히 행복임에도 삶의 현실에서는 거꾸로 행복감보다 스트레스를 더 많이 느끼는 이들이 80퍼센트 이상이었다. 사회가 치명적인 병을 앓고 있다는 말이다. 이런 점을 염두에 두고 내가 아는 전교조 선생님들 이야기를 하고 싶다. 왜냐하면, 이분들이야말로 죽임의 교육이 아닌 희망의 교육을 위해 헌신하기 때문이다.

교사 A. 이 분은 폐교 직전의 학교를 다른 동료 교사들과 함께 혁신적으로 바꾸어, 누구나 가고 싶은 학교로 바꾸었다. 아이들은 날마다 자유롭게 뛰어놀면서도 교과 학습도 자연학습장이나 숲속 등에서 통합적으로 진행한다. 선생님은 자상한 엄마나 아빠처럼 따뜻한 분위기로 아이들에게 사랑을 베푼다. 점수나 등수로 아이들을 달리 대하지 않는다. 이런 새로운 학교가 가능하게 된 것은 전교조 교사들이 주축이 되어 헌신적으로 노력한 덕이다.

교사 B. 이 분은 승진에 필요한 점수 따기를 포기하고 방학 때마다 자율 연수를 한다. 승진이나 출세를 위해서는 연구대회나 경시대회 같은 데 많이 참여하여 상을 타는 것이 유리할 것이다. 그러나 이 분은 그런 것보다는 참 교육에 필요한 것을 찾아 스스로 연수를 조직한다. 전국에서 비슷한 관심사를 가진 선생님들이 한 곳에 모여 그동안 학급 경영이나 교과 지도 과정에서 경험했던 새로운 시

강수돌 교수의
더불어 교육혁명

도, 아이들의 변화, 자기 자신의 변화 등을 솔직하게 발표하고 토론한다.

교사 C. 이 분은 아이들에게 '일제고사'에서 좋은 점수를 받으라고 외치지 않는다. 그런 시험이 다양한 개성을 가진 아이들을 한 줄로 세우는 반교육적 제도임을 알기 때문이다. 만약 시험이 의미가 있다면, 지금처럼 암기력 테스트를 통한 또래 아이들끼리의 비교에 의미가 있는 것이 아니라 행복한 사회를 만들기 위해 우리가 같이 고민하고 토론해야 할 주제를 놓고 서로 협동해서 대안을 찾는 과정에 있다고 본다.

이런 사례들처럼 대부분의 전교조 교사들은 인간성 중심의 교육철학과 실천을 위해 노력하는 분들이다. '명단 공개'를 통해 맹목적인 집단 마녀사냥을 선동할 대상이 아니라는 말이다. 오히려 참된 교육 선진화를 위해, 나아가 창의적이고 혁신적인 경제 패러다임을 위해서라도 이런 참교육과 희망의 교육이 시급하다. 온 세계가 주목하는 핀란드 교육사례처럼 개성적이고 창의적인 아이들이야말로 새로운 사회경제 패러다임을 열 주인공이기 때문이다. 게다가 핀란드 교육의 성공요인 중 하나가 교원노조와 선생님들의 전문적 실력과 창의적 아이디어였음도 기억해야 한다.

파면이나 해임된 선생님들이 정말 혹독한 처벌을 해야 할 '나쁜 사람들'인지 사후 검증을 할 수도 있다. 단, 검증은 사법 당국이나 교육 당국이 아니라 교육의 수요자인 학부모와 아이들이 해야 한다. 과연 이들이 자신의 출세를 위해 아부하고 눈치 보는 사람들인지, 참교육을 위해 스스로 연구 토론하며 아이들에게 자율성과 공동체

성을 길러주려 사랑으로 지도하는 사람들인지 톡 까놓고 대화를 나
눠보자. 사랑이냐, 권력이냐, 이것이 사태의 핵심이다.

🌿 아이를 꿈나무로 키우려면
─ 정치경제의 민주화가 절실하다

- -

　18대 대선(2012.12.)이 끝나고 한국 사회는 맘속으로 즐거운 비명을 지르는 집단과 집단 우울증에 빠진 두 집단으로 분열되었다. 선거 직후 불과 열흘 만에 5명의 사람들이 절망감과 좌절감에 스스로 목숨을 끊었다. 그리고, 아무리 못해도 박근혜 정부가 이명박 정부보다야 낫지 않겠냐는 자조 섞인 기대와 함께 시간이 흘러갔다. 그러나 기대와 희망은 다르다. 기대가 크면 실망도 크게 되어 있다. 실천적으로 아무것도 않고 기대만 하면 분명히 실망한다. 그러나 희망이란, 절망 속에서도 뭔가 새롭게 만들려는 실천적 의지가 있다면 아래로부터 만들어갈 수 있다. 참여와 실천이 있는 한 희망도 꺼지지 않는다. 올바른 참여와 실천을 하려면 현실을 직시해야 한다.

　그러면 우리의 현실이란 무엇인가? 18대 대선을 지배한 것은 우리의 불안 심리였다. 그중에서도 먹고사는 데 대한 불안감, 이것이 핵심이다. 박근혜 후보는 바로 이것을 '민생'이라는 개념으로 마케팅을 잘 해냈다. 그래서 최고의 매출을 올렸다. 그리고 승리했다. 그러나 우리가 산 상품이 과연 민생을 제대로 해결할지는 의문이었다. 마치 웰빙/힐링 상품을 구매하고도 진정한 웰빙/힐링을 바라는 우리의 기대가 충족되지 못하는 바람에 실망했던 것처럼.

먹고사는 데 대한 불안감, 생계와 생존의 불안감, 이것은 결코 정치가의 일시적인 구호로 극복되지는 않는다. 왜냐하면 무한 경쟁과 무한 이윤이라는 두 수레바퀴, 또한 노동중독과 소비중독이라는 또 다른 수레바퀴로 굴러가는 이 자본주의 사회경제 시스템을 건드리지 않은 채 진정한 민생은 해결되지 않기 때문이다.

매서운 한파가 몰아닥치는 한겨울에도 전국 곳곳에서 천막 농성이나 고공 농성 중인 사람들. 핵 발전 전기를 도시로 보내고자 한전이 일방적으로 진행하는 고압 송전탑 건설을 막으려 힘겹게 나섰던 밀양의 어르신들, 대법원에서 불법으로 판정된 사내하청 노동자를 정규직으로 복직시키지 않는 현대자동차의 자본에 맞선 최병승·천의봉, 심야 노동을 없애고 인간답게 살자며 약속을 어긴 회사에 맞서 투쟁하다 해고된 유성기업의 홍종인 지회장, 그리고 쌍용자동차 국정조사와 정리해고 철회, 해고자 복직 등을 요구하는 문기주·복기성·한상균 등 고공 철탑 노동자들, 그리고 최근엔 서울의 부자들이 모여 산다는 압구정동 신현대아파트에서 정년 축소로 부당해고를 당했다며 굴뚝 농성에 들어갔던 경비 노동자들……. 어디 이뿐인가! 이미 수년 동안 부당해고 철회 투쟁, 노조 파괴 중단 투쟁을 하고 있는 재능교육 노동자, 기륭전자 노동자, 콜트콜텍 노동자, 보쉬 전장 노동자, 콘티넨탈 노동자 등. 숱한 투쟁들이 우리 마음을 아프게 한다. 설사 이들이 처한 상황이 당장 나의 문제는 아닐지라도 그런 상황은 언제 어디서든 우리 모두에게 닥칠 수 있는 한파 또는 쓰나미이기 때문이다. 특히 우리 후세들을 생각하면 더욱 그러하다.

나는 우리 후세들이, 유치원부터 초중등을 거쳐 대학생에 이르기까지, 모두 자기만의 꿈을 이루며 살기를 바란다. 이런 바람은 어느 부모나 다 가질 것이다. 그러나 자기만의 꿈을 꾸고 그것을 실제로도 이루기 위해선 사회가 바뀌어야 한다. 아이들이 하고 싶은 공부를 마음대로 할 수 있고, 나아가 그 공부를 바탕으로 실력을 키워 사회에 나왔을 때 꿈을 이룰 수 있는 일자리가 풍부해야 하고, 어떤 일자리에서 일을 하건 별다른 차별 의식을 느끼지 않을 정도로 골고루 대접받는 세상이어야 한다. 요약하자면 고교평등화, 대학평등화, 직업평등화가 삼위일체로 이뤄져야 한다. 만일 이렇게만 된다면 아이들은 초등학교 때부터 자기만의 꿈을 키울 것이다. 자기 꿈을 바탕으로 진학도 하고 취업도 하게 될 것이다. 어떤 직업을 갖더라도 상처받지 않고 자부심을 느끼며 살아갈 수 있을 것이다. 당장에 이런 세상을 만들 수 없더라도 제1차 5개년계획, 제2차, 제3차 5개년계획이라도 세워가며 단계적으로 그 방향으로 나아가야 할 것이다. 부자들만 잘사는 세상이 되어서는 안 된다는 말이다.

그렇게 되려면 지금처럼 대학이나 기업이 소수의 기득권 집단을 중심으로 피라미드처럼 수직 계열화된 현실을 바꾸어야 한다. 새로운 모양은 더 이상 피라미드 모양이 아니라 모두가 둘러앉아 오순도순 이야기 나누며 밥을 먹는 둥그런 원탁 모양이 되어야 한다. 힘센 상부가 약한 하부를 차별하고 착취하는 구조를 타파하자는 것이다. 이것이 바로 더불어 사는 세상이요, 생존에의 불안감이 없는 세상, 경제 민주화가 이뤄진 세상이다. 그러기 위해서는 기득권층은 기득권층대로 자신의 기득권이 아래쪽의 사회적 약자들의 희생 위에 건설된 것임을 깨닫고 기득권에 대한 '향유 중독'을 털어내야 한다. 비기득권층은 더 이상 기득권층이 누리는 기득권을 추종하려는 '동경 중독'으로부터 자유로워져야 한다. 서로가 서로를 격려하고 도와가며 새로운 사람으로 거듭나면서 원탁 모양의 새로운 사회 구조를 토론하고 만들어야 한다. 진정으로 자유롭고 평등하며 정의로운 사람으로 거듭나면서 인간다운 세상을 만들어야 하는 것이다.

이런 운동이 개인적으로 끝나면 아무 소용이 없다. 마을에서 지역에서 풀뿌리에서 들불처럼 솟아야 한다. 수많은 풀뿌리 모임들이 생성되면서 새로운 사람을 만들어내고 새로운 사회를 꿈꾸고 토론하고 실험해야 한다. 협동조합도 좋고 자주관리도 좋다. 대안화폐도 좋고 대안교육도 좋다. 인문학 모임도 좋고 학부모 모임도 좋다. 돈과 권력에 중독되지 않으려는 모든 시도들, 풀뿌리 민주주의를 추구하는 모든 시도들이 다 소중하다. 진정으로 아이들이 꿈을 꾸며 자랄 수 있는 행복한 세상, 이것은 결코 경제 민주화와 무관하지 않다. 우리 아이들의 행복을 위해서라도 경제 민주화가 절실한 까닭이다.

🌿 '사회적 부모'가 많아져야
교육에 희망이 생긴다

시민들을 대상으로 한 어떤 강의에서였다. 아이도 행복하고 부모도 행복한 교육이 되려면 부모 자신이 '개별적 부모'로 머물러 있기보다는 '사회적 부모'로 거듭나야 한다고 강조했다. 이 말에 50대 중반은 족히 되어 보이는 한 여성이 그 말에 공감한다면서도 진지하게 물었다.

"요즘 젊은 엄마들은 우리 세대와는 달리 상당히 이기적이잖아요? 자기에게 좋은 것만 찾는 식으로…… 그런데 자기 자식에게 하는 걸 보면 도무지 우리가 따라갈 수 없을 정도로 헌신적인 거예요. 뭐, 유기농 먹을거리에서부터 옷이나 책 하나 고르는 것도 얼마나 철저한지…… 이런 걸 어떻게 보아야 할까요? 예외적인 사례가 아니거든요. 이런 상황에서 과연 '사회적 부모'로 다시 태어날 수 있을까요?"

사회적 부모란 어떤 사람일까? 몇 해 전, 대안교육 전문 잡지인 『민들레』에서 이 문제를 다룬 적이 있다(72호, 특히 김광하 님의 글 참조). 명확한 정의는 없지만, 자녀 교육을 '내 아이' 잘 키우기로 보는 것이 아니라 '모든 아이' 잘 키우기 개념으로 바라보는 것이다. 예컨대, 내가 마을에서 만나는 아이들도 살갑게 대하며 뭔가 말을 걸어주거나 또 아이가 물어올 때 친밀하고 진지하게 소통하는 것이다. 또, 아이 친구들이 우리 집에 오면 마치 내 자녀처럼 잘 대하고 또 아이들과 수평적인 소통을 해보는 것이다.

요즘같이 왕따 현상이나 학교 폭력이 큰 문제로 대두한 상황을 감안한다면 내 아이만 쳐다보고 가서는 아무 소용이 없다. 내 아이가 만나는 모든 아이들이 다 잘 자라야 내 아이도 폭력에 대한 두려움이 없이 생활할 수 있다. 또 그렇게 되어야 내 아이가 폭력을 행사할 가능성이 작아진다.

나중에 아이가 커서 이성 친구를 사귀거나 배우자를 데리고 왔을 때도, 다른 건 몰라도 인성이 영 마음에 들지 않는 사람을 데리고 올까 두렵거든, 지금부터 '내 아이' 중심이 아니라 '우리 아이'를 바라보는 시각으로 교육에 접근해야 한다. 나아가 교육의 근본 원리를 우열로 경쟁시키는 패러다임이 아니라 자부심과 더불어 겸손함을 함께 길러주는 패러다임으로 변화시켜야 한다는 데에 공감하고 그런 변화를 만드는 일에 다른 사람들과 함께 참여해야 한다. 사회적 부모로 거듭난다는 것은 결국, 나 자신이 편협한 울타리를 벗어나 '사회적 자아'로 거듭나는 것이다.

바로 이런 맥락에서 앞의 질문으로 돌아가 보자. 질문하신 분은 굉장한 역설 또는 딜레마에 주목했다. 젊은 엄마들이 상당히 이기적인 모습을 보이면서도 자기 아이에게만큼은 대단히 헌신적인 모습, 이건 매우 역설적이다. 하지만 곰곰이 보면 이런 모습조차 살벌한 경쟁사회를 살아가는 초조한 개인들의 생존전략의 소산인 것 같다.

강수돌 교수의
더불어 교육혁명

우선, 젊은 엄마의 이기적인 모습이란 결국 온 사회가 인간적 유대감을 상실하고 공동체적 관계가 해체된 결과가 아닌가? 또, 그런 상황에서 자기 아이에게 쏟는 과도한 헌신성이란, 한편으로는 우리가 가진 사랑의 힘을 아주 좁은 영역에만 배출한 결과이기도 하고, 다른 편으로는 자신의 모든 것을 아이에게 투입하여 아이만큼은 이 치열한 '팔꿈치사회'에서 탁월한 승자가 되기를 갈망한 결과이기도 하다.

사실, 이 사회 구성원 대다수는 옆 사람을 팔꿈치로 쳐내야지만 자신의 생존이 보장되는 무서운 '팔꿈치사회'에서 승자 그룹에 들기보다는 패자 그룹에 들기 쉽다. 패자 그룹에 든 사람들은 무의식적으로 상시적 열등감에 시달린다. 감추고 싶은 내면이다. 특별한 일이 없는 한, 이것을 극복할 방안은 별로 없다. 이 상황에서 '내 아이'를 승자로 키우는 일이 대안으로 떠오른다. 그래서 극도로 헌신하는 학부모가 생긴다.

그렇다고 승자 그룹에 든 이들은 편안할까? 아니다. 그들은 기득권의 달콤함에 중독되면서도, 행여 자신조차 갑자기 패자 그룹으로 탈락하지 않을까, 혹시 내 자식이 패자 그룹에 들게 되면 얼마나 체면을 구기게 될까 하는 두려움에 시달린다. 그래서 이들 역시 자식을 닦달한다. 겉보기엔 헌신적인 부모로 보이지만, 속으로는 '일류'를 향한 극도의 강박증을 보인다.

요컨대, '팔꿈치사회'(치열한 경쟁 사회)의 승자나 패자나 모두 자식들을 승자 그룹으로 만들기 위해 헌신적으로 살게 된다. 하지만 자신의 삶을 희생시켜 자식을 승자로 만들려는 모습이나 아니면 자식의 삶이 가진 독자성을 인정하지 않은 채 자기가 못다 이룬 꿈을 대신 이루기 위해 자식의 삶을 희생시키는 모습, 이 두 가지는 모두 자신이나 타인의 삶을 식민화하는 모습에 다름 아니다. '삶의 식민화'가 아니라 각자의 삶이 가진 독자성을 인정하되 더불어 사는 것이 대안이다. 그래서 외친다.

"같이 또 따로, 따로 또 같이!"

다시금 사회적 부모로 가보자. 이제 어렴풋이 정리가 된다. 나부터 편협한 자아가 아니라 사회적 자아로 거듭나면서도, 내 아이의 삶에 간섭하는 부모가 아니라 독자성을 인정하면서도 공동체로 살아야 한다.

부모는 아이에게 삶이라는 여행의 동반자이자 아이가 필요할 때 필요한 사랑을 주는 멘토 역할을 하면 된다. 그러면서도 내 아이와 관계 맺는 친구나 동료, 이성 친구들에 대해서도, 나아가 이 사회의 모든 아이들에 대해서도 깊은 관심을 가져야 한다. 어떻게 해야 모두 행복하게 살 수 있을지, 그렇게 가기 위해 어떤 실천을 해야 할지, 이웃이나 친구들과 더불어 고민하고 하나씩 현실로 만들어나가야 한다. 그때 비로소 사회적 부모들이 온 사회에 넘쳐나게 될 것이다. 행복 사회는 그렇게 서서히 다가온다.

강수돌 교수의
더불어 교육혁명

제5부

'나부터' 실천과
'더불어' 실천이
희망이다

🌿 유기농 교육에서 찾은 삶의 행복

좀 과격하지만 나는 화학농 교육과 유기농 교육이란 말을 즐겨 쓴다. 화학농 교육은, 화학 농법이 살충제(농약), 제초제, 화학비료, 대형 농기계 같은 걸 무자비하게 써서 농업 생산량을 높이려는 것을 교육에 빗댄 말이다. 조기교육, 선행학습, 강제적인 학원이나 과외, 족집게식 암기 교육, 부단한 시험과 상대평가, 상벌 위주의 교육 방식 등이 모두 화학농 교육에 속한다.

반면에 유기농 교육은, 유기농이 땅의 힘을 믿고 하늘의 햇빛과 빗물에 감사하는 마음으로 자연스럽게 농작물을 키워내듯이, 아이를 믿고 아이의 입장에서 자유롭고 자연스럽게 자라도록 보살피는 교육이다. 그렇게 키운 아이는 마치 맛깔스런 유기농 과일처럼 튼실하고 멋지게 자라난다. 화학농 과일이 겉보기에 때깔 좋고 크기도 엄청나고 생산량도 대단하고 상품성이 강하다면, 유기농 과일은 겉보기에 볼품없고 크기도 별로고 생산량도 적으며 전혀 팔릴 것 같지 않은 모습이지 않던가!

아이 역시 그러하다. 겉보기에 시원찮게 보이지만 속은 꽉 차 있으며, 비바람이 불어도 잘 이겨낼 것이다. 외부 시선에 신경을 덜 쓰면서 꿋꿋이 살아갈 것이다. 이것이 유기농 교육을 해야 하는 이유이다.

그런데 최근에 접하는 뉴스들은 우리를 무척 우울하게 만든다. 판검사가 되어야 한다고 강요하는 아버지가 미운 나머지 집안에 불을 질러 온 가족을 죽인 남자 중학생, 어학연수를 다녀온 뒤 "엄마를 힘들게 할 수 있는 일이라면 무엇이라도 하겠다"고 말하는 초등 여자아이, "냉장고나 강아지는 쓸모가 있는데, 우리 아빠는 왜 있는지 모르겠다"는 내용의 시를 쓴 초등 남자아이……. 몇 해 전엔 '엄마안티카페'가 등장해 놀라움을 금치 못한 적도 있지 않은가.

이렇게 마치 패륜아 같은 아이들이 적지 않게 나오는 까닭은 아이들이 나빠서가 아니라 부모나 학교가 잘못된 가치관으로 움직이기 때문이다. 그것은 요컨대 100점이나 1등이라는 기준으로 아이들을 줄 세우는 교육에서 비롯된 문제요, 아이들의 개성을 자유롭게 펼치도록 하지 못하는 데서 오는 문제다.

나는 1997년에 조치원의 고려대 세종캠퍼스로 발령을 받게 되면서 자연스럽게 반 귀농을 결심하게 되었다. 충남 조치원으로 가족들과 함께 이사하면서 어린 세 자녀들에 대한 교육 방침 또한 '자연이 최고의 교과서'라고 정하게 되었다. 그 외에 지표로 삼은 것은 '성적표로 아이를 판단하지 말자', '몸 건강, 마음 건강하게 자라도록 사랑을 듬뿍 주자'는 것이었다. 이는 우리 부부가 공교육의 수혜자라는 점에 비추어볼 때 대단한 혁신인 셈이다.

사실은 첫 아이를 입학시킬 때 내 마음속에 무거운 짐 같은 것이 느껴진 이후로 마음을 바꾸어 먹은 것이 결정적이었다. 그 '마음속의 무거운 짐'이란 『나부터 교육혁명』이란 책에서도 솔직히 써놓은 바 있지만, 마치 '송아지를 끌고 도살장에 데리고 가는 기분'이었다. 그것은 아무래도 우리가 공부는 좀 했는지 모르지만 중·고교 시절에 오로지 입시 공부만 해야 했던 기억이 그렇게 행복하지는 않았다는 상처의 흔적인지도 모른다. 결국 그 당시 내 마음 깊은 곳에서 호소하던 그 느낌의 기운에 정직하게 반응한 것이 이러한 교육 방침의 변화를 유도한 것 같다.

1997년 봄 학기부터 강의를 하게 되면서 '자연이 최고의 교과서'라는 확고한 믿음으로 인근 지역으로 집 지을 터를 보러 다녔다. 자연과 더불어 살면서 텃밭을 일구고 채소는 가능한 많이 자급하면서 아이들과 함께 나무도 심고 가꾸겠다고 마음을 먹었다.

1999년엔 지금의 귀틀집을 짓게 되었다. 가족들과 내가 살 집을 직접 관장하여 짓는다는 것은 매우 흥분되는 일이었다. 귀틀집을 짓고 텃밭을 일군 것은 가장 잘 한 일에 속한 것 같다.

봄이면 개구리 소리를 들으며 아이들과 나무를 심거나, 상추나 고추를 심으며 우리 식구가 먹을거리를 재배하기도 했다. 여름이면 까치와 비둘기 소리를 들으며 감자를 캤고, 가을이면 메뚜기와 잠자리를 잡으며 대추와 감, 콩을 수확했다. 겨울이면 아이들과 함께 손을 불어가며 하얀 눈을 맞고 설경에 도취하기도 했다.

시골은 일 년 내내 새로움과 신기함의 연속이다. 자연이 최고의 교과서임을 새삼 실감하는 순간들이 끊임없이 이어진다. 매 순간 안 변하는 듯 변하는 자연의 모습, 생명의 순환, 야생의 아름다움, 다양한 생물들⋯⋯. 이 모든 것이 아이들에게 좋은 배움의 교과서가 되는 셈이다. 어른인 내게도 좋은 배움의 계기가 되는 것은 물론이다.

'몸 건강, 마음 건강하게 자라도록 사랑을 듬뿍 주자'는 생각도 아이들 교육에 매우 중요하다. 우리가 화학농법과 유기농법의 차이를 안다면, 교육도 화학농 교육과 유기농 교육으로 대별할 수 있다고 본다.

화학농 교육은 학원, 과외, 학습지 등으로 하기 싫은 것조차 억지로 시켜서 외형적으로는 잘 교육하는 것 같지만 아이 자신은 별로 행복하지 않은 그런 교육이라고 할 수 있다. 반면, 유기농 교육은 그 밑거름이 '조건 없는 사랑'이며 외형적인 성장보다는 내면의 성장이 중요하다고 보는 교육 방법론이다. 과연 아이가 자기 존중감을 키우면서 스스로를 사랑하며 다른 존재를 귀하게 여길 줄 아는지, 배려와 양보를 할 줄 아는지, 내면의 줏대를 세우고 자기 인생에 대한 책임감을 갖고 자율적으로 살아가려고 하는지, 이런 것에 초점을 맞추는 것이 유기농 교육이라고 할 수 있다.

그런데 이 모든 것은 부모가 스스로 행복하게 살면 아이도 저절로 자기 행복에 대해 질문하게 되고, 또 스스로 해답을 찾아나갈 수 있게 된다는 믿음에 기초한 것이다. 아이들의 행복을 진심으로 기원한다면 부모가 경험한 세상의 잣대를 아이들에게 들이밀지 말고 스스로 행복하게 살면서 아이가 행복한 길을 찾도록 등불이 되면 된다. 세상이 어두울수록 스스로 등불이 되라는 말도 있지 않던가.

대개는 자녀 교육을 위해 시골에서 도시로, 소도시에서 대도시로, 또 서울로 나가는 경향이 있다. 그러나 나는 서울에서 소도시로, 다시금 시골로 거꾸로 돌아갔다. 그리고 15년이 지난 지금, '정말 잘했다'고 스스로 평가한다. 자녀를 시골에서 키울 때의 장점을 꼽아보면, 자연과 일상적인 접촉을 하면서 살 수 있다는 점, 도시에 비해 경쟁의 분위기가 덜하기에 친구들과의 관계가 좋다는 점, 그 결과 아이들이 좀 더 순박하게 자랄 수 있다는 점, 몸과 마음이 더욱 튼실하게 자란다는 점 등을 들 수 있다.

하지만 갈수록 시골도 도시를 닮아가는 경향이 있어 걱정이 많이 되긴 한다. 한 예로, 시골 학교에서는 '우리도 도시 못지않게 잘할 수 있다'라는 모토를 가지고 아이들을 더 호되게 채찍질하는 경우가 있다. 머리나 복장, 지각 단속 같은 것이 대표적인 사례다. 게다가 시골조차 각종 학원들이 판을 치고 있어서 아이들이 놀고 싶어도 학원을 가야지만 친구들과 만날 수 있는 경우도 많다.

이 모든 사태를 바로잡으려면 100점이나 1등이라는 '눈에 보이지 않는 감옥'을 우리 머릿속에서 지워야 한다. 그것에 사로잡혀 있으면 부모나 아이가 모두 스트레스 받으며 살 수밖에 없다. 결국, 단순히 '도시에서 사느냐, 시골에서 사느냐' 하는 공간의 문제라기보다는, 어디에서 살건 부모나 교사 같은 어른들이 '어떤 가치관을 갖고 아이들과 어떤 관계를 맺느냐' 하는 점이 핵심이라고 할 수 있다.

그래서 나는 과감히 말한다. 아이들 교육 문제로 귀농이나 귀촌을 망설이는 분들에게는 "오히려 참된 교육을 생각한다면 시골로 가시라"는 말을 하고 싶다. 한편, 시골생활도 단단히 준비하고 각오하지 않으면 결코 시골생활의 행복을 즐길 수도 없다. 대개는 도시의 편리함을 누리면서도 시골의 전원생활을 만끽하려는 욕심을 부리기도 한다. 그러나 불편함이나 귀찮음이 '없는' 상태가 아니라 오히려 그 '속에' 행복감이 깃들어 있기 때문에 불편함이나 귀찮음을 피하지 않고 기꺼이 감수하면서 뚫고 나갈 때 행복해질 수 있다. 이것이 참된 삶의 원리다. 그래서 심지어 여러 가지 벌레들이나 똥 냄새와도 친구가 되어야 한다. 오히려 아이들은 선입관이나 편견이 없기 때문에 벌레와도 쉽게 친해지지만 어른들은 무서워하거나 피하려 하기 때문에 참된 행복감을 느끼기 어렵다.

나아가 시골 생활을 잘하려면 그 마을 사람들과 인간적으로 친밀하게 지내야 한다. 인사도 잘 하고 도움 드릴 일이 있으면 기꺼이 도움도 드리고 마을에 무슨 일이 있다고 하면 관심을 가지고 동참하는 게 좋다.

내 경우는 2005년 봄에 우리 마을에 터무니없이 고층아파트가 들어선다고 해서 그것을 막는 싸움에 앞장섰다가 마을 이장까지 하는 행운 아닌 행운도 누리기까지 했다. 최근엔 제자들과 함께 마을 도서관에서 마을공부방을 열어 마을 아이들에게 글쓰기 와 진로 지도를 하고 있다. 부끄럽긴 하지만, 그 모든 내용을 『나부터 마을혁명』(산지니, 2010)이나 『이장이 된 교수, 전원일기를 쓰다』(지성사, 2010)라는 책으로 펴내게 되었다. 건설자본과의 싸움은 처절한 마음 고생의 과정이기도 했지만, 나는 비로소 그 처절한 과정 속에서 진정으로 마을 주민이 되었고 동시에 행정 당국이나 사법 당국이 얼마나 풀뿌리 민초들과는 멀리 있는 존재인지 몸으로 체득하게 되었다.

결국, 아이 교육은 물론이고 귀농이나 귀촌의 문제는 단순한 삶의 공간적 이동이 아니라 가치관의 전환과 실천의 문제라 본다. 평균적으로 80년 정도 지구라는 별에 여행을 나온 우리들, 진정 날마다 순간마다 삶의 행복을 느끼고 음미하면서 살기를 원하는가, 아니면 성공과 출세라는 환상에 젖어 오늘 행복을 자꾸만 내일로 미루면서 헛살다가 떠나기를 원하는가?

🌿 텃밭의 풀을 베며 삶과 교육을 명상하다

아이들이 아직 뿔뿔이 흩어지지 않았을 때다. 비가 제법 내려 땅이 촉촉하던 어느 주말이었다. 오랜만에 아이들 셋이 집에 함께 있게 된 기회를 놓칠세라 다함께 텃밭의 풀을 맨다. 감자를 심었는데 이상하게 "가뭄에 콩 나듯" 서너 포기만 눈에 띄고 다 죽은 듯하다. 어쩌다 씨감자 쪼가리가 호미에 걸리기도 한다. 들추어보니 죽은 것 같다. 쪼가리 낸 뒤의 씨눈이 시원찮았는지 감자 자체가 생명력이 없던 건지 알 수 없다.

감자보다 더 왕성한 건 풀들이다. 풀들은 밤새 이슬을 머금고 공기를 촉촉하게 만들고 있다. 간간이 뻐꾸기 소리, 산비둘기 소리, 딱따구리 소리가 들린다. 윤구병 선생의 말처럼 "잡초는 없다"는 게 맞겠지만, 당장 식용으로 쓰는 게 아니면 일단은 '제거' 대상이다. 그렇다고 미워할 필요도 없고 미워해봐야 아무 소용없다. 그냥 무심코 낫으로 벨 뿐이다. 그러나 풀을 베다 보면, 여러 가지 생각들이 솟아오른다. 나에게 풀베기가 일종의 명상의 시간인 까닭이다.

첫째, 풀은 아무 거름을 안 주어도 참 잘 자란다. 우리가 일부러 짓밟지만 않는다면 말이다. 쇠뜨기, 토끼풀, 질경이, 바랭이, 개망

강수돌 교수의
더불어 교육혁명

초, 방동사니……. 마치 우리가 아이 셋을 키운 것도 풀이 자라는 것과 많이 닮았다는 생각이 든다. 그렇다. "잡초처럼 키워라" 하는 말이 딱 맞다. 풀이나 아이들이나 그냥 자유롭게 크도록 두기만 해도 잘 크니까. 오히려, 살충제나 제초제 같은 것만 뿌리지 않으면 된다. 그러고 보니, 아이들 입장에서는 부모들의 온갖 간섭과 통제, 각종 선행학습과 암기력 테스트, 학교에서 행하는 각종 시험과 등수 비교, 대학 입시가 인생의 전부인 것처럼 아이들을 '푸시'하는 사회적 분위기, 학력이나 학벌이 좋지 않으면 취업이 매우 힘든 사회경제 시스템 등, 이 모든 것이 살충제나 제초제 역할을 하는 게 아닌가 싶기도 하다.

둘째, 풀을 벤 뒤 닭장에 넣어주면 닭들이 좋아한다. 풀도 먹지만 풀잎에 붙어 있는 달팽이를 엄청 좋아한다. 또 풀은 거름간에 똥과 함께 넣어주면 훌륭한 퇴비로 탈바꿈한다. 참 신기한 일이다. 일단 그렇게 풀과 똥오줌을 함께 넣어두기만 해도 된다. 풀과 똥오줌이 잘 숙성되어 좋은 퇴비가 되는 것은 오직 시간문제다. 마치, 아이를 키울 때 '조건 없는 사랑'만 듬뿍 베풀고 그냥 친구들과 잘 뛰어놀게 두기만 해도 잘 숙성된 인격체가 자라나오는 것처럼, 퇴비도 그렇게 잘 숙성된다. 게다가 풀을 베어 다른 나무 주위에 둘러주면 나무에게도 거름이 된다. 갑자기 풀이 고맙게 느껴진다.

나의 다른 소망 가운데 하나는 이렇게 끝없이 잘 자라는 풀을 가지고 식량이나 에너지를 만들어내면 참 좋겠다는 것이다. 이미 바이오 에너지(바이오가스 등)가 개발되었다고 하나 아직 나에게 그리 닿지는 않는다. 보다 대중적인 방식은 없을까?

셋째, 같은 풀이라도 잔디밭에 나는 풀은 키가 작다. 그런데 약간 습지고 그늘이 있으며 거름발이 센 곳의 풀은 키가 장대처럼 자란다. 다른 식물들도 키가 크기 때문에 햇빛을 보려면 뒤꿈치를 껑충 들 듯 자꾸 위로 치솟아야 하기 때문이다.

바로 이때 찰스 다윈이 생각난다. 적자생존. 그렇다. 주변과의 관계 속에서 생존 전략을 짜는 것이다. 아하, 바로 여기서 한 가지 이치를 깨닫는다. 흔히 말하는 무조건 경쟁이 우리 인간의 운명이라는 깨달음이 아니다. 주변 존재들이 고만고만 작게 자란다면 나 자신도 천천히 자라도 된다.

그러나 주변 존재들이 모두 경쟁적으로 커진다면 나도 살기 위해 발꿈치를 들고 팔꿈치로 옆 사람을 쳐내야 한다. 게다가 키만 삐쭘하게 크면 오히려 작은 비바람이 와도 푹 쓰러지고 일어나기 어렵다. 균형이 맞지 않아 그렇다. 뒷산에 튼튼하게 보이는 소나무도 키가 너무 크면 그렇게 많이 자빠진다. 그러니 아이들도 어른도 주변 사람과 소통하고 협력하면서 천천히 가는 게 훨씬 낫다는 얘기다. 이것이 곧 '경쟁의 동학(dynamics)'이며, 이를 통해 우리는 우리 삶을 되돌아볼 수 있다.

원래 찰스 다윈의 이론이 적자생존 제1법칙이라면, 이렇게 주변과의 소통 속에서 속도 조절을 해나가는 것은 '적자생존 제2법칙'이 아닐까. 다윈의 이론을 '사회진화론'으로 만들어 '약육강식'이나 '우승열패'의 법칙을 맹목적으로 믿는 잘못된 시각은 이제 버려도 좋을 듯하다. 그것은 오히려 이 세상을 망치는 이론이다. 내 입장에서 보면, 오히려 '공존공생'이 적자생존 제2법칙에 더 맞다. 그것은 주변과의 관계에 따라 자기 삶의 속도를 조절하면서, 곧 서로서로 맞추어가면서 생존을 도모하기 때문이다. 마치 잔디밭의 풀과 텃밭의 풀이 자라는 속도가 다르듯, 대한민국 아이들의 경쟁 분위기와 핀란드 아이들의 경쟁 분위기는 전혀 다르다. 동일한 경쟁을 하더라도 주변 존재와의 관계 속에서 그 속도나 내용은 달라진다는 말이다. 이런 면에서 별로 빨리 달리지 않아도 되는데도, 무조건 경쟁력 향상이 최고라며 앞만 보고 전속력으로 달려가는 것은, 서로가 서로를 죽이는 늪에 빠지는 줄도 모르고 그냥 뛰어드는 집단 자살 행위나 다름없다.

어디선가 "생태학적 입장에서 보더라도, 가령 1평방미터 기준으로 밭에 한 가지 작물만 자라는 것보다는 풀과 더불어 7~8가지 식물이 함께 자라는 것이 모두를 더 튼실하게 한다"는 글을 읽은 적이 있다. 그 구절을 보는 순간, 나는 무릎을 탁 쳤다. 한편으론, 풀을 완벽하게 제거할 필요가 없게 되어 안심이 되었고, 다른 편으로는 이것이 바로 우리 아이들 성장에 관한 얘기로구나 싶었기 때문이다. 곧, 아이들은 저 혼자 모범생으로 자랄 수도 없고, 또 모범생하고만 어울려 살 수도 없다. 바람직하지도 않다. 아이들이 자랄 때는 온갖 유형의 아이들과 뒤섞여 자라야 이런 면 저런 면도 배우면서 잘 큰다는 말이다.

다만, 우리가 농작물도 발자국 소리를 내며 다가가서 자주 보살펴주어야 하듯이, 아이들과도 자주 소통하면서 나름의 고통이나 고민을 잘 들어주어야 한다. 그렇게 사랑의 마음으로 함께 잘 살다 보면 어느덧 아이들은 독립된 인격체로서 준비도 하고 자기 장래를 스스로 걱정하면서도 그럭저럭 잘 헤쳐 나간다. 풀처럼 그렇게 자라면 되는 것이다.

그렇게 우리는 기계의 속도가 아니라 사람의 속도로만 살아가도 아무런 문제가 없는데, 갈수록 '빨리빨리'를 외치다 보니, 이제 아이들은 더 이상 순종하지 못하겠노라고 아우성을 치고 있다. 해마다 수백 명이 자살하고 해마다 수만 명이 학교를 이탈하는 것이 그 증거다. 또, 교실붕괴 현상이니 왕따와 폭력 현상이니, 심지어 ADHD(주의력 결핍 과잉 행동 장애) 현상이니 하는 것들이 모두 그 증거라 할 수 있다.

여기서 나는 기차에서 우연히 만났던 한 미국 심리학자를 떠올린다. 60대에 가까운 여성이었는데, 한국에서 몇 년간 일하다가 곧 미국으로 돌아간다고 했다. 한국에서 한 일은 주한 미군들이 경험하는 각종 심리적 문제들을 상담하여 원만하게 해결할 수 있도록 돕는 일이었다고 했다. 그런데 놀라운 것은 그가 들려준 미국 이야기였다. 베트남전이건 이라크전이건 실제 전쟁에 참전했다가 돌아온 '참전용사'(베테랑)들 이야기다.

참전용사들은 목숨이 왔다갔다 하는 실전 상황에서 사람의 속도나 자연의 속도가 아닌 기계의 속도나 총알의 속도로 살아야 했다. 그것이 생존의 법칙이었으므로. 그렇게 1~2년을 살다가 살아남아 고향이요 고국이랍시고 돌아왔는데, 문제는 이들이 일반인들의 '느려 터진' 삶의 속도에 도무지 적응이 안 된다는 점이었다. 자기가 생각하고 움직이는 속도를 가족이나 친구들이 따라가지 못할 때, 이 참전용사들은 별 일이 아닌데도 격분했다. 공격성과 분노를 종종 표

강수돌 교수의
더불어 교육혁명

출하던 이들 참전용사에게 세상의 속도는 너무 느렸고, 갈수록 자신의 삶이 무기력해지고 무의미해짐을 느낀다.

책을 통해 알던 이야기를 우연한 기회에 전문 상담자를 통해 직접 듣다 보니, 신선한 충격이었다. 이 이야기는 앞서 말한 풀 이야기와도 통하고 결국은 우리 아이들 교육 문제와도 통한다. 우리 스스로 전쟁과 같은 삶의 속도로 아이들을 몰아가고 있는 것은 아닌지, 그리하여 아이들이 원래의 우리 삶의 모습에 대해 싫증을 내고 무기력해지는 것은 아닌지, 잘 성찰해야 한다. 그러고 보니, 내가 중고교를 다니던 시절, '실전' 연습이란 말도 쓰고 '필승'이란 말도 많이 썼는데, 이게 모두 전쟁 용어 아닌가? 갑자기 소름이 끼쳐왔다. 풀처럼 고만고만하게 살면 되는데, 왜 그렇게 살벌하게 살까?

풀을 베면서 나는 이런 몇 가지 깊은 깨달음을 준 풀들에게 감사한 마음을 품게 된다. 풀 내음이 코를 통해 온몸으로 퍼진다. 저 멀리 몇 시간 자동차를 몰고 가야 할 수 있는 삼림욕 대신 바로 코앞의 텃밭에서 할 수 있는 초림욕이다. 풀아, 정말 고맙구나!

🌿 나도 모르게 내면화된 속도 경쟁

　　몇 년 전 연구년으로 1년간 살았던 캐나다 토론토. 처음 갔을 때 놀란 장면 가운데 하나는 횡단보도를 건널 때마다 나와 아내가 항상 서두른다는 점이었다. 다른 사람들은 어른이건 아이건 천천히 걷는데 우리 두 사람은 막 뛰듯이 건너는 것이었다. 아마도 한국에서 횡단보도를 얼른 건너지 않으면 기다리는 차들이 빵빵거리면서 짜증을 내거나 아니면 급하게 질주하는 차들이 하도 위험해 얼른 건너야 안전하다고 생각했기 때문일 것이다. 그런 습관이 오랫동안 몸에 배다 보니 이제는 나도 모르게 '사회적 DNA'가 그렇게 되어버린 것 같다. 정말 웃기는 것은 다시는 그렇게 하지 않아야지 하고 다짐을 해도 다음 날 차가 많이 다니는 횡단보도에만 가면 '빨리빨리' 건너야 오히려 그게 정상인 것처럼 느낀다는 점이다.

　　오죽했으면 한국인들의 '빨리빨리'(Ppallippalli) 문화가 웹스터 영어사전에까지 오르겠는가. 강준만 교수는 이를 소개하면서 "한국을 방문하는 외국인들이 한국에서 가장 크게 놀라는 것 가운데 하나가 바로 빨리빨리 습성에서 기인하는 한국인의 부지런함과 신속한 일처리 방식"이라 말한다.■

강수돌 교수의
더불어 교육혁명

사실, 우리 현실이 그렇다. 한국에서는 전화만 한 통 해도 심지어 강변의 공원에까지 자장면이 금방 배달되고, 전기가 고장 나도 일단 신고를 하기만 하면 웬만하면 하루 이틀 안에 깔끔히 해결된다. 한국이 '인터넷 강국'이 된 배경에도, 또, 휴대폰 또는 스마트폰 사용률이 세계 최고 수준을 달리는 것도, 우리 마음 깊은 곳의 '빨리빨리' 정신이 크게 작용했을 것이다. 반면에 이 '빨리빨리' 습관은 우리를 너무 조급하게 만들기도 한다. 친구와 약속을 했더라도 조금 기다려줄 줄도 모르고 바로 전화를 해서 어디인지 꼭 물어보고 어서 오라고 재촉한다. 또 남들이 더 빠르고 더 편리한 것을 지니고 있으면 나도 얼른 가져야 한다는 강박증까지 있다. 오죽하면 즐겁게 뛰놀아야 할 유치원생이나 초등학생이 놀지도 못하고 제 수준에 맞지도 않는 힘든 공부에 묶이는가? 물론 이것은 아이들 잘못이 아니다. 남보다 빠른 성공과 출세를 바라는 어른들이, 또 온 사회가 그렇게 만든 것이 문제다.

토론토의 횡단보도를 아침저녁으로 건너면서 또 발견한 점들이 있다. 하나는 노란색 띠에 주황색 옷을 입은 '안내인'이 학교 근처에 반드시 배치되어 있다는 점이다. 최소한의 돈을 받고 하는 경우도 있고, 완전히 자원봉사로 하는 경우도 있다. 적은 돈이라도 받는 경우는 물론이겠지만, 자원봉사자의 경우라도, 일단 한 번 일정 기간 동안 자원봉사를 하기로 하면 특별한 사태가 발생하지 않는 한,

---

■ 강준만, 시사사전, 『인물과 사상』 2011년 3월호.

눈이 오나 비가 오나 그 자리를 지킨다. 이들은 어린이들이 학교나 유치원에 오갈 때마다 그 한두 시간 앞뒤로 횡단보도 근처에서 꼭 친절하게 길 안내를 한다. 신호등이 켜지면 이 안내인은 먼저 호각을 불면서 피켓을 높이 든다. 자동차 운전자들에게 정지선을 철저히 지키라고 경고하면서 아이들과 함께 천천히 횡단보도를 건넌다. 안전하다고 판단되면 안내자는 다시 건너와서 또 다른 아이들과 함께 다음 신호등을 기다린다. 만약 운전자들이 이 안내인의 지시에 따르지 않으면 그 차량은 바로 고발 대상이 된다. 교통 규칙을 지키지 않는 차는, 경찰에 걸리면 군소리 없이 (한국 돈으로) 10만 원에서 20만 원 정도의 벌금을 내야 한다. 그런데 놀라운 것은 한국처럼 사람을 무시하고 먼저 가려는 자동차가 거의 보이지 않는다는 점이다. 그것은, 벌금도 벌금이지만, 여기서는 '사람 먼저, 자전거 다음, 자동차는 맨 나중'이라는 우선순위 의식이 철저하기 때문이다. 이를 어기는 사람이 있다면 아마도 이 나라에 처음 온 사람일 것이다. 모르긴 해도 '빨리빨리' 습관에 젖은 한국 사람들이 이런 데서 처음 운전을 하면 거의 대부분 범법자가 될 가능성이 크다. 물론 나도 포함해서 말이다.

또 하나 여기서 깨달을 수 있는 것은, 선진국의 횡단보도에서는 어떤 사람도 '존중 받는' 느낌을 갖게 된다는 것이다. 횡단보도이건 아니건 일단 사람이 길을 건너가거나 길을 건너려고 기다리고 있으면, 지나가는 자동차가 멈추어준다. 그리고 기다린다. 바로 그 순간 길을 건너는 사람은 '아, 나도 한 사람으로 존중받는구나' 하는 느낌을 받는다. 이 사회의 규칙이나 문화를 모르는 경우를 빼고는, 거

강수돌 교수의
더불어 교육혁명

의 모든 자동차가 '사람 우선'이라는 불문율을 잘 지키기 때문이다. 설사 어떤 사람이 '불법' 횡단을 하는 경우에조차, 대부분의 차량은 그 사람이 길을 건너갈 때까지 기다린다. 이렇게 횡단보도를 건너가면서 존중 받는 느낌을 경험한 사람은 정작 본인이 차를 몰고 갈 때 또 다른 '불법 횡단자'를 위해 기꺼이 멈추고 기다릴 것이다. 물론 그렇지 않은 사람도 있겠지만, 대부분은 그렇게 할 것이다. 이렇게 사람, 자전거, 그리고 자동차라는 우선순위를 몸으로 익히고 있는 그들이 정말 부럽기만 했다.

추가적으로 캐나다의 횡단보도에서 새롭게 보게 된 것은, 초등학교 이하의 어린이들은 반드시 부모나 보호자와 함께 등교나 하교를 한다는 점이다. 캐나다 법에 따르면, 어린아이들이 혼자서 학교를 오가거나 아니면 방과 후에 혼자서 길거리를 돌아다니면 어린이 안전보호를 위한 규정에 위반된다고 한다. 불법이란 말이다. 그러면 당장 경찰이 어린이를 보호하기 위해 데려가게 되고 나중에 부모가 각서 비슷한 걸 써서 약속을 해야지만 비로소 아이를 다시 자기 집으로 데려갈 수 있다. 이것은 한편으로, 어린이의 안전보호를 위해 철저한 규칙과 풍토가 정착이 되어 있구나 하는 느낌을 준다. 어린이 안전을 우선시하는 그들의 문화가 느껴진다. 하지만 이것은 다른 편으로는 그 정도로 아이들 안전 문제가 심각하구나, 어린이 유괴나 납치 등이 언제 발생할지 모르는구나, 하는 생각도 든다. 사실, 단 한 명이라도 그런 끔찍한 일을 당하게 되면 온 사회가 나서서 그 해결책을 모색하는 것이 이 나라의 문화다. 물론 그 배경엔 역설적으로 그만큼 위험 요소가 많이 도사리고 있다는 방증이기도 하다.

특히 이른바 '선진국'일수록 건강이나 안전 문제에는 지나칠 정도로 예민하다. 한 예로, 최근에 토론토의 한 고등학교 아이들이 토론토 교외로 2박 3일간 수련회를 갔는데, 현지 숙소에서 고작 벌레 한 마리 때문에 전 학교가 온통 난리가 났던 적이 있다. 수련회가 열리던 곳 숙박 시설의 한 침대에서 '베드 버그(bed bug)'라고 하는 빈대 한 마리가 출현했기 때문이다. 한국 같으면 학생 중에 누가 나서거나 선생님 한 분이 얼른 나서서 간단히 잡아내고 모든 상황은 끝났을 일이다. 그런데 그곳에서는 수련장 관련자와 교사 전체가 나서서 모든 숙박 시설을 철저히 소독하고 아이들이 입었던 옷은 당장 벗어 비닐로 싸서 집에 갖고 가도록 조치했다. 학교로 돌아가서는 모든 참여 학생들에게 '베드 버그'에 관한 포괄적 지식이 담긴 유인물을 복사해서 나눠주었다. 각 학생들의 부모님에게는 교감 선생님 이름으로 그런 사태가 발생한 일에 대해 자상하게 설명하고 사과를 구하는 서신을 보내기도 했다. 편지에는 "학생과 직원의 안전 문제는 토론토 교육청에서 지극 정성으로 신경 쓰는 일이기 때문에 학교는 모든 관련자들의 '웰빙'을 위해 취할 수 있는 모든 조치를 다 취했음을 확인해드린다"라고 되어 있다. 이 모든 일이 그놈의 '빈대 한 마리' 때문에 벌어진 일이라 생각하면 절로 웃음이 날 정도다. '빨리빨리' 문화와 효율성의 문화에 익숙해져버린 한국식으로 말하면, '별 것 아닌데 호들갑을 떠는구나' 하고 비난할 수도 있겠다.

하지만, 어떤 면에서는 이런 식의 대응 방식을 보면서 나는, '이렇게 작은 것에도 학생들의 안녕을 위해 세심히 신경 쓰는구나', 또 '어떤 일이 생기면 학교 전체가 체계적으로 움직이는구나' 하는 생각이 들었다. 바로 이런 것이 선진국다운 모습이 아닐까 싶다.

　사실, 한국에서는 가정이나 학교, 사회가 아이들의 '성적표'에만 막대한 관심을 기울이지 안전사고나 건강 문제 같은 것에는 큰 신경을 쓰지 않는다. 그것은 앞서 말한 '빨리빨리' 문화와 연결될 것이다. 하지만 "바쁠수록 돌아가라"라는 말도 있지 않은가? 인생은 결코 속도전이 아니다. 인생은 매 순간을 음미하면서 살아야 한다. 이제는 내가 횡단보도를 건널 때마다 내 발바닥이 땅에 닿는 순간을 느끼면서 천천히 걸을 것이다. 그리고 내가 차를 몰 때는 횡단보도를 걷는 사람을 존중하며 기다려줄 것이다.

🌿 부모와 자녀를 행복하게 하는 소통

여성가족부가 발표한 한 실태조사에 따르면 '자녀와 대화가 부족하다'고 응답한 부모의 비율이 평균 27퍼센트로 나타났다. 부모 가운데 아버지(34.4퍼센트)가 어머니(19.8퍼센트)보다 대화 부족을 더 많이 느꼈다. 아버지 3명 가운데 1명, 어머니 5명 가운데 1명이 자녀와의 대화 부족을 느끼는 셈이다. 또한, '부모와 대화가 부족하다'고 느끼는 자녀들도 응답자의 23퍼센트로 나타났다. 그 가운데 딸(25.1퍼센트)은 아들(20.1퍼센트)보다 대화 부족을 더 느꼈다. 한마디로, 한국의 부모와 자녀 간에는 소통이 아니라 '불통'이 특징이다.

전반적인 소통 불능의 분위기 속에서나마 이뤄지는 대화의 질은 어떠할까? 자녀들이 어머니와 대화를 더 많이 하지만, 오히려 어머니(22.2퍼센트)가 아버지(18.2퍼센트)보다 자신을 더 이해하지 못한다고 했다. 성별로 보면, 아들이 부모와 대화를 더 많이 하는데, 아들(23.6퍼센트)이 딸(16.7퍼센트)보다 부모에게 더 이해받지 못한다고 했다. 또 자녀들이 성장할수록 '부모가 나를 잘 이해하지 못한다'고 느끼는 정도가 컸다. 중학생(19.3퍼센트)이나 고등학생(20.7퍼센트)에 비해 대학생(23퍼센트)의 불만족도가 더 높았다.

이 조사 결과에서 세 가지 흥미로운 점이 있다. 첫째, 앞서 확인한 것처럼, 한국의 부모와 자녀 간에는 대화와 소통의 부재가 특징이다. 둘째, 자녀가 성장할수록 부모가 자녀를 이해하는 정도가 약해진다. 셋째, 대화를 더 많이 나누는 당사자들이 상대방에게 이해를 더 못 받는다고 느낀다. 이 가운데 세 번째 측면을 좀 더 자세히 보자.

아버지(34.4퍼센트)가 어머니(19.8퍼센트)보다 대화 부족을 느낄 정도로 어머니가 아버지보다 더 많은 대화를 하고 있지만, 이해 정도에서는 어머니(19.4퍼센트)가 아버지(12.2퍼센트)보다 '자녀를 잘 이해할 수 없다'고 했다. 또, 자녀 입장에서는 딸(25.1퍼센트)이 아들(20.1퍼센트)보다 대화 부족을 더 느낄 정도로 아들이 대화를 더 많이 하는 편이지만, 막상 이해 정도는 아들(23.6퍼센트)이 딸(16.7퍼센트)보다 부모로부터 더 이해받지 못한다고 느끼는 것이다. 대화를 나눌수록 서로 상처를 입는다는, 매우 불편한 사실을 확인하게 된다.

한국 사회에서 부모와 자녀 사이에 대화를 나눌수록 소통과 공감이 이뤄지기보다는 오히려 서로 상처를 입는다는 이 역설적 상황을 어떻게 설명할 것인가? 바로 이 부분을 제대로 들여다보아야 문제를 올바로 해결할 수 있다.

단기적인 시각과 장기적인 시각으로 나눠 살펴보자. 우선 단기적으로는 H. 기너트 박사의 『부모와 아이 사이』(양철북, 2003)와 같은 책이나 전문가들의 도움말에 귀를 기울일 필요가 있다. 한 예로, 어느 인터넷 글에 나오는 에피소드를 보자.

학교에서 체험학습을 가기로 한 날, 비가 올 듯 말듯 하더니 하늘이 온통 먹구름으로 뒤덮였다. 걱정스럽게 집을 나선 아이는 입을 잔뜩 내민 채 집으로 돌아왔다. 아이가 말한다: "(울먹이며) 엄마, 오늘 비도 조금밖에 안 왔는데 학교에서 비가 많이 올 것이라며 체험학습을 안 갔어요." 이때, 아이의 부모가 하는 말은? A: "그럴 수도 있지. 울긴 왜 우니? 그 우는 버릇 좀 고쳐라. 다른 날 또 가면 되잖아." 아니면 B: "그랬구나. 무척 기다렸던 소풍인데 못 가서 무척 속상했겠구나."

여기서 A와 B를 흑백논리가 아니라 긴 연속선의 두 끝이라 하자. 과연 우리나라 부모들은 어느 쪽에 더 가까운가? 현자들의 조언에 따르면, 우리는 B의 방향으로 가깝게 가도록 노력해야 한다. 성급하게 아이를 탓하거나 즉각적 해결책을 주기보다는 아이의 심정에 공감하고 이해하는 것이 중요하다. 그런 식으로 상대방의 입장을 헤아리고 서로 마음의 문을 여는 것이 핵심이다. 그것이 진정한 사랑이다. 이런 대화법의 지혜들은 공감과 이해, 경청과 존중, 신뢰와 관용이 해답이라고 말한다. 대단히 중요한 지침들이다.

그러나 장기적으로 우리는 이런 질문도 해야 한다. 자녀들이 성장할수록 부모에게 이해를 얻지 못하는 이유는 무엇인가? 대화를 많이 나누는 당사자가 더 많이 상처를 입는 이유는 무언가? 내가 보기에 그것은 '사회 구조'와 연관이 있다. 노동시장에서 부모의 위치, 사회경제적 구조와 자녀의 삶의 전망, 형식적으로는 자유로우나 실질적으로는 불평등하고 차별적인 사회 시스템, 점수와 등수로 한 사람의 인격을 판단하는 사회 풍토, 그 사람의 내면보다 학벌이나 외모를 중시하는 위선적 분위기 등 이런 부분이 더 깊이 고민되어야 한다. 요컨대, 개별적 소통의 기법만 잘 개발된다고 풀릴 문제가 아닌, 보다 심층적이고 거시적인 사회구조의 문제를 함께 풀어야만 비로소 개별적 소통 불능의 문제도 제대로 풀릴 것이다. 지금 당장 새로운 소통법을 실행에 옮기면서도 친구나 이웃과 더불어, 자녀와 더불어, 서서히 전체 사회의 변화까지 고민해야 하는 까닭이다.

문제는 이러한 '비폭력대화'(NVC)식의 소통을 실제로 행하기가 무척 어렵다는 점이다. 때로는 알면서도 하지 못할 때가 더 괴롭다. 그러나 일단 개념을 알면 실천의 주춧돌은 마련된 셈이다. 그래서 나에게 아이디어가 하나 떠올랐다. 그것은 '일단 연극하듯이 한 번 해보자'는 것이다. 연극이라도 좋다. 비폭력대화를 통한 열린 소통으로 아이와 부모의 관계가 좋아진다면, 그 연극은 가치 있는 것이다. 최소한 3개월만 연극을 해보자는 것이 나의 제안이다. 3개월의 연극 이후에는 분명히 약간의 변화가 감지될 것이다. 아이도 좋아하지만 나도 좋아진다. 그러면 된 것 아닌가? 그렇게 이어 가면 1년 뒤에는 나의 '사회적 DNA'도 달라지기 시작한다. 아이를 보는 눈, 인생을 보는 눈, 대학을 보는 눈, 학력이나 학벌을 보는 눈, 그리고 자녀나 타인과 관계 맺기 하는 방식이 달라진다. 그렇게 줏대를 바로 세우고 지금 여기서부터 행복하게 살면 된다. 더 이상 무엇을 바랄 것인가? 그렇다. 바로 지금, 여기부터다! 발상(개념)의 전환과 지금 여기부터의 실천이 바로 지금 여기(now here)를 행복한 곳, 유토피아(no where = utopia)로 만들어간다!

🌿 '김예슬 선언'과 오늘의 대학

—사회적 성찰의 시간

"오늘 나는 대학을 그만둔다, 아니 거부한다."

2010년 3월 10일 오후, 고려대 서울 교정에 나붙은 대자보의 제목이다. 남들이 부러워하는 'SKY대' 가운데 하나인 대학의 경영학과 3학년에 재학 중이던 김예슬 씨가 주인공이다.

"이름만 남은 '자격증 장사 브로커'가 된 대학, 그것이 이 시대 대학의 진실이다."

김 씨가 대자보까지 쓰며 대학을 거부한다고 선언한 배경을 날카롭게 지적한 대목이다. 나는 이 대목을 보면서 '마침내 올 것이 왔다'고 느꼈다. 사실, 김 씨가 말하기 이전에도 많은 대학생들이나 양심적인 교수들은 그런 사실을 알고 있었다. '고양이 목에 누가 방울을 걸 것인가?' 하는 물음처럼, 다 아는 사실이지만 막상 이 '불편한 진실'을 누가 까발리고 누가 먼저 나서 대안적 실천을 할 것인가 하는 부분에서는 모두들 마음속으로만 앓고 있었던 게 아닌가.

"큰 배움 없는 '大學 없는 대학'에서 우리 20대는 '적자세대'가 돼 부모 앞에 죄송하다."

이 부분에 이르면 나는 과연 대학 선생으로서 학생들에게 '큰 배움'을 얻을 수 있게 잘 도와주고 있는지 자성하게 된다. 나아가 1년에 1000만 원 가까운 등록금을 내는 대학생들이 취업도 잘 안 되는 지금, 결국은 미래의 불안정한 노동력을 미리 저당 잡힌 채 부모들의 어깨만 무겁게 만드는 것이 아닌가 하는 느낌을 지울 수 없다.

'스펙'이란 무엇인가

생각해보면, 대학 졸업 이후에 대기업이나 공무원으로 취업을 쉽게 하던 시절은 이미 지난 것 같다. 게다가 보다 엄밀히 따지면 대학이 글자 그대로 큰 배움을 얻는 곳이라면 (실은 취업과 무관하게) 세상의 참된 이치를 깨닫고 자신과 사회의 참된 발전을 위해 실력을 쌓는 곳이어야 한다. 그런 면에서 보면 예전에 취업이 잘 되던 시절조차 대학 본연의 진리 탐구나 사회 공헌을 제대로 했는지도 의심이 간다. 다만, 졸업 이후에 취업이 잘 되는 것만으로도 그저 대학 생활을 잘한 것으로 대충 넘어간 면도 없지 않다. 그리고 졸업하기만 하면 먹고사는 걱정이 별로 없던 시절이니만큼 '스펙 쌓기'나 장래 걱정에 안달하기보다는 대학생으로서의 낭만을 즐기기도 하고 사회 비판 의식으로 저항과 대안을 모색할 수도 있던 것이 아닌가?

그러나 오늘날 학생들의 사정은 너무나 다르다. 4년간 대학 등록금이 약 4000만 원에 이르고 있지만 고교에서 대학 진학률은 80퍼센트를 넘어 세계 최고의 수치를 기록한지 오래고, 또 막상 대학 졸업식이 곧 '실업식'이라는 자조 섞인 공식마저 떠돈 지 오래다. 그러니 대학 입학을 하자마자 자신의 능력을 증명하기 위한 각종 공부, 곧 영어, 자격증, 취업 준비 학원, 해외연수 등에 몰입하는 건 당연한 일인지 모른다. 낭만을 즐길 수도, 비판적 지성을 연마할 수도 없다. 그러니 '큰 배움'을 얻는다는 건 한가한 소리로밖에 치부되지 않는다.

그러나 생각해보라. 그렇게 비싼 돈을 내면서 대학에 힘겹게 들어왔으면서도 큰 배움보다는 기껏해야 취업 준비만 하는 현실이 계속될수록 우리 사회의 미래는 더욱 어두워지지 않던가? 좋은 '스펙'을 쌓은 일부 학생들이야 구제받겠지만 대다수는 여전히 취업이 어렵다. 게다가 큰 배움을 위해 교수와 학생들이 좋은 책을 읽고 진지한 토론을 벌이면서 희망적인 대안을 제시하는 지적인 노력이 사라질수록 사회 전체에 빛을 밝히기는 더 어려워질 것이다.

여기서 과연 '스펙'(spec)이란 무엇인지 잠시 짚고 넘어가자. 원래 스펙이란 스페시피케이션(specification)의 약자로, 어떤 제품의 구체적 기능이나 상세한 특성이란 뜻이다. 아하, 스펙이란 말 자체가 이미 어떤 물품과 같은 대상을 지칭하는 말임을 알 수 있다. 그런데 오늘날 대학생들이 자신의 노동력을 노동시장에 팔기 위해 각종 '스펙'을 쌓고 있고, 스스로건 제3자건 그렇게 스펙 쌓기 경쟁을 한다고 말한다. 곧, 오늘날 대학 생활이란 비판적 지성인 또는 교양 있는 인격체로서 자기 내면을 충실히 갈고닦는 과정이 아니라 노동시장에서 잘 팔릴 노동력 상품의 특성을 차곡차곡 만들어나가는 과정이 되어버렸다.

그렇다면 그런 스펙 쌓기에 도움을 주는 교수들도 노동력 스펙을 만들어내는 공장 노동자 역할을 하는 셈이 아닌가? 그렇다. 이제 대학은 노동력 상품을 제조하는 공장이 되어버렸다. 물론, 아직도 대학은 한 켠에서 진리 탐구나 비판적 지성의 토론장으로서의 역할을 하고는 있다. 그러나 갈수록 비판적 지성의 연마보다는 노동력 공장으로서의 역할이 더 강조되고 있으며, 심지어 '대학의 기업화' 현상까지 진전되는 중이다.

진리 탐구보다 돈벌이가 지배하는 공간

실제로, 오늘의 대학은 참된 이치를 밝히고 온 사회에 희망의 빛을 던지는, 그야말로 '진리 탐구'의 전당으로부터 멀어진 지 오래다. 기껏해야 '100퍼센트 취업이 보장되는 대학'이라든지, '브랜드 가치를 올려주는 대학'이라는 구호로 기업을 위한 인력 공급처 역할을 할 뿐이다. 더욱 안타까운 것은, 오늘날 대학이 스스로 기업처럼 변했다는 것이다. '교육을 통한 사회 발전'이 아니라 '교육을 통한 돈벌이'를 추구하는 것이 핵심이다. 학생들을 고객으로, 등록금을 수익으로 사고하는 방식이 문제다. 대학 교정에서는 각종 민간 기업들이 장사를 하기 일쑤이고 대학은 임대료 수입을 거두기 바쁘다. 기업들은 각종 건물을 지어주는 대신 그 회사 홍보를 해주기 바라고 돈벌이에 좋은 연구 결과와 '인적자원'을 대주기를 바란다. 심지어 대학이 직접 기업을 설립해 지식이나 정보를 곧장 상품화하기도 한다.

김예슬 씨가 앞의 대자보에 쓴 대로 "생각한 대로 말하고, 말한

대로 행동하고, 행동한 대로 살아내겠다는 용기"에 큰 박수를 보낸다. 그러나 그의 걱정처럼 그가 "길을 잃고 상처를 받을 것"이라고는 생각지 않는다. 오히려 훨씬 더 당당하고도 멋있게 살아갈 것임을 굳게 믿는다. 김예슬 씨의 획기적인 '대학 거부'를 마음으로 존중하면서도, 한 가지 바람이 있다면, 더 이상 그러한 개별적 탈출 운동을 할 필요가 없는 사회, 곧 대학이 명실상부 큰 배움(大學)의 공동체로서의 원래 모습을 되찾는 일, 이것을 우리 모두의 사회적 과제로 끌어안는 일이다.

대학 교수인 내가 김예슬 씨처럼 "나도 오늘 대학을 떠난다, 아니, 거부한다"고 대자보를 써 붙이며 멋있게 양심 고백을 하지 못해 정말 부끄럽다. 그러나 나는 비록 대학에 몸을 담고 있더라도 늘 '김예슬 선언'을 생각하며 부끄럽지 않게 살고자 노력할 것이다. 무엇이 삶의 참된 이치이고 무엇이 대학인들이 나아가야 할 방향인지 더욱더 진지하게 탐구하고 토론할 것이다. 물론 대학의 안이냐 밖이냐, 하는 기준이 절대적으로 중요한 건 아닐 것이다. 대학의 안팎에서 모두가 본연의 양심으로, 진리 탐구의 정신으로, 만나야 한다. 그리하여 '스트레스 사회'가 아닌 '행복 사회'를 만들기 위해 무엇을 어떻게 바꾸어내고 실천할 것인지, '스펙 쌓기 대학'이 아닌 '희망 찾기 대학'을 만들기 위해 무엇을 해야 하는지, '돈벌이 경제'가 아닌 '살림살이 경제'를 위해 무엇을 어떻게 바꿀 것인지, 보다 광범위하게 보다 진실한 모습으로 한걸음씩 걸어 나가야 한다.

학교 교문을 당당히 걸어 나간 김예슬 씨는 물론, 교문 안에서도 길을 찾고 있는 수많은 다른 '김예슬' 씨들을 만나 이런 개방적 토

강수돌 교수의
더불어 교육혁명

론을 하고 싶다. '제도권 대학'에만 갇히지 않고 '광장의 대학'에서 참된 삶이 무엇인지, 참된 행복이 무엇인지 더불어 개방적인 대화를 나누고 싶다.

내가 사는 조치원 신안1리 마을엔 작은 '마을도서관'이 있다. 내가 마을 이장으로서 2005년 5월부터 2010년 6월까지 5년 간 활동하는 동안 마지막 숙원 사업으로 만든 작은 도서관이다. 도서관 공간을 리모델링한 뒤에, 나의 사랑하는 제자 대학생들이 자원봉사로 참여하여 어린이 책과 대학생 및 어른들이 볼 책을 구분하여 라벨을 붙이고 분류기호를 일일이 붙였다. 당시 연기군의 지원으로, 한 아이가 태어나 초중고를 거치며 자라 어른이 되어 삶을 마감할 때까지 볼 수 있는 좋은 책들을 많이 모아 놓았다. 그리고 2010년 3월부터는 그 마을도서관에서 '마을 공부방'을 열었다. 물론 총괄 지도는 내가 하지만, 우리 대학생들이 자원봉사로 선생님 역할을 한다. 월요일에서 목요일까지 저녁 7시만 되면 유치원 나이의 아이들부터 초등학생, 중학생, 고등학생이 마을공부방으로 몰려온다. 또 한 달에 한 번 수요일이면 좋은 영화도 본다. 작은 '마을 극장'이다. 마을도서관, 마을공부방에서 마을 아이들의 성적을 올리는 것보다 중요한 일은 공동체 문화를 만들고 경험하는 일이다. 나는 내가 가르치는 대학생들이 이런 공간에서 자신의 시간과 열정을 쏟아 마을공동체를 만드는 데 참여하는 모습이 너무나 아름답게 느껴진다. 물론 대학생들 마음속에선 '스펙 쌓기'나 '장래 취업' 걱정도 있을 것이다. 그러나 마을과 대학이 만나는 이런 과정 속에서 대학생들도 많은 느낌과 생각을 갖게 될 것이고, 많이 배울 것이다. 또 이런 작은 체험의 싹들이 모여 세상의 변화를 꿈꾸는 밑거름이 될 것이다.

물론 이런 '작은' 활동만으로 세상이 모두 바뀌진 않는다. 사회 전체를 겨냥하는 큰 그림도 함께 그려나가야 한다. 그러나 과연 어디서부터 출발할 것인가? 나부터, 우리로부터, 작은 모임이나 만남으로부터, 마을 공동체로부터 소박하게 시작해보자. 대학생들이여, 자신만의 멋있는 삶의 목표를 정하라. 자신의 끼를 찾아라. 진정으로 배우고 싶은 것을 찾아 배워라. 부모를 포함한 남들의 눈치를 보지 마라. 생계나 생존의 문제에 묶여 빌빌거리지 마라. 자신만의 '꿈의 길'을 가라. 그리하여 실력자가 되어라. 그 과정에서 '일류 스승'을 찾아라. 그러나 실력을 쌓은 뒤에는 '전문가 백치'가 아니라 '철학 있는 실력자'가 돼라. 그리하여 그 실력을, 사람과 사람, 사람과 자연이 더불어 사는 새 세상을 여는 데 힘껏 발휘하라.

이것만이 희망의 근거다. 이런 이야기를 가는 데마다 나눠보자. 둘러보면 군데군데 훌륭한 실천가들도 많다. 돈과 권력에 대한 집착을 떠나 온몸으로 도전하는 분들이 생각보다 많다. 그분들과 마음으로 연결하고 같이 힘을 북돋우자. 기껏해야 80년 정도 사는 인생, 소신껏 아름답고 멋있게 살아야 후회가 없지 않겠는가?

'백치 전문가'가 되지 않으려면

앞서도 보았듯이, 대학이 큰 배움을 얻는 곳이라면, 과연 큰 배움이란 무엇일까? 우리가 대학에서 아니 인생 과정에서 배워야 할 것은 크게 세 종류다. 첫째는 지식과 정보, 둘째는 기술과 예능, 셋

강수돌 교수의
더불어 교육혁명

째는 지혜와 통찰이다. 물론 모두 다 중요하지만, 우리가 굳이 비싼 돈을 들이면서도 대학을 가는 이유는 '지혜와 통찰'을 얻기 위해서 가 아닌가 한다. 그 까닭은 이렇다.

첫째, 지식과 정보는 도서관과 인터넷이 발달한 오늘날 굳이 대 학을 가지 않아도 충분히 얻을 수 있다. 오히려 지금은 지식과 정보 가 너무 많아서 문제다. 한편으로는 과학기술의 발전으로 인하여, 다른 편에서는 지식정보의 민주화로 인하여 나타난 결과다.

둘째, 기술과 예능은 대학보다는 차라리 학원(각종 아카데미)이나 전문학교에서 배우는 것이 더 낫다. 물론 대학이 더 나은 경우도 있 지만 굳이 비싼 등록금에 더 오랜 시간을 바쳐야 할 필요가 있을까 싶다. 물론 대학에서도 컴퓨터를 다루는 기술이나 대중 앞에 발표 를 하는 기술, 각종 예체능 같은 것들도 얼마든지 배울 수 있다. 다 른 사람과의 소통의 기술 또한 중요한 배움이 된다.

셋째, 큰 배움 자체가 아니라 '졸업장'이 목적이었다면, 오늘날 대졸자의 절반 이상이 사실상의 실업자가 되어버리는 현실을 직시 하자. 물론 취업이 안 되더라도 졸업장 한 장이 갖는 상징적 의미는 있을 수 있다. 그러나 그런 정도의 가치가 있는 졸업장은 전체의 5 퍼센트도 안 된다.

넷째, 이른바 'SKY대'의 졸업장을 생각해보자. 취업도 잘 되고 상징성도 크다고 하자. 그 졸업장을 받은 뒤 사회생활을 하고 있는 사람들 중 과연 몇 퍼센트 정도가 자기와 자기 가족의 행복을 넘어 온 사회의 행복을 위하여 일관되게 헌신하며 사는가?

다섯째, 설사 대학에서 지식과 정보, 또는 기술과 예능을 엄청 잘 배워 훌륭한 '전문가'가 된다 하더라도, 과연 어떤 지식과 기술을 어떻게 써야 우리의 사회적 맥락에서 가장 바람직하고 값어치 있는지를 분별할 수 있는 지혜와 통찰이 없다면 어떻게 될까? 그렇게 되면 '전문가 백치'가 된다. 순수한 백치보다 더 무서운 것이 전문가 백치다. 순수한 백치는 자기 혼자만의 문제로 끝나지만, 전문가 백치는 온 세상을 앞장서서 망친다.

지혜와 통찰의 중요성을 일깨우는 '악의 평범성' 개념이 있다. 원래는 1963년 한나 아렌트의 작품이었는데, 영화로도 나왔다.■ 히틀러의 나치 지휘 아래 600만에 이르는 유대인을 학살했던 최고 실무 책임자 A. 아이히만에 관한 이야기다. 그렇게 많은 사람을 학살한 자는 분명히 머리에 뿔이 나듯이 '악의 표상'을 하고 있으려니 했지만, 실제 재판정에 나타난 그의 모습은 너무나 평범한 인간이었다.

검사가 묻는다.

"명령과 양심 사이에서 갈등한 적은 없나요?"

아이히만이 답한다.

"그러면 국론이 분열됩니다."

검사가 또 묻는다.

"개인의 양심은 버려야 한단 말인가요?"

아이히만이 답한다.

■ 한나 아렌트, 김선욱 역, 「예루살렘의 아이히만: 악의 평범성에 대한 보고서」(한길사, 2006).

"그렇습니다."

검사가 말한다.

"좀 더 용기 있는 공직자라면 상황은 달라지지 않았겠어요?"

아이히만이 말한다.

"공직자에게 용기란 조직된 위계질서에 따르는 것일 뿐입니다."

이 말은, 자기가 결정한 건 아무것도 없고, 선이건 악이건 관계 없이 상부의 명령에만 복종했을 뿐이란 뜻이다. 성실하게 주어진 임무에 충실했을 뿐, 자신은 학살의 책임이 없다는 것이다. 바로 이 '생각 없음'이야말로 아렌트가 말한 '악의 평범성'이란 명제의 핵심이다.

동일한 나치 치하의 상황에서도 아이히만과는 정반대의 길을 걸은 이가 있다. 바로, 빅터 프랭클이란 의사 이야기다.▪ 유대인 의사였던 그는 강제노동수용소에 끌려가 가족들을 모두 잃으면서도 끝까지 살아남아야겠다고 마음먹고 구사일생으로 생존의 기쁨을 누리게 되었다. 그런데 그가 한 이야기 중에 가장 감동적인 부분은, 아무리 사악한 권력과 폭력이 우리를 비인간적인 상황으로 몰아넣을지라도, 그리하여 우리가 아무리 나약한 존재가 되었다손 칠지라도, 우리 자신에게는 최후의 선택이 남아 있다. 왜냐하면, 누구에게나 '영혼의 자유'만큼은 불가침의 영역으로 남아 있기 때문이다. 곧, 사람들이 최종적으로 외부의 힘에 자신을 굴복시킬 것인가 말 것인가

▪ 빅터 프랭클, 이시형 옮김, 「죽음의 수용소에서」(청아, 2005).

하는 판단은 결국 자기 자신에게 있다는 것이다. 그리고 그러한 영혼의 자유는 자신이 스스로 자기 삶의 이유, 곧 삶의 의미를 확실히 지니고 있을 때 더욱 강하게 나타난다는 것이다.

빅터 프랭클은 자신이 크게 두 가지 면에서 삶의 의미를 갖고 있었음을 말한다. 하나는 자신이 수감 생활을 하는 도중에 분실해버린 의학 관련 치명적 문건을 반드시 되찾거나 일일이 다시 기록하는 일이었고, 다른 하나는 반드시 살아남아서 나치 하의 비인간적인 학살 만행이나 그 수용소의 일상을 세상에 널리 폭로하는 일이었다. 결국 그는 살아남았고 '삶의 의미'가 인간 정신 치료에 핵심이라는 '로고테라피'를 개발하여 큰 반향을 일으켰다. 바로 이런 사람이 '철학 있는 전문가'의 모범 사례가 아닐까 싶다.

'전문가 백치'를 넘어 '철학 있는 전문가'로

'전문가 백치'들이 온 사회와 세상을 망가뜨리는 사례는 우리나라에도 너무나 많다. 딱 세 가지만 들어보자.

첫째, 사람과 자연이 거부의 몸짓을 거세게 하고 있음에도 강행된 '4대강 사업'을 보라. 차라리 4대강 토목 사업이라 하면 솔직할 것이다. 그러나 강행 세력들은 이것을 '4대강 살리기' 사업이라고 교묘한 포장까지 했다. '포장'의 기술이 엄청나다. 저들은 토목공학과 건설공학적인 지식, 돈벌이 이윤 계산의 지식만 있지, 강물이나 그 강 속에 사는 생태계, 강 주변에서 살던 농민과 그 공동체에는 아무 관심도 없고 그 사업으로 무엇을 잃는지 헤아릴 판단력도 없다.

전문가 백치들이 아니라면 불가능한 일이다.

둘째, 2010년 3월 26일의 '천안함 사태' 또는 2014년 4월 16일의 '세월호 사태'를 보라. 누가 보아도 여러 가지 의구심과 의혹이 일고 있는데, 그동안 한국의 대학에서 수많은 물리학자나 과학자들, 조선공학자들이 연구하고 있음에도 전문적인 식견으로 문제를 제기하는 사람이 거의 없지 않은가. 오히려 거짓말에 거짓말을 보태면서 당장의 위기만 넘기려는 기득권 세력들의 옆에 '이끼'처럼 달라붙어 눈앞의 이득만 챙기려 하는 자들이 수두룩하다. 오히려 해외의 일부 학자들이나 국내의 비공인 전문가들이 과학적인 증거와 반론을 열심히 제출하고 있다. 정말 대학에서 큰 공부를 하고 나온 사람들이라면, 사태의 진실을 분명히 밝힐 수 있는 실력과 더불어 용기까지 있어야 하지 않을까?

셋째, 오늘날 한국의 교육 현실은 해도 해도 끝이 없는 '시지푸스의 노동'에 다름 아니다. 아이들은 초등 3학년 때부터 나라가 실시하는 성취도 평가에 몸을 맡겨야 하고, '일류대'를 가기 위해서는 초등학교, 아니, 유치원 시절부터 성적 경쟁을 해야 한다. 해마다 사교육비만 해도 20~30조 원이 들어가는 한국의 교육 현실, 해마다 10대 청소년이 250명에서 300명 자살하는 현실, 대학을 가더라도 등록금이 1년에 1000만 원이나 되어 학생과 학부모의 어깨만 무거워지는 현실, 이 모든 서글픈 현실을 바꾸어야 한다고 목소리 높이는 교육 전문가는 어디 있는가? 오히려 참교육을 하겠다고 나선 전교조와 그 선생님들을 호시탐탐 노리며 탄압하고 배제하려는 교육계의 '전문가 백치'들이 더 많이 설치지 않는가? 물론 진보 교육감

덕에 그런 분위기는 조금씩 중화되고 있지만, 여전히 한국의 교육계는 '내전' 중이다.

이제, 더 이상 '전문가 백치'를 만드느라 시간, 돈, 열정을 낭비하지 말자. 대학이 정말 큰 배움터가 되도록 변화를 만들어가자. 프랑스나 독일, 스웨덴이나 핀란드 등 유럽의 대학들처럼 교육비는 온 사회가 공동으로 부담하고 꼭 대학을 갈 사람만 가게 하자. 한국처럼 대학에 가서 영어와 컴퓨터, 경영학만 배우고 취업 준비만 하는 것이 아니라, 진정으로 진리탐구를 해서 온 사회에 빛과 소금이 되는 활동을 하자. 우리에게 진정 필요한 것은 전문가 백치가 아니라 철학 있는 전문가들이다. 아이들도 대학 이전에는 실컷 놀면서 자아를 탐색할 수 있게 하고, 대학 가서는 본격적인 공부를 하게 하자. 물론 대학이나 전공의 선택에 있어서도 아이들이 진정 '자유'로운 결정을 하게 하자. 나아가, 굳이 대학을 가지 않더라도 인간답게 살 수 있는 사회를 만들자. 아이들이 자신의 개성에 따라 맘껏 배우고 사회에 나오면 모두 비슷하게 대접받는 그런 세상을 꿈꾸고 만들자. 남미의 쿠바나 베네수엘라, 볼리비아가 힌트를 주고 있고, 유럽의 덴마크, 노르웨이, 스웨덴, 핀란드가 모범을 보여주고 있다. 개념이 바뀌고 자원을 재분배하면 우리도 얼마든지 할 수 있다. 이것만이 희망이다.

나부터, 지금부터!

우리부터, 여기부터!

🦋 지도자 또는 일꾼, 과연 누구를 뽑을 것인가?

이제 좀 분명해졌다. 아이들에게 희망을 주는 교육을 위해서라도 부모가 바뀌어야 하고 학교가 바뀌어야 하며, 온 사회가 바뀌어야 한다. 그렇다면 이 변화의 필요성에 공감하는 이들이 무엇을 해야 할 것인가? 물론, 나부터 실천하면서 더불어 실천을 해야 한다. 나부터 실천하고 더불어 실천하는 것 중 하나가 선거 국면에서 제대로 된 일꾼을 뽑는 일이다. 제대로 된 일꾼을 뽑지 못하면 민중이 얼마나 고통을 당하는지는 이미 장 자크 루소가 약 250년 전에 말한 바 있다.

"모든 국민은 투표를 하는 순간에만 주인이지, 투표가 끝나자마자 다시 노예가 된다."

그런데 거의 같은 이야기를 〈마우스콘신〉이라는 5분짜리 독립영화가 대단히 흥미롭게 해준 적이 있다. 마우스콘신은 쥐들의 마을이다. 이 쥐들의 마을에 선거가 돌아왔다. 투표 결과 역설적이게도 고양이가 당선되었다. 쥐들의 마을에 고양이가 대통령으로 당선되었으니, 뻔하다. 쥐들은 이리 뜯기고 저리 뜯긴다. 그렇게 학대와 억압의 세월이 몇 년 흘렀다. 그리곤 다시 선거가 왔다. 저번에는 검은 고양이가 선출되었는데, 아, 이번엔 하얀 고양이가 선출되었다. 또다시 쥐들은 시달리고 시달린다. 힘겨운 몇 년이 지나고 또 선거가 다가왔다. 아이구, 이제는 얼룩 고양이가 당선되었다. 그리곤 갖은 방법으로 뜯기고 시달렸다. 마침내 어떤 쥐가 분연히 일어난다. 그리고 죽을힘을 다해 외친다.

"사랑하는 쥐 여러분, 도대체 우리가 왜 고양이를 우리의 대표로 뽑아야 합니까? 다음 선거에서는 우리 쥐들 중에서 대표가 뽑혀야 합니다! 절대로 고양이를 뽑아서는 안 됩니다, 여러분~!"

이 말에 모든 쥐들이 벌떡 일어나, "옳소, 옳소!" 외치는 가운데, 영화는 '쥐 죽은 듯이' 끝난다. 이런 영화다. 영화는 짧지만, 여운은 길다.

그렇다. 이제부터라도 우리 아이들, 그리고 우리 자신들, 곧 풀뿌리 민초의 행복을 증진하는 데 헌신할 대표를 뽑아야 한다. 교육감만이 아니라 시장, 군수, 도지사, 지방자치 의원, 국회의원, 그리고 대통령이 그러하다. 이 모든 선출직 대표들을 '참된 일꾼'으로 채워나가야 한다. 그래야 우리가 열망하는 변화가 제대로 이뤄질 게 아닌가?

일례로, 교육감 선거를 보자. 교육감은 해당 지자체의 교육행정을 총괄한다. 교육행정이란 백년지대계인 교육을 통해 나라의 장래를 좌우하는 행위다. 이 경우 무엇이 최선인가? 내가 생각하는 바, 최선을 다하는 교육, 최선을 다하는 교육행정, 최선을 다하는 교육감은 이런 것이다.

첫째, 최선을 다하는 교육이란 경쟁보다 협동을, 꼼수보다 진실을 가르치는 교육이다. 아이들을 획일적인 잣대로 줄 세우기보다 각자의 개성을 존중하되, 스스로 자존감을 기르면서도 서로 협동심을 드높일 수 있게 돕는 교육이다.

둘째, 최선을 다하는 교육행정이란 학생과 교사의 자율성을 존중하면서도 교육 민주주의를 구현하는 것이다. 교육을 출세의 수단으로, 치부의 수단으로 생각하는 자들이 발을 못 붙이게 하거나 생각을 바꾸도록 하는 행정이다.

셋째, 최선을 다하는 교육감이란 말과 행동이 일관되고 아이들과 교사들의 일상적 행복에 감수성이 예민한 사람이다. 국내외의 모범 사례를 찾아 바람직한 교육을 추구하되 독선을 경계하고 중요한 계획의 경우 학생, 부모, 교사가 '사전에' 민주적 협의를 하게 돕는 이다.

그런데, 선거 직전에 모든 후보들은 각자 "나야말로 그런 사람"이라고 목청을 높일 것이다. 하지만 과연 그 후보가 당선되었을 때 그렇게 실천할지는 미지수다.(이미 250년 전 장 자크 루소의 말처럼) 그러면 아주 바쁜 일상에 얽매인 보통 유권자들은 무엇을 보고 판단할 것인가?

첫째, 그 후보가 지금까지 살아온 과정을 세심히 살펴야 한다. 돈과 권력을 좇아 기회주의자로 산 인물인지 평생 동안 '최선을 다하는 교육'에 힘써온 사람인지 잘 보아야 한다.

둘째, 혹시 어느 후보가 '전과'가 있더라도 그 내용이 부정부패와 연관된 것인지 아니면 민주주의를 위해 헌신하다 핍박당한 것인지 차분히 잘 따져보아야 한다. 편견이나 선입견을 버려야 한다는 말이다.

셋째, 다른 후보를 비방하면서 자신을 드높이려는 후보보다, 다른 후보의 장단점과는 무관하게 자신이 얼마나 '최선을 다하는 교육'을 할 수 있는지 보여주는 후보를 선택한다.

만약 우리가 이런 식으로 최선을 다해 좋은 교육감을 뽑을 수 있다면, 또, 동일한 원리로 시장과 군수, 국회의원과 도지사, 그리고 대통령을 제대로 뽑을 수 있다면, 10년 뒤 우리 아이들은 모두 멋진 인격체로 자랄 것이다.

여기서 한 걸음 더 나아가보자. 좋은 지도자 또는 좋은 일꾼을 뽑은 뒤도 중요하다. 지도자나 일꾼만 잘 뽑아 놓는다고 지금까지 누적된 모든 문제가 일거에 해결되는 것이 아님을 알아야 한다. 가장 중요한 것부터 차곡차곡 풀어나가야 한다. 예를 들면, 시험과 상대평가 중심의 교육 과정을 혁파하고 교육 현장에서 일하는 사람들의 정당한 요구를 민주적으로 해결할 수 있는 틀을 구축해야 한다. 일례로, 각종 시험을 과감히 줄이고 각종 상벌제도를 바꾸어 아이들이 진정으로 재미와 의미를 느끼며 학습하는 풍토를 만들어야 한다. 의무 공부 시간을 과감히 줄이는 것도 중요하다. 나아가 학교 비정규직 문제 등의 애절한 요구에도 귀를 기울여야 한다.

다음으로 중요한 것은, 지도자나 일꾼의 리더십, 나아가 정책이나 제도에만 기댈 일이 아니라 민주적인 참여 속에서 소통으로 풀어나가는 분위기를 만들어야 한다. 그 과정에서 '보통 사람들'의 역량도 높아질 수 있다. 참여와 소통이 민주주의를 성숙시킨다. 이것은 최근 진보 교육감과 보수 도지사가 충돌하는 몇몇 시·도에서 볼 수 있는 것처럼, 기존의 기득권 세력이 체계적으로 펼치는 보수적 저항을 돌파하는 데도 중요한 역할을 할 수 있다.

끝으로, 진정한 혁신을 위해서는 참여자들이 자기 코앞의 '이해관계'(interest)에 기초해서 행위를 하기보다는 진정한 '사회적 필요'(needs)에 기초해서 행위를 해야 한다. 예컨대, 나의 고용을 유지하거나 내 소득을 높이려는 것, 내 자식을 일류대에 보내거나 특정 직업을 갖게 만들려는 의도는 모두 이해관계에 기초한 것이다. 그러나, 매순간 우리 자신의 느낌과 참된 욕구에 민감하게 반응하는 것은 내면적 욕구나 사회적 필요에 따른 행위다. 예컨대, 학벌이나 출세보다는 배움의 즐거움을 중시하고, 아이가 좋아하는 게 무엇인지 무엇을 하고 싶어 하는지에 귀를 기울이는 것, 아이가 공부하고자 하는 분야를 계속할 수 있게 물심양면으로 지원하는 것, 나아가 모든 아이들이 개성을 살리면서도 평등하게 살아갈 수 있는 사회를 꿈꾸는 것은 필요나 욕구를 중시하는 것이다.

바로 이런 점을 명시하면서 새로운 일꾼들과 풀뿌리 민초들이 개방적인 대화와 소통으로 새로운 사회구조를 만들어가는 것, 바로 이것이 우리가 키워야 할 참된 태도이다. 물론, 매 순간 깨어 있는 비판 정신과 더불어 창의적인 대안을 내놓을 수 있는 역량도 매우 중요하다. 이 모든 것이 새로운 사회, 새로운 교육을 창조할 수 있는 희망의 에너지가 될 것이다.

🌿 마음에 걸린다, 대학 입시
— 획기적으로 바꾸자!

"아이가 더도 말고 덜도 말고 자기 좋아하는 것 하면서 살면 좋겠
어요."
"저희는 애들에게 학원이나 과외 같은 것 안 시키고 그저 건강하
게만 잘 자라길 바라요."
"솔직히, 저희 마음은 아이들이 행복한 게 최고죠."

인문학 강좌나 학부모 강의에서 부모들이 진심으로 하는 말들이
다. 모두 맞는 말이고, 진심일 것이다. 사실, 가슴 깊숙이 이렇게 느
끼지 않는 부모가 있으랴. 그런데 문제는 아이들이 학교에 가면서
부터다.

"아이고, 마음은 안 그런데, 유치원에서 자꾸 공부도 시키고 시험
도 치더라고요. 우리 아이가 뒤쳐질까 봐……."
"사회 현실이 대학을 안 가면 사람 취급을 안 하잖아요? 그러니
그냥 둘 수 없죠……."
"나중에 애한테 무슨 원망을 들으려고요? 자기 인생 망쳤다는 소

리 안 들으려면 일찍부터 닦달해야죠……."

한국의 대학 입시는 이런 식으로 '제도권' 진입 초기부터 시작된다. 아니, 요즘은 엄마 뱃속에서 시작된다. 태아에게도 영어를 가르치는, '태아 영어 교실'이 장사가 될 정도다. 오죽하면 세 살짜리 아이의 혀 밑 근육을 잘라 '영어 발음이 원어민처럼 나오게' 하려 한 엄마가 있었을까?

학부모 입장에서 대학 입시의 문제점은 대체로 다음 세 가지다.

첫째, '한 방'에 모든 걸 결정한다. 물론 요즘은 수시니, 특성화니, 복수 지원이니 해서 반드시 '한 방'이라고만 할 수는 없다. 그러나 대부분 '수능 성적'이 좋아야 대학에 들어간다. 편협한 강박 구조다. 우리 사회를 자유 사회라 하지만, 참된 선택의 기회는 닫힌 폐쇄 사회의 모습이다.

둘째, '어느' 대학에 가느냐가 아이의 인생을 좌우한다. 한국에서 대학 선택의 폭은 크게 보면, 종합대학과 전문대학, 서울의 대학과 지방의 대학, SKY 대학과 그 외 대학으로 나뉜다. 가장 좋은 건, 공부하고 싶은 분야에 존경하는 선생님이 있는 곳으로 가는 것이다. 집에서 가까우면 금상첨화다. 그런데, SKY 아니면 수도권 대학이라도 가야 하는 일이 해마다 수십만 수험생과 학부모, 교사들을 괴롭힌다. 이 사회를 능력 사회라 하지만, 개인의 자질보다 출신 대학이 평생을 따라다니는, 일종의 반봉건 사회라 할 수 있다.

셋째, 부모 또는 조부모의 재력이 아이의 대학 입시 능력을 결정한다. 우스갯소리이나, "조부모의 재력, 아빠의 무관심, 형제들의 인내력"이 '일류 대학' 진학의 3대 조건이다. 부모는 신자유주의 세계화 시대의 고용 불안 탓에 별 볼 일 없으니, 돈 많은 조부모가 필요하다. 강남 학원가로 이사를 가거나 그와 엇비슷한 곳으로 가야 마음이 편하다. 아이의 실력은 (조)부모의 재력을 반영한다. 그리고 (고달픈 노동에 시달리며 삶의 회의를 느끼는) 아빠가 괜스레 나서서 "애들 교육은 너무 어른이 간섭하지 말고 자기 하고픈 것 하도록 하는 게 최고"라며 고춧가루 뿌리지 말라는 얘기다. 그리고 수험생 아닌 다른 애가 있다면, 행여 부모가 자기에게 신경을 못 써도 서운하다며 상처받지 말고 잘 참으라는 부탁이다. 이제 대부분 엄마는 입시 설계사 또는 입시 전문가가 된다. 자기 인생도 팽개치고 오로지 자녀의 일류대학 입학을 위해 돈, 시간, 열정을 투입한다. 이 모든 '희생'에 대한 보상은 당연히도 '아이의 일류대학 합격'이다. 결국, 한국 사회는 대학 입시에서 수험생 자신의 실력이 아니라 사실상 (조)부모의 경제력과 정보력이 결정적인 역할을 하는, 대리인 사회다.

갑갑하다. 하지만 해법은 있다. 물론 쉽지는 않다. 핵심은, 입시 제도 변화만으론 안 된다는 것이다. 사회 전체가 바뀌어야 한다. 그것은 설사 대학을 '안' 다녀도 인간답게 살 수 있게 기회의 폭을 넓히고, 아이가 하고 싶은 공부를 선택해 어느 대학을 다녀도 동등한 대우를 받아야 하며, (조)부모의 재력이나 부모의 정보력 따위가 아이의 장래를 결정하는 식은 아니어야 한다. 단기적으로는 미국이나 캐나다의 공립학교 모델이, 장기적으로는 핀란드나 덴마크의 공립학교 모델을 참고하면 좋을 것이라 생각한다. 그러나 가장 중요한 것은 실패나 시행착오를 두려워하지 말고, 우리 스스로 대화와 토론, 실험과 창조를 통해서 지속 가능하고 바람직한 대안을 만들어 내는 것이다. (돈이나 권력이 아니라) 이런 대안이 우리가 아이들에게 물려줄 소중한 유산이다.

나는 지난 30년 동안, 우리나라에서 대학입시제도를 근본적으로 혁신하지 않으면 초중고 수준에서의 혁신은 '말짱 도루묵'이 될 것이라 느껴왔다. 그동안 '학벌 없는 사회'나 '투명 가방끈'과 같은 대학 거부 운동, 나아가 '국립대 통합 네트워크' 등에서 여러 가지 아이디어를 낸 바 있다. 이 모든 것을 종합하여 '대학 입시' 혁신을 위해 내 나름대로 정리한 결론은 이렇다.

우선, 대학 입시 개혁을 제대로 하기 위한 3원칙이 있다. 첫째는 SKY대 중심 또는 서울 중심의 서열화 구조를 타파한다. 둘째는, 대학에 진학하면 비판적 진리 탐구와 사회 정의, 지속가능한 발전에 이바지하기 위해 정말 열심히 공부해야 한다. 셋째는, 무슨 전공이건 가리지 않고 대학을 졸업한 사람이나 고교를 졸업하고 4년 동안 경력을 쌓은 사람이나 사회경제적 대우가 비슷해야 한다. 곧, 초중고-대학·직장의 모든 과정에서 '개성 있는 평등화'가 가능하도록 해야 한다. 모두 개성을 살려주되, 사회경제적 대우는 비교적 평등하게 하자는 것이다.

바로 이런 3원칙이 구현되는 바탕 위에서 5천만 국민이 걱정을 하며 불안에 떨고 있는 '대학 입시' 혁신안을 제시하면 대략 이렇게 정리된다. 이것이 가능하고도 필요한 이유는, 우선 전국 대학의 교수들이 가진 실력은 대체로 평준화되었다는 점, 그리고 대부분의 학부모들이 (그 깊은 진심에서는) 할 수만 있다면 대학 서열화를 타파했으면 좋겠다는 마음, 그리하여 아이들이 대학 입시 때문에 고통 받으며 성장하지 않도록 했으면 좋겠다는 욕구나 필요를 갖고 있다는 점이다.

첫째, 모든 공립·사립대학을 100개 정도만 남기고 정리하여 특성화를 한다.

둘째, 가칭 '한국 1대학'부터 '한국 100대학'까지 이름을 다시 붙인다.

셋째, 어느 대학에 무슨 이름을 붙이는지와 관련, 제비뽑기로 정한다.

넷째, 수험생은 대입 수능에서 '70점'만 되면 합격하고 대학 지원을 할 수 있게 한다.

다섯째, 대학 교육 또한 평소에 시민이 내는 세금으로 무상 교육을 실시한다.

여섯째, 수험생은 누구나 1~5지망까지 해서 진학이 가능하게 한다.

일곱째, 진학 지도는 학생의 적성과 흥미를 중심으로 전공을 선택하게 한다.

여덟째, 일단 대학생이 되면 열심히 탐구하지 않고서는 졸업을 못하게 한다.

아홉째, 진학 후 전공에 만족하지 못하면 학생이 자유롭게 전공을 변경할 수 있게 한다.

열째, 전공별로 일정 수준을 통과하면 졸업 후 취업하되 누구나 비슷하게 대우한다.

물론, 이런 가이드라인이 모든 세부 사항을 담고 있지는 못하다. 그 구체적 실행 과정에서 필요한 기준이나 세칙들은 민주적인 숙의를 통해 하나씩 만들어가야 한다. 여기서 강조하고 싶은 것은, 완벽한 설계도가 아니라 진지한 결단력이다. 아이들과 어른들을 지속적으로 괴롭히고 있는, 이 무지막지한 대학 서열화 구조와 사회 불평등 구조를 타파하고야 말겠다는 단호한 사회적 결심이 필요하다는 말이다. 바로 그런 사회적 결의가 모이면 사실, 기술적이고 절차적인 이슈들은 시간문제일 뿐이다. 요컨대, 소수만을 위한 기득권 체제를 고수할 것인가, 아니면 모든 사람이 개성을 살리면서도 더불어 살 수 있는 새로운 체제를 만들 것인가, 이것이 문제다. 이런 문제의식을 공유하면서 내가 말한 열 가지 큰 방향의 혁신 내용을 하나씩 구현해나갈 때, 비로소 '교육 100년지대계'가 100년 동안 말로만 공허하게 외치는 것이 아니라 실제로도 구현될 수 있을 것이다.

🌱 병든 사회, 아픈 교육
─ 어떻게 바꿀 것인가

2014년 6·4 선거에서 서울시 교육감으로 당선된 조희연 교수가 그 이전에 쓴 책 『병든 사회, 아픈 교육』(한울, 2014)은 한국의 교육 위기를 보다 큰 사회 현실과의 관련성 속에서 해명한 뒤 대안을 모색한다. 그 맥락에서 자신이 교육감 후보로 나섰던 배경을 밝히고, 살아온 과정과 하고픈 이야기들을 풀어낸다.

"병든 사회는 아픈 교육을 낳는다. 교육의 아픔은 다시 사회의 병을 심화시키고, 이 두 가지는 서로 악순환의 관계를 형성한다. …… 그래서 …… 전환이 필요하다."

그렇다. 전환, 변화가 절박하다. 어른들의 무관심과 욕심, 고정관념, 타성, 불감증 따위가 아이들이 병들고 죽어가는 현실을 연장시키고 있다. '위기의 감수성'조차 상실한 탓이다. 근본적인 대책이 나오지 않으면 병든 사회와 아픈 교육의 악순환은 지속될 수밖에 없다.

조 교육감이 말하는 근본적 대책이란 과잉경쟁과 왜곡된 경쟁구조를 혁파하는 것이다. 초기 산업화 시기인 1970년대식 사회운영 시스템과 고도 산업화 단계 또는 민주화시기를 지나고 있는 오늘의 사회운영 시스템은 달라야 한다.

강수돌 교수의
더불어 교육혁명

지금 우리의 교육은 경쟁교육이며 과잉경쟁이다. 자기 파괴적 경쟁, 비합리적 경쟁, 부도덕한 경쟁이다. 사회안전망이 취약한 사회에서 '개인안전망' 경쟁이 과잉으로 치닫는다. 그리하여 "경쟁이 갖는 고유한 합리성을 파괴하면서, 한국 경제의 지속가능성을 가능케 하는 '인적자원'의 형성과 배분을 왜곡하는 단계에까지 이르렀다." 예를 들면, 논술을 통해 자신의 생각과 가치관을 체계적으로 정립할 좋은 기회조차 과잉경쟁 속에서 암기 경쟁으로 변질된다. 중고교 학생들이 동아리 활동이나 토론을 통해, 또 체육활동이나 사회활동을 통해 상상력과 소양을 키워야 하는데도 입시 전쟁에 휘말려 점수 기계로 사육된다. 비정상적 과잉경쟁을 정상화해야 하는 까닭이다. 따라서 비합리성의 극치로까지 왜곡된 '과잉경쟁 구조' 자체를 수술하기 위한 국민적 개혁으로서 교육개혁을 이뤄나가야 한다. 그것은 기존의 학벌체제나 대학서열화로 상징되는 기득권 질서를 혁신하는 것으로 압축된다.

그간 경기, 전라, 강원 등에서 진보 교육감의 등장과 혁신학교 실험은 일부 긍정적 성과가 있었지만 아직도 갈 길은 멀다. 왜곡된 경쟁교육 시스템 자체를 혁파해야 하기 때문이다. 그 핵심에 대학 학벌 체제, 그리고 대학 입시 체제가 버티고 있다. 이러한 혁신(대입, 학벌, 대학 서열화 타파)이 이뤄지면서 초중등 교육 내부의 혁신(혁신학교, 무상급식, 학생인권조례 등)이 동시에 이뤄져야 비로소 교육의 정상화가 가능해진다. 이것이 '혁신교육 시즌 2'의 뼈대를 이룬다. 그것은 교육과 사회의 병을 동시에 고쳐 악순환의 재생산 구조를 전환하는 것이다.

대부분의 사람들이 공유하는 인식은 대학 입시 체제를 근본적으로 바꾸지 않으면 초중등 교육의 기형성이 바로잡히지 않을 것이란 점이다. 영국의 서머힐이나 한국의 작은 학교 실험들이 모두 긍정적인 가능성을 보여주긴 하지만, 자칫 '그들만의 유토피아'에 그칠 위험도 있다. 사회의 전반적인 변화를 동반하지 못하는 혁신은, 설사 그 당사자들에겐 꽤 좋은 대안이라 할지라도 결국엔 '고립된 섬'과 같은 모양새가 될 수 있기 때문이다. 현실을 총체적으로 볼 때, 한국 교육 문제의 뿌리는 대학 입시 체제와 바로 맞닿아 있다. 그 진정한 뿌리는 대학 졸업장이 지니는 사회경제적 권력 효과에 있고, 이것은 사회 전체의 기득권 시스템과 연결되어 있다. 생각건대, 기득권 시스템이야말로 모든 교육 문제의 '몸통'이다.

생각해보라. 대학 서열화란 무엇인가? 일부 대학을 졸업하기만 하면 평생 기득권층에 편입되어 상대적인 안락을 누리며 살 수 있다는 것이 한국 사회를 관통하는 '무언의 법칙' 아닌가?

이런 점에서 교육을 바로 세우기 위한 일차적 실천은 대학 입시 체제를 바로잡는 것이긴 하지만, 이것을 바로잡기 위해서라도 특정 대학 출신이 사회경제적 기득권층이 되는 메커니즘을 타파해야 한다. 그것은 단순히 이른바 일류 대학의 문을 활짝 열어 놓는 방식으로만 가능한 게 아니라, 대학 이후의 직장이나 사회생활에서 모두가 평등하게 존중받을 수 있는 시스템을 창출함으로써 가능할 것이다. 물론, 이런 변화의 방향이나 내용, 과정에 대해서는 앞으로도 수많은 대화와 토론이 필요할 것이다. 특히, 과연 사람들이 이런 식의 대안적 전망을 얼마나 공유할 수 있는가, 기존의 기득권 구조라는 틀 속에서 형성된 우리 자신의 가치관이나 습속을 얼마나 반성하고 기꺼이 바꿀까 하는 문제가 사회적 변화 과정에 매우 중요한 변수이다.

이제 정리를 해보자. 교육혁명을 제대로 이루려면 아래로부터의 변화와 위로부터의 변화가 잘 맞물려야 한다. 아래로부터의 변화는 우선은 부모들이 변해야 하고 동시에 학교와 교사가 변해야 한다. 그런데 이러한 아래로부터의 변화가 두려움과 불안에 얽매이지 않기 위해서라도 위로부터의 변화도 제대로 일어나야 한다. 교육 당국이 변해야 하고 직장 세계가 변해야 하며 사회적 시선이 변해야 한다. 한마디로, '혁명은 교육의 미래'다. 나부터의 혁명과 더불어 혁명이 교육을 혁신하고 사회를 혁신하여 희망적이고 행복한 삶을 창조할 것이다. 이런 근본적 변화가 전제되지 않은 '행복사회론'이나 '창조경제론' 같은 것은 선거용 미끼이거나 위선적인 립 서비스에 불과할 뿐이다.

아래로부터의 변화 중에 가장 중요한 것은 부모의 세계관 변화이다. 아이를 보는 눈, 인생을 보는 눈이 변하면 일류대 강박증이나 조급증으로부터 자유로워질 수 있다. 나아가 '옆집 아줌마'를 조심할 필요도 없어진다. 오히려 '옆집 아줌마'와 함께 즐겁고도 행복한 교육 혁신, 사회 혁신에 동참할 수 있다. 가장 대표적인 사례가, 진보 교육감을 뽑은 뒤 '혁신학교'들이 많이 생성되면서 행복한 부모, 행복한 학생, 행복한 교사들이 많아지고 있는 일이다.

교육의 목표를 일류대 입학으로만 설정하지 않는다면, 그리고 일류대 합격이 기득권층에의 편입을 보장하는 그런 사회 시스템을 무비판적으로 수용하지만 않는다면, 그러면 희망이 있다. 그렇다면 과연 그런 사회는 어떤 밑그림을 가진 사회인가? 나는 크게 네 가지 주춧돌을 그려본다.

첫째, 아이들의 꿈이 공부와 대학과 직업으로 자연스럽게 연결되는 것이다. 그것이 내가 꾸준히 주창하는 '개성 있는 평등화'이다. 시인이 되고 싶은 아이, 농부가 되고 싶은 아이, 영화를 만들고 싶은 아이, 언론인이 되고 싶은 아이, 학자가 되고 싶은 아이, 집을 짓고 싶은 아이, 디자인을 하고 싶은 아이……. 이 모든 아이들이 나름의 끼와 꿈을 살릴 수 있는 조건을 만드는 것이 중요하다. 그래서 개성 있는 고교 평등화, 개성 있는 대학 평등화, 개성 있는 직업 평등화를 이뤄내야 한다. 기존의 사다리 질서나 기득권 시스템을 허물고 모두가 원탁에 둘러앉아 밥상 공동체를 이루듯이 그렇게 성장하고 그렇게 살아가는 것이다. 피비린내 나는 살벌한 경쟁이 아니라 각자 나름의 꿈을 꾸고 실력을 키워 사회에 헌신을 하는 가운데 삶의 의미와 보람을 느끼는 그런 사회를 이루자는 것이다.

둘째, 일하는 사람들이 '모두 일하되 조금씩 일하도록' 만드는 것이다. 이것이 내가 꾸준히 주창해온 '노동시간 단축과 일자리 나누기' 전략이다. 기업이나 정부는 이런 전략을 원하지 않는다. 그러나 오늘날 현실을 보라. 사회의 한쪽에서는 과로로 몸살을 앓고 다른 쪽에서는 실업으로 몸살을 앓고 있지 않은가? 특히 청년 실업이 심각해지니, 대학생조차 낭만이나 비판적 지성을 잃어버리고 '스펙' 경쟁만 하고 있지 않은가? 사람들이 일의 효율을 높였다면 지금처럼 구조조정을 통해 사람을 정리해고할 일이 아니라 노동시간 단축과 일자리 나누기를 해야 한다. 그래야 여가 생활을 비롯한 삶의 질도 높아지고, 가사와 육아 노동도 남녀가 즐겁게 분담하고 공유할 수 있다. 그렇게 능률 향상의 결과가 삶의 질 향상으로 이어지고 실업의 위협도 줄어들 때 비로소 사람들은 더욱 창의적이고 효율적으로 일하고자 할 것이다. 노동과 사회의 '악순환'이 아닌 '선순환'이 된다는 말이다.

셋째, 노동시간 단축에 따른 임금 감소의 두려움을 줄이기 위해서라도, 주거, 교육, 의료, 노후 등의 문제는 사회 공공성 강화를 통해 해결해야 한다. 그렇다. '주거, 교육, 의료, 노후의 사회 공공성 강화'가 중요하다. 지금까지 우리는 각자가 벌어들인 소득으로 이런 문제를 모두 해결하고자 했다. 그러나 세계 선진국들의 복지 시스템이 가르쳐주듯, 주거, 교육, 의료, 노후 문제가 사회 공동체적으로 해결되는 비중이 높아질수록 사람들은 훨씬 평화롭게 살아갈 수 있다. 우리도 할 수 있다. 돈이 없어서 못하는 것이 아니다. 개념이 바뀌고 실천이 바뀌면 얼마든지 할 수 있다. 선진국들의 실제 사례가 그 증거이기도 하지만, 한국에서도 혁신학교 사례나 학교 무료 급식 사례, 노인 연금 사례가 그 증거라 할 수 있다. 비록 속임수로 끝나긴 했지만, 2012년 대선 국면에서 드러난 노령 연금에 대한 사회적 요구가 얼마나 컸던가?

넷째, 우리가 열심히 공부하고 열심히 일하는 까닭도 결국은 잘 먹고살기 위해서다. 그렇다면 온 사회의 밥상을 차리는 농민과 농업을 경시해선 안 될 일 아닌가? 그래서 '식량 자급률 증진과 유기농 농민의 공무원 대우'라는 요구가 등장한다. 식량 자급률을 70퍼센트 이상으로 높이는 것을 목표로 잡아야 한다. 그리고 유기농을 전면적으로 장려해야 한다. 유기농 공무원제는 그를 위한 구체적 아이디어다. 사회적으로 건강한 밥상을 차려내겠다는 유기농 농민이 생계를 걱정하지 않고 일할 수 있는 사회적 조건을 만들어야 하는 것이다. 그렇게 되면 온 나라 백성이 건강해질 뿐 아니라 나라의 곳간이 든든해지니 국제 관계에서도 '큰 소리' 칠 수 있다. 곧, 강자 앞에 굽실대지 않고 당당하게 하고 싶은 말을 다 할 수 있다는 것이다. 그것이 백범 김구 선생이 말한 '아름다운 나라'가 되기 위한 기초가 아닐까 싶다.

이런 거시적 변화들이 결코 저절로 일어나지는 않는다. 먼저 풀뿌리 민초들이 간절히 소망하면서도 각종 사회혁신 과정에 적극 동참하는 사람이 많아져야 비로소 작은 변화라도 일어난다. 바닷물이 짠 까닭은 소금이 3~4퍼센트 있어서 그렇다고 하지 않던가? 물론 인간 사회에서는 그 비중이 50퍼센트 이상은 되어야 비로소 제대로 된 변화가 이뤄진다. 하지만 '나부터' 3~4퍼센트에 들어가겠다는 단호한 결심, 그리고 그렇게 하는 가운데 '더불어' 손잡는 사람들이 많아지면, 3~4퍼센트를 넘어 30~40퍼센트가 되는 것은 시간문제일 것이다. 그렇게 행복한 발걸음으로 나아가는 자체가 행복한 학교, 행복한 사회를 만드는 과정이자 그게 바로 도달점이다. 최종 종착지가 따로 있는 게 아니다.

역사는 물론, 우리 인생과 교육조차 그러한 과정의 개념으로 보아야 한다. 지금보다 조금 더 나은, 조금 더 행복한 발걸음을 하나씩 내딛는 과정이 곧 혁명이다. 혁명에 결코 완성은 없다. 부족하고 모순적이라 할지라도 열린 자세로 토론하고 고쳐나가는 끊임없는 과정 자체가 중요하다. 결국, 미완성의 혁명이야말로 혁명을 완성하는 길이다. "길은 원래부터 있던 게 아니라, 우리가 걸어가며 만드는 것이다"라는 명구, 그리고 "험한 길도 같이 가면 즐겁다"라는 격언을 기억하며, 나부터, 그리고 더불어 걸어가보자. 같이 걷는다는데, 이 또한 기쁘지 아니한가?

함께하는 인문학 모임

— 경제 가치 아닌 생명 가치

나는 대학에서의 강의나 연구 활동 외에, 그리고 시민을 위한 특강 외에 짬짬이 시간을 내어 사랑방 모임을 하는 걸 좋아한다. 아내는 없는 시간에 뭘 그렇게 많이 하느냐고 투덜대기도 하지만 나는 사람이 좋아서 하는 일이라 말한다. 사람도 좋고 배움도 좋다. 실제로, 대학생이나 지역 주민들이 참여할 수 있는 작은 모임 세 가지가 진행되고 있다. 첫째가 동화 인문학 모임이고, 둘째가 『녹색평론』 독자 모임이며, 셋째가 세종 연인 모임이다.

동화 인문학 모임

동화 인문학 모임은 2013년 7월 1일부터 시작했다. 처음엔 매주 모이다가 지금은 한 달에 두 번씩 (주로 월요일 오전에) 모인다. 아이들에게만 읽어주었던, 또는 우리 자신이 어린 시절에 읽었던 동화책을 지금 어른의 눈으로 다시 보고 이야기를 나누는 시간이다. 과거에 본 것도 지금 보면 느낌이 다르다. 내용을 한 쪽씩 나눠 읽은 뒤 우리의 느낌을 이야기한다. 관련되는 경험이나 연상되는 기억 같은 걸 불러오기도 한다. 그사이에 함께 읽고 나눈 책만 해도 수십 권이다.

여기서는 한 가지 이야기만 소개한다. 눈 대신 겨울을 재촉하는 듯한 비가 내리던 2013년 12월의 어느 월요일 오전, '카페 나남'에서 남녀 어른 예닐곱 명이 모였다. 모임이 6개월째 접어들 때였다. 현재까지 모두 30명 내외의 회원들이 들쑥날쑥 하면서도 늘 10명 안팎의 회원들이 가족처럼 모인다. 카페에서의 만남은 오히려 예외였고, 지금은 신안1리 마을도서관에서 모인다. 이 작은 모임은 작아서 참 좋다. 서로 따뜻한 마음을 친밀히 나누고 느낄 수 있기 때문이다.

카페 주인 부부는 원래 월요일이 쉬는 날임에도 우리 모임을 위해 특별히 문을 열고 멋진 벽난로에 불도 붙여 주신다. 와플에다 커피까지 끼워 세트 메뉴를 넉넉히 주문하고 나니, 회원 중 한 분이 아침 일찍 일어나 정성으로 준비한 단호박 샌드위치를 (주인의 양해를 구한 뒤) 소담하게 풀어놓으신다. 세종시 첫 마을(새 동네)에 사는 회원 세 명이 모두 결석이다. 빠짐없이 이 멋진 분위기를 즐겼으면 하는 아쉬움과 함께 동화책을 한 쪽씩 읽는다. 박경효 작가의 『입이 똥꼬에게』(비룡소, 2008)이다.

좀 잘난체하는 입이 말한다.

"난 입이라고 해. 또록또록 말을 하고 아름다운 노래를 불러 항상 엄마 아빠를 기쁘게 하지. 엄마 아빠가 가장 좋아하는 뽀뽀도 나만 할 수 있어."

가만히 듣던 코가 말한다.

"나는 우리 몸에 맑고 신선한 공기를 불어넣는 숨쉬기를 해. 향기롭고 맛있는 냄새는 좋지만, 퀴퀴한 냄새는 싫어! 그런 걸 구별해 주는 내가 고맙지?"

눈도 나름 가치 있는 일을 한다고 말한다. 귀도 말하고, 손도, 발도 말한다. 그 순간 똥꼬가 뿌지직하고 똥을 쌌다. 소리도 기분 나빴고 냄새도 고약했다. 입이 욕을 했다.

"야, 똥꼬! 넌 냄새 나는 똥이나 싸고, 생긴 것도 못생긴 게 하는 짓도 정말 더럽구나!" 그런 말을 하는데 똥꼬가 '뿌우웅!' 하며 방귀까지 뀐다.

"어유, 창피해, 저런 더러운 친구랑 같은 몸에 있다니! 똥꼬가 없으면 얼마나 좋을까?"

입이 화를 냈다.

그날 밤, 온몸은 잠든 뒤에 아름다운 음악 소리가 나는 곳으로 여행을 한다. 눈도, 입도, 코와 귀도, 손과 발도 모두 인사를 나누며 좋아했다. 아, 그런데 갑자기 똥꼬가 안 보이지 않는가? 입은 속으로 좋아했다. 하지만 맛있는 음식을 한가득 먹고 나니 문제가 생겼다. 똥꼬로 나가야 할 배설물이 갈 곳이 없었다! 창자들과 위장이 "이제 그만!"이라 소리쳐도 음식물이 마구 들어왔다.

"꾸르륵 꾸르륵" 하며 독한 냄새가 입 안을 채웠다. 눈, 코, 귀도 찡그렸다. 똥꼬로 나가지 못한 음식물이나 배설물이 여기저기서 줄줄 새어 나왔다. 다행히, 모두 꿈이었다.

아침이 되자 입이 똥꼬에게 말한다.

"똥꼬야 미안해! 넌 정말 소중한 친구야."

손에게도 부탁한다.

"나처럼 똥꼬도 깨끗하게 씻어줘!"

이 말에 똥꼬도 '피식' 웃는다.

권정생 선생님의 『강아지 똥』이후로 가장 멋진 동화책이다. 몇몇 생각이 떠오른다.

첫째, 우리 몸에 '쓸모' 없는 부위는 하나도 없다는 점. 우리 몸만 그런가? 온 세상이 그렇지 않은가? 그래서 무엇이든 '함부로' 대하면 안 된다. 사람이 하는 일도 그렇다. 화장실 청소를 하는 분, 농사를 짓는 분, 아이를 가르치는 분, 버스를 운전하는 분, 방아를 찧는 분……, 모두 살림살이에 필요하다. 반면에, 차별적 시선은 폭력이 되고 자신에게도 해롭다.

둘째, 새로운 깨달음을 얻는 계기에 대한 것이다. 몸에 똥꼬가 없으면 안 된다는 걸 깨달은 건 '다행히도' 꿈속이었다. 진짜 똥꼬가 없어지면? '순환'이 안 되니 살 수 없다. 우리는 직접 체험을 통해 깨치기도 하지만 간접체험도 중요하다. 풍부한 독서, 다양한 소통, 열린 대화, 경청과 관심, 기억과 성찰 등이 절실한 이유다.

셋째, 이 책은 또 도대체 '가치란 뭘까?' 하는 문제를 던진다. 대개 우리는 시장 가치가 높은 걸 높이 친다. '화폐는 권력'이니까. 일반 상품은 물론, 학벌도 실은 시장가치, 곧 교환가치를 기준으로 본다. 그리고 모든 상품은 교환가치와 동시에 사용가치(쓸모)를 지닌다. 한편, 사용가치(쓸모)만 생각하는 건 보다 인간적이다. 예를 들면, 돈을 생각지 않고 친구에게 좋은 선물을 줄 수 있다.

하지만 더 근원적으로 중요한 것은 교환가치나 사용가치를 생각지 않고 존재 자체를 소중히 보는 태도다. 생물은 물론 무생물까지도 말이다. 삼라만상이 소중하다. 이를 교환가치 및 사용가치 곧, 상품가치에 견주어 생명가치, 관계가치라 할 수 있다. 이런 눈으로 세상을 보면 삶이 완전히 달라진다. 이런 식으로 엄마 아빠들이 모여 동화책을 읽고 서로의 경험과 생각을 나누는 작은 모임은 나부터 시작해서 더불어 실천하는 출발점이 된다. 그리하여, 내가, 친구가, 이웃이 '있다'는 것 자체가 얼마나 좋은지 느끼는 시간이기도 하다! 이렇게 카페나 마을도서관에서의 '동화 인문학 모임'은 그래서 행복 그 자체다.

녹색평론 독자 모임

세종시 '녹색평론 독자 모임'을 시작하게 된 것은 대략 2004년경부터였다. 당시엔 내가 가르치는 고려대 제자들과 교내에서 함께 하는 모임이었다. 그 이전엔 혼자서만 읽었으나 어느 날 혼자 읽기엔 너무 아까운 교양 잡지란 생각이 들었다. 지금도 나는 대한민국이 희망이 없다고 느낄 때마다 두 달에 한 번 나오는 『녹색평론』을 하나 뽑아 들고 눈길 가는 대로 어느 글이나 하나 읽어보라고 권한다. 글 하나만 읽고 나도 답답하던 마음이 좀 풀리고 뭔가 희망의 실마리가 보이는 듯하다.

그러다가 2012년부터는 아예 대학생들과 지역 주민들이 함께 모임을 하면 좋겠다고 생각하게 되었다. 그래서 매월 한 번씩 모인다. 장소는 조치원 신안1리 마을도서관이다. 모임에는 학기 중에는 학생들도 참여하고 농사짓는 농민도 참여하며 의사나 교사가 참여하기도 한다. 일반 회사원도 있고 주부도 있다. 다양한 사람들이 만나 다양한 이야기를 나누다 보면 재미도 있고 많이 배우기도 한다.

하루는 채식주의 의사 모임 소속의 의사 한 분이 오셔서 유기농 채식의 장점과 더불어 우유나 고기류에 대한 경고를 해주셨다. 그 이후 나는 일반 우유 대신 두유를 마시기 시작했고, 솥뚜껑 삼겹살 파티도 횟수를 대폭 줄였다. 사실, 책이나 글로 아는 것과 사람이 직접 말로 이야기해주는 것은 다르게 느껴진다. 진지하고 정직한 사람들이 모이는 만남은 이래서 참 좋다.

이 책의 제목이 '더불어 교육혁명'인데, 여기서 말하는 교육은 사실 우리의 자녀들만 생각한 게 아니다. 궁극적으로는 우리 모두를 가리킨다. 배움의 과정은 죽을 때까지 계속된다. 우리는 과거를 기억하며 또 미래를 조망하며 현재를 살아간다. 학교에서 하는 공부가 점수와 졸업장으로 형식화해버렸다면, 이런 마을이나 지역에서의 공부 모임은 사람 냄새가 나고 실질적이어서 좋다. 또 소규모이기에 가족적인 분위기가 풍긴다. 혈연으로 맺어진 가족이 아니기에 장점도 있다. 부담이 없다. 서로 열심히 배울 수 있는 스승이 된다. 또 마음속의 느낌이나 거리낌조차 터놓고 말할 수 있는 친구가 되기도 한다.

공부하고 얘기 나누며 함께 차를 마시거나 뒤풀이를 하는 재미도 쏠쏠하다. 그런데 『녹색평론』은 대체로 어렵다고 말한다. 사실,

글의 스타일이나 내용 자체는 그리 어렵지 않다. 오히려 흥미롭고 쉽게 읽히는 것이 많다. 문제는 여태껏 우리가 살아온 방식, 느껴온 방식, 생각한 방식이 『녹색평론』의 필자들이 이야기하는 것과 많이 다르기 때문에 오는 불편함이 가장 큰 문제일 것이다. 그래서인지 독자들이 쑥쑥 늘지 못하는 것 같다.

그러나 막상 『녹색평론』을 들고 읽기 시작하고 얘기를 나누기 시작하면 사람들은 모두 진지해지기도 하고 재미있어지기도 한다. 할 말도 참 많다. 평소에 얼마나 우리는 하고 싶은 말을 많이 억제하고 사는지도 대략 짐작할 수 있다.

이런 소모임은 우리가 '말할 수' 있는 시간과 공간이 된다. 속마음을 털어놓고 자기주장을 실컷 펴보는 것, 다른 사람들의 주목을 받아보는 것, 이 모든 것에 우리는 얼마나 굶주렸던가? 시간이 흐르면서 우리는 자기 말을 하는 것도 중요하지만, 다른 사람의 말을 듣는 것도 중요함을 느끼게 된다. 그리고 자기 생각이나 말이 늘 옳은 것만은 아님도 깨닫게 된다. 그래서 모임은 배움의 장이 되고 깨우침의 장이 되며, 소통과 연대의 장이 된다. 그렇다. 만나야 한다. 그리고 느낌과 생각을 나눠야 한다. 모든 사람들은 나름의 진실이 있다. 아무 생각이 없는 것 같지만 나름의 생각들이 있다. 이런 것이 표현되고 뒤섞이고 때로는 충돌하고 때로는 수평을 달리며 때로는 하나로 모이기도 한다. 이것이 삶이고 배움이 아니고 무엇이랴?

세종 연인 모임

세종 연인 모임이란 말을 듣고 귀가 솔깃해지는 사람들이 많다. 원래는 연인 모임이었다. '연기 인문학 모임'의 준말이다. 2012년 7월부터 충남 연기군이 세종시로 바뀌면서 세종 연인모임으로 부른다. 원래 이 모임은 전국 조직인 '교육희망 네트워크' 세종시 지부인 '세교넷'의 내부 활동 가운데 하나로 출발했다. 회원 중 한 명이 내게 모임을 갖자고 제안했고 나도 이런 모임의 필요성을 느껴 선뜻 응했다. 그렇게 해서 연인모임이 탄생했다. 본격 시작은 2012년 봄부터였다.

세교넷 자체가 교육 문제를 고민하는 조직이다 보니, 교육에 관한 책부터 읽기 시작했다. 특히 이런 모임을 '옆집 아줌마'들과 함께 해나가는 것이 참 의미가 크다. 왜냐하면 보통 '옆집 아줌마'들은 아이들 성적에 초조해하며, 학원 보내랴 선행학습 시키랴 시험 점수 올리랴 아파트 시세 신경 쓰랴 입시정보 구하랴, 정말 힘들게 살면서 정작 자기 행복은 다 놓치고 사는데, 우리 모임에 참여하는 '옆집 아줌마'들은 '아이 인생은 아이 것, 내 인생은 내 것'이란 가치를 공유하며 아이와 더불어 행복하게 살기를 작정한 사람들이기 때문이다. 그러니 '옆집 아줌마'들에 대해 함부로 말하지 말라! 얼마든지 다르게 사는 사람들도 많음을 명심하라. 그리고 그렇게 다르게 살 때 진짜 행복해질 수 있다는 것도 명심하시라.

그동안 '옆집 아줌마'들과 함께 읽고 토론한 책만 해도 제법 많다. 『나부터 교육혁명』, 『서머힐』, 『대한민국 부모』, 『교육천국, 쿠바를 가다』, 『경쟁에 반대한다』, 『공부 상처』, 『핀란드 교육개혁 보고서』, 『북유럽에서 날아온 행복한 교육 이야기』, 『팔꿈치사회』, 『애완의 시대』, 『깨어나라 협동조합』, 『홀가분』, 『우리는 차별에 찬성합니다』, 『시골 빵집에서 자본론을 굽다』, 『모모』, 『우리도 행복할 수 있을까』, 『단속 사회』 등이 지금까지 함께 공부한 책들이다.

——

'행복한 연대'가 희망입니다

교육과 관련한 시민 강좌가 끝난 뒤에 M님이 소감의 글을 보내
왔다. 그냥 컴퓨터 속에 묵히기는 아깝다는 생각이 들어서 약간 손
질을 해 여기 인용한다. M님의 고민과 깨달음을 보다 많은 분들이
공유하면 좋겠다.

M님의 편지

안녕하세요? 지난번 ○○도서관에서 교수님 강의를 들었던 1인입
니다. 교수님 책을 읽고 강의를 들으면서 '내가 살고자 하는 게 이
런 건데', '내가 바꾸고 싶었던 게 바로 이건데' 하면서 가려운 곳
을 긁어주는 기분을 느꼈답니다.

저는 30대 후반, 아이 셋을 키우는 주부입니다. 아무것도 모르

고 무식하게 세월을 살다가 아이를 키우면서, 그것도 셋째를 낳고 키우면서 주변에 관심을 갖고 나라에 관심을 갖고, 그리고 나에 대해 관심을 갖고 살아야겠다고 느낀 뒤, 열심히 책을 읽으며 모임을 해온 지 5년째 됩니다. 그러다 첫째가 학교를 가고 제도 속에서 일어나는 비현실적인 일들에 실망을 하고 비참함을 느껴, 이사도 가고 싶고 이민까지 가고 싶단 생각을 하기도 했답니다.

지금 둘째와 셋째는 1년 전부터 공동육아 어린이집에 가고 있어요. 모두, 이상 실현을 위해 모였다지만, 현실은 다르더라고요. 전부는 아니지만, 대부분의 엄마들은 내 아이가 지내기 안전한 곳을 위해 찾아왔고, 이상을 실현하거나 적극적인 참여는 부담으로 느끼는 그저 보통사람들일 뿐이죠. 실망도 실망이지만 여러 가지로 참 힘들단 생각을 했어요. 말처럼 이상적으로 살지는 못하면서 아이만 공동육아 어린이집에 보내니까요.

우리나라 현실인 것 같습니다. 오래전부터 실천을 해오신 여러 선생님들의 지난 경험들을 들어보면, 현재의 고민을 그때에도 했음을 알 수 있는데, 아주 더디게 변하고 있기는 한 것 같기도 해요. 둘째가 곧 공동육아를 떠나 큰아이가 다니는 초등학교에 입학을 합니다. 그런데, 큰아이를 1~2년 보내며 나이든 선생님들의 행패 아닌 행패를 겪은 저로선 또 둘째를 보낸다는 게 너무도 싫고 힘듭니다. 그래서 대안학교를 알아보다가, 거리도 멀고 아이 둘과 막내 하나를 찢어서 따로 데려다 주고 데려와야 한다는 게 부담스러워지더라고요.

신랑은 이런 일에 별 관심이 없고, 저 혼자 고민하기엔 너무 벅차

강수돌 교수의
더불어 교육혁명

고 힘들죠. 주변 분들과 의논을 하면, 방법은 딱 두 가지더군요. 이사를 가든가, 아니면 포기하고 공교육에 맡기든가. 공교육에 맡기자니, 이 소중한 아이들을 민주주의가 사라진 학교 안으로 또다시 들여보내야 한다는 걱정이 불안하게 만들어요.

하지만 또 달리 생각하면 수많은 아이들이 그런 학교를 다니는데, 그럼 그 아이들은 버린 아이들인가? 나만 도망가서 될 일인가? 여러 가지로 딜레마에 빠집니다. 무엇이 옳은지 판단하기 어려워, 그저 모든 게 자기 선택에 달린 건가, 이런 회의도 들고요. 사실, 생각을 하고 또 해도 무엇이 더 나은 선택인지 알 수가 없어요. 하지만 이것만은 확실한 것 같아요. 어디를 보내고 어디에서 살아도, 어떻게 사느냐가 중요하단 걸요. 결국은 내가, 우리 가정이 어떻게 살아내느냐가 진짜 중요한 게 아닐까 해요. 그래서, 내가 대안교육을 하든 공교육을 하든, 아이들이 바로 설 수만 있게 부모가 잘 살아나가면 그런 고민들이 해결되는 건 아닌가 하는 것이죠. 자연히, 대안학교를 보내느냐 마느냐의 문제는 어쩌면 너무나 작은 문제일 수 있겠단 생각이 문득 듭니다. 이런 글을 쓰다 보니 그런 생각이 드네요.

아이 셋을 키우는 건 정말 힘들어요. 이미 키워보셨으니 그래도 대강은 아시리라 생각해요. 그리고 이 나라에서 살아간다는 것도 쉽지 않고요. 특히, 한 번도 제대로 사랑을 받아보지 못한 우리 세대들은 정말 힘겨운 것 같아요. 아마 남자들은 더 그러한 것 같아요. 주변의 엄마들 얘기를 들으면, 게으르고 생각 안 하고 변화를 두려워하며 돈 벌어다 주는 걸 최선으로 여기는 아빠들이 많으니까요.

교수님의 강의를 들으며 대학에서 이런 강의를 듣는다면 얼마나 행복할까 라는 생각을 하기도 했습니다. 긴 글 읽어주셔서 감사합니다.

M님의 글에 대한 답신

마음이 담긴 좋은 글, 감사합니다. 이렇게 글로 쓰기도 쉽지 않은데 그 용기에 박수를 보내고요. 특히, "어디를 보내고 어디에서 살아도, 어떻게 사느냐가 중요하다"는 말씀에 전적으로 공감합니다. 물론 나 하나만 그렇게 해서는 아무 소용이 없지요. 그래서 마음이 통하는 사람들과 즐겁게 살아가면서 같이 고민하고 실천하는 게 희망입니다.

아이 셋 키우기, 정말 힘드시지만, 조금만 지나면, 아니, 다르게 보기 시작하면, 정말 행복한 삶이 될 수 있어요. 아이들끼리 친구가 되고 선후배가 되면서 잘 큰답니다. 부모가 사랑의 눈으로 일관되게 느긋하게 지켜보며 도와주기만 해도 됩니다.

기존 삶의 방식으로부터 자유롭게 생각하는 것만큼 행복해질 수 있습니다. 거꾸로 말하면, 기존 삶의 방식을 고집하는 것만큼 불행해지기 쉽지요. 우리 아이들도, 성공과 출세의 패러다임, 사다리 높이 오르기, 이것을 버리니 마음이 아주 편해지더라고요. 모든 사람이 같이 버리면 이상적이겠지만, 나부터 해나가다 보면 세상이 서서히 달라집니다. 실은 이미 많은 이들이 그렇게 살고 있지요. 이건 그저 믿음이요, 희망일 뿐이라 느껴지기도 하지만, 그렇게 살지 않고 있는 사람들조차, 조금만 진심으로 얘기 나누면 모두 그런 삶을 갈망하고 있음을 발견하게 되지요. 땅으로 치면, 지하수와 같은 차원, 저 깊은 곳에서는 모든 물이 지하수로 통하듯이 사람들도 다 통하는 부분이 있어요. 이것이 희망의 근거이죠.

나부터 실천하는 사람들과 더불어 실천하기 시작하는 것도 중요한 것 같아요. 북유럽의 여러 나라, 아시아의 부탄이나 라다크 마을, 남미의 쿠바나 베네수엘라, 볼리비아, 코스타리카 같은 나라들의 행복 사회 모델은 또 다른 희망의 근거이기도 해요. 결국, 지금의 내가, 우리가 어떻게 사느냐가 중요하죠.

말씀대로, 공교육과 대안교육 사이에서 양자택일이 아니라, 무엇을 선택하건 어떤 사람들과 어떻게 해나가느냐가 중요해요. 공교육도 혁신학교는 대안학교와 비슷하게 가거든요. 거꾸로, 대안학교를 싫어하는 아이도 있어요. 그러니, 우선은 형편에 맞게 선택하시되, 아이도 행복하게 지내고 부모도 적극 참여한다면 무엇을 하건 행복한 길이 될 수 있어요.

지금 여기서부터 존재의 행복을 느끼면서 행복한 사회를 상상하고 더불어 꿈꾼다면 더 좋겠지요? 그래서 작은 모임들이 많이 생기면 좋겠어요. 이런 얘기를 솔직하게 나누는 모임 말이죠. 그런 모임에서는 현실에서 만나는 실망스러움조차 변할 수 있더라고요. 생각만큼 빨리는 아니어도 결국은 변하게 되어 있습니다. 행복해지려는 마음만큼은 누구나 (깊은 곳에서) 갖고 있으니까요. 그저 마음 가는 대로 행복한 발걸음을 뗄 뿐입니다. 그러다 보면 마음이 통하는 사람들이 자연스레 늘지요. 그렇게 변화가 옵니다. 마치 4월과 5월 사이에 온 산천이 갈색에서 녹색으로 변해가듯이, 그렇게 말이죠. 가장 자연스런 변화가 진짜배기 변화가 아닐까요?

저도 쓰다 보니 주절주절 길어졌습니다. 힘든 조건에도 건강한 생각을 하시니, 마음으로 격려의 박수를 보냅니다. 힘들어도 그 속에 기쁨이 있죠. 이것이 우리 모두에게 위로가 됩니다. 또, 저로서는 M님이 이런 글 주시고 제 강의에 공감해주신 것도 큰 힘입니다. 고맙습니다. 서로 힘이 되며 사는 것이 희망의 밑거름이죠. 이것을 '행복한 연대'라 부를 수 있겠네요. 늘 행복하시길 빕니다. 고맙습니다.

강수돌 올림

강수돌 교수의
더불어 교육혁명